权威·前沿·原创

皮书系列为
"十二五""十三五""十四五"时期国家重点出版物出版专项规划项目

BLUE BOOK

智 库 成 果 出 版 与 传 播 平 台

广州蓝皮书
BLUE BOOK OF GUANGZHOU
广州市社会科学院／研创

广州城市国际化发展报告（2023）
ANNUAL REPORT ON CITY INTERNATIONALIZATION OF GUANGZHOU (2023)

中国式现代化与城市国际化

主　编／尹　涛
执行主编／伍　庆
执行副主编／胡泓媛

社会科学文献出版社
SOCIAL SCIENCES ACADEMIC PRESS (CHINA)

图书在版编目(CIP)数据

广州城市国际化发展报告.2023：中国式现代化与城市国际化／尹涛主编；伍庆执行主编.--北京：社会科学文献出版社,2023.6
 (广州蓝皮书)
 ISBN 978-7-5228-1938-9

Ⅰ.①广… Ⅱ.①尹… ②伍… Ⅲ.①城市发展-国际化-研究报告-广州-2023 Ⅳ.①F299.276.51

中国国家版本馆CIP数据核字(2023)第106213号

广州蓝皮书
广州城市国际化发展报告（2023）
——中国式现代化与城市国际化

主　　编／尹　涛
执行主编／伍　庆
执行副主编／胡泓媛

出 版 人／王利民
责任编辑／丁　凡
文稿编辑／张　爽
责任印制／王京美

出　　版／社会科学文献出版社·城市和绿色发展分社 （010）59367143
　　　　　　地址：北京市北三环中路甲29号院华龙大厦　邮编：100029
　　　　　　网址：www.ssap.com.cn
发　　行／社会科学文献出版社（010）59367028
印　　装／天津千鹤文化传播有限公司

规　　格／开　本：787mm×1092mm　1/16
　　　　　　印　张：21　字　数：311千字
版　　次／2023年6月第1版　2023年6月第1次印刷
书　　号／ISBN 978-7-5228-1938-9
定　　价／128.00元

读者服务电话：4008918866

▲ 版权所有 翻印必究

广州城市国际化蓝皮书编辑委员会

主　　　编　尹　涛

执行主编　伍　庆

执行副主编　胡泓媛

编　　　委　（按姓氏笔画排序）
　　　　　　刘　伟　李娜娜　罗谷松　周德利　姚　宜
　　　　　　徐万君　曹小杰　鲍　雨

编辑部成员　（按姓氏笔画排序）
　　　　　　王　宁　张娟维　赵陈双　赖丽文

主要编撰者简介

尹 涛 博士，研究员。现任广州市社会科学院党组成员、副院长。美国印第安纳大学环境事务与公共政策学院访问学者（2004年1月至2005年3月）。主要研究方向为城市与产业经济、企业战略管理。先后主持完成国家、省市社科课题和软科学课题10余项，主持决策咨询课题50余项，在各类刊物发表论文30余篇，科研成果获省部级奖近10项。获评广州高层次人才优秀专家、广东省和广州市宣传思想文化优秀人才培养对象，获聘广州市人民政府决策咨询专家、广州市人大经济咨询专家等。兼任广州市重点建设新型智库平台——广州城市战略研究院院长，广州市人文社会科学重点研究基地——超大城市现代产业体系与广州实践基地主任，广州市宣传思想文化优秀团队——广州产业创新研究团队负责人。广东省第十二、第十三届人大代表、财经委委员。

伍 庆 博士，研究员。现任广州市社会科学院城市国际化研究所所长、广州国际城市创新研究中心执行主任，广州市宣传思想文化优秀团队——广州城市国际交往创新团队负责人，获聘广州市人民政府决策咨询专家。主要研究方向为全球城市、国际交往。主持国家社会科学基金项目1项，省部级课题5项，其他各类课题40余项。出版专著3部，发表各类论文30余篇。广东省第十四届人大代表。

胡泓媛 副研究员。荷兰格罗宁根大学法学硕士，现任职于广州市社会科学院城市国际化研究所。主要研究方向为城市国际化、国际传播、全球城市评价。主持广州市哲学社会科学规划立项课题2项、广州市人文社科世界文化名城建设和文化产业研究基地课题1项,参加广州市哲学社会科学规划课题4项,执笔撰写其他各类课题30余项。出版专著1部,发表各类论文10余篇。

摘　要

《广州城市国际化发展报告（2023）》由广州市社会科学院城市国际化研究所负责研创，客观研判广州城市国际化发展的现状和水平，并以广州为典型样本，搭建中国城市国际化发展研究的学术交流平台。

2022年是党和国家历史上极为重要的一年。党的二十大胜利召开，描绘了以中国式现代化实现中华民族伟大复兴的宏伟蓝图。2022年也是对广州有特殊意义的一年，国务院印发《广州南沙深化面向世界的粤港澳全面合作总体方案》，引领广州城市国际化发展再上新高度。研究显示，2022年广州经济顶压前行，高质量发展进一步筑牢根基，外贸总值连创新高，双向投资互惠合作持续推进，综合立体交通网络日趋完善，国际交往载体建设全面提速，友城"百城+"计划稳步实施，国际城市多边网络交往活跃，城市故事广泛传播，人文交流丰富多彩。在世界变局的加速演进中，广州要以高质量发展为引领，探索中国式现代化的城市发展路径。

本书包括总报告、专题篇、城市评价篇、国际经贸篇、交往与传播篇、国际化案例篇六部分内容，并设《2022年中国城市国际化十大关注》前序，就2022年中国城市国际化重大事件进行梳理总结，把握中国城市国际化实践值得重点关注的动态。

总报告从整体经济基础、对外贸易、招商引资、对外投资合作、国际交通枢纽、高端国际会议活动、国际交往伙伴、国际组织交流、国际传播能力建设、人文交流活动等维度总结了2022年广州城市国际化发展现状，通过分析广州在权威全球城市评价排名中的表现，研判广州在全球城市体系中的

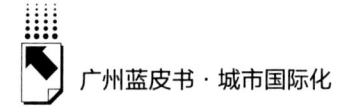

竞争优势，并深入分析2023年国内外发展形势，提出广州以高水平、制度型开放为抓手，推动城市国际化，实现高质量发展的建议。

专题篇聚焦"中国式现代化与城市国际化"，提出广州建设中国式现代化先行区的战略可行性和发展路径，并从高水平对外开放、讲好中国式现代化的广州故事等方面提出助力广州走好中国式现代化道路的建议和对策。

城市评价篇对2022年全球城市评价排名展开分析，并就《机遇之城2022》广州排名情况和广州城市体检结果进行专题分析，为中国正确评估城市发展状况和做出发展决策提供路径参考。

国际经贸篇分别从增强粤港澳大湾区核心引擎功能、营商环境改革成效、海外人才引进政策评价等议题入手，展开针对广州提高开放水平、推动高质量发展的探讨。

交往与传播篇收录了广州城市形象在中医药文化的国际传播和短视频等新兴传播渠道中的研究成果。

国际化案例篇聚焦广州国际交流合作平台建设，甄选了广州国际交流合作中心、南沙建设国际化人才特区两个创新性较强的案例进行研究，为城市国际交流合作保障工作的开展拓宽了思路。

关键词： 城市国际化　中国式现代化　广州　全球城市

2022年中国城市国际化十大关注

一 冬奥会助力北京成为"双奥之城"

继2008年夏季奥运会后,2022年冬季奥运会在北京顺利举办。习近平总书记指出,举办北京冬奥会、冬残奥会来之不易、意义重大,同实现"两个一百年"奋斗目标高度契合,给新时代北京发展注入了新的动力。北京成为目前国际上唯一举办过夏季和冬季奥运会的"双奥之城"。这一重要指示,从时代和全局的高度对举办北京冬奥会的意义给予了肯定,对北京"双奥之城"的城市形象寄予厚望。国际奥委会主席巴赫明确表示,北京冬奥会是一次历史性的盛会,因为北京是第一个既举办夏季奥运会又举办冬季奥运会的城市,这对于整个奥林匹克运动具有重要意义。

北京也是首次在新冠肺炎疫情下举办冬奥会和冬残奥会的城市,为来自世界各地的参与者营造了安全的竞赛环境、带来了圆满的参赛体验,北京的大国首都风范和城市魅力更加彰显。尽管夏季奥运会在项目设置、参与人数、投入经费等方面的规模都远大于冬季奥运会,但申办冬奥会的难度是超过夏季奥运会的。举办地既要满足温度低至能保存冰雪,又不能冷到极寒致使运动员不适,因此许多有实力承办大型赛事的城市被排除在外,过去23届冬奥会的主办地集中于北纬40°~50°地区。北京冬奥会的筹办和举办跨越了7年的时间,其影响远不止赛事本身,更给这座城市留下了冰雪运动普及、产业发展、场馆设施、环境保护、城市更新、区域协同、志愿服务等多个领域丰厚的冬奥遗产,为"双奥之城"的繁荣发展注入强劲动力。同历届奥运会举办城市一样,北京的城市文化建设受到了广泛而深刻的影响,"鸟巢""水立方""冰丝带"等艺术性建筑相继诞生,志愿服务精神得到弘扬,优秀传统文化保护受到广泛关注,冰雪文化推广活动蓬勃开展。"双奥之城"不仅见证了城市文明程度、市民文明素质的不断提升,也促进了奥运文化与古都文化、红色文化、京味文化、创新文化的融合发展。

体育是全世界共通的语言,为促进不同国家、地区和不同民族的交流搭建了一座桥梁。在两个世界性大型综合性赛会的筹办过程中,北京蕴含的国际性、开放性特点得到充分彰显,完成了从"同一个世界,同一个梦想"到"纯洁的冰雪,激情的约会"的转变。"双奥之城"将成为新时代北京的新形象、城市的新名片,在向世界深刻展示文明交流互鉴无限可能的同时,成为北京建设国际一流和谐宜居之都的生动案例,具有鲜明的时代特征和丰富的精神内涵,在弘扬奥林匹克精神、促进中外体育交流的同时,为深入开展对外文化推广活动,讲好中国故事、北京故事,展示大国首都良好形象提供新契机、新平台。

二 世界城市日全球主场活动"重回上海"

2022年10月31日,以"行动,从地方走向全球"为主题的世界城市日全球主场活动在上海开幕。这是继2014年首届世界城市日全球主场活动在上海举办8年后,再次回到上海。全球主场活动的回归,使世界城市日彰显更多上海元素,也使上海距离成为世界城市日永久主场的目标更近一步。

2010年,上海世博会全面展示并深刻阐释了"城市,让生活更美好"的核心理念。为传承上海世博会的精神遗产,经第68届联合国大会批准,自2014年起将每年的10月31日定为世界城市日,这是首个由中国政府发起设立的国际日,也是联合国决定设立的首个以城市为主题的国际日。2014年,以"城市转型与发展"为主题的首届世界城市日活动在上海举办,此后历届分别在意大利米兰(2015年)、厄瓜多尔基多(2016年)、中国广

（2017年）、英国利物浦（2018年）、俄罗斯叶卡捷琳堡（2019年）、肯尼亚纳库鲁（2020年）、埃及卢克索（2021年）举办。经过多年的积累，世界城市日已成为推进全球城市高质量发展的重要国际合作平台。

2018年以来，上海市委、市政府高度重视"世界城市日"这一品牌，明确要求"将上海打造成世界城市日的永久主场""做出更大影响力，体现更多上海元素和上海声音"。上海于2014年和2022年举办世界城市日全球主场活动，于2015年和2021年举办世界城市日中国主场活动。近年来，上海还主动创设了"全球城市论坛""上海论坛""上海国际城市与建筑博览会"三大主题活动。在2021年世界城市日中国主场开幕式上，"上海指数"综合指标体系框架正式发布，成为全球首个以经济、社会、文化、环境和治理"五位一体"理念为基础框架设置的城市可持续发展指数体系。在2022年世界城市日全球主场活动中，"全球城市监测框架——上海应用指数"的最新研究成果首次公布，旨在对全球城市可持续发展绩效水平进行科学诊断和趋势研判。2022年12月，《上海手册：21世纪城市可持续发展指南（2022年度报告）》发布，通过遴选各国城市在可持续发展相关领域的最佳实践案例，为城市市长和城市管理者、规划者以及相关各方提供政策建议和行动指南。在全球城市可持续发展进程深入推进的背景下，世界城市日系列活动不仅为上海与世界各地分享城市智慧和发展经验创设平台，也有力地推动了放眼"全球化"、聚焦"本地化"的相关研究，实现了中国城市话语体系与联合国可持续发展话语体系之间的有效衔接。

三 国务院印发《广州南沙深化面向世界的粤港澳全面合作总体方案》

2022年6月6日，国务院印发《广州南沙深化面向世界的粤港澳全面合作总体方案》（以下简称《南沙方案》），支持南沙打造立足湾区、协同港澳、面向世界的重大战略性平台。这是继2021年出台《横琴粤澳深度合作区建设总体方案》《全面深化前海深港现代服务业合作区改革开放方案》后，以习近平同志为核心的党中央对粤港澳大湾区建设做出的又一重大决策部署，赋予广东新的重大机遇、重大使命，为南沙发展注入新的强劲动力。

南沙地处粤港澳大湾区地理几何中心，区位优越、交通便利，发展空间广阔，产业基础坚实，具有推动粤港澳全面合作的独特优势。2012年国务院批复了《广州南沙新区发展规划》，要求推进南沙开发建设，深化与港澳全面合作。2014年，国务院决定设立中国（广东）自由贸易试验区，南沙是三个片区之一。2018年，习近平总书记视察广东时强调，要把南沙规划好、开发好、建设好。2019年，《粤港澳大湾区发展规划纲要》提出打造南沙粤港澳全面合作示范区。近年来，南沙先后创建国家进口贸易促进创新示范区、综合保税区、跨境贸易投资高水平开放试点等国家级重大平台。《南沙方案》作为推进南沙建设的基础性文件，共包括七大部分26条内容，明确了以2025年和2035年为时间节点，以科技创新体制机制、公共服务水平、营商环境等为主要方面的两阶段目标。确立了五大任务：一是建设科技创新产业合作基地，明确要强化粤港澳科技联合创新，打造重大科技创新平台，培育发展高新技术产业，推动国际化高端人才集聚。二是创建青年创业就业合作平台，明确要协同推进青年创新创业，提升实习就业保障水平，加强青少年人文交流。三是共建高水平对外开放门户，明确要建设中国企业"走出去"综合服务基地，增强国际航运物流枢纽功能，加强国际经济合作，构建国际交往新平台。四是打造规则衔接机制对接高地，明确要营造国际一流的营商环境，有序推进金融市场互联互通，提升公共服务和社会管理相互衔接的水平。五是建立高质量城市发展标杆，明确要加强城市规划领域建设合作，稳步推进智慧城市建设，稳步推进粤港澳教育合作，便利港澳居民就医养老，强化生态环境联防联建联治。

《南沙方案》首次明确提出"构建国际交往新平台"这一重要任务，充分表明以南沙为支点，加强与港澳协同，开展面向世界的交往合作将成为粤港澳大湾区建设的新亮点。《南沙方案》将以南沙为重要支点，进一步强化航运、贸易、金融、国际交往等综合服务功能，携手港澳打造高水平对外开放门户，更好地支持港澳融入国家发展大局，在推动构建新发展格局中发挥更大的作用。

四 "东亚文化之都"评选活动迎来十周年

"东亚文化之都"评选是由中日韩三国共同发起的亚洲第一个国际性文化城市命名活动，是中日韩人文领域的重要成果和东亚区域文化合作品牌。2011年，在日本奈良召开的第三次中日韩文化部长会议上，日本文化部科学大臣建议中日韩三国参照"欧洲文化之都"的经验评选"东亚文化之都"，这一建议得到中韩两国的积极响应。首届"东亚文化之都"评选活动是为落实2012年5月中日韩三国领导人在第五次中日韩领导人会议上达成的重要共识，以及2012年5月第四次中日韩文化部长会议签署的《上海行动计划》而开展的，成为加强亚洲国际文化交流与合作、增进相互了解与友谊的一项先进举措。通过评选"东亚文化之都"，中日韩三国能够向世界展示本国城市文化发展的崭新面貌，对推动国内城市文化建设、促进亚洲文化交流合作和世界文化多样性发展具有积极意义。

自2013年"东亚文化之都"评选活动启动以来，每年中日韩三国各推选1~2座城市作为本年度的"东亚文化之都"，中国的城市泉州、青岛、宁波、长沙、哈尔滨、西安、扬州、绍兴、敦煌、温州、济南和成都均曾获此殊荣。根据评选要求，"东亚文化之都"具体指具有丰富的地方文化资源和鲜明的地方文化特色，同时具备一定的东亚文化资源、东亚文化气质并反映东亚文化精神，对促进东亚文化交流与互学互鉴具有引领与示范作用，并经过一定程序认定的城市。获评"东亚文化之都"的城市有资格以该名义集中开展形式多样的国际文化和旅游活动，并可优先参与国家级对外文化和旅游交流工作，优先参与国家入境旅游市场开发、海外旅游推广重点项目，优先参与亚洲旅游促进计划相关项目，优先参与推荐"一带一路"文化产业和旅游产业国际合作重点项目，以及优先参与亚洲地区文化和旅游年重点项目等。十年来，我国当选城市纷纷以年为周期，举办高规格、高质量的东亚文化交流活动。例如，青岛承办中日韩文化部长会议、中日韩艺术之夜大型演出，宁波举办东亚非物质文化遗产展，西安举办"东亚文化之都"十周年音乐会，扬州推出"东亚文化之都馆藏作品展"，等等。由文化和旅游部牵头，2021 年正式建立中国"东亚文化之都"工作机制、举办"东亚文化之都"市长论坛，2022 年启动"东亚文化之都联盟"建设，为中国"东亚文化之都"城市定期开展交流合作搭建服务平台，扩大品牌效应。

"东亚文化之都"评选遵循"东亚意识、文化交融、彼此欣赏"的发展宗旨，凝聚"共生·创新·和谐"的共识，充分尊重文化多样性，积极与"欧洲文化之都""东盟文化城市"等外部伙伴展开对话，以城市为舞台，以文化为桥梁，为探索人类城市文明未来发展方向提供了新实践、新方案。

五 粤港澳大湾区首次召开全球招商大会

2022 年 12 月 21 日至 22 日，首届粤港澳大湾区全球招商大会在广州南沙召开。本届大会由粤港澳三地政府联合举办，大会以"投资大湾区，共创美好未来"为主题，设置了一系列特色鲜明、内容丰富、形式新颖的交流对接活动，旨在全面展现大湾区的雄厚实力和发展潜力，与全球投资者共享粤港澳大湾区投资机遇和发展红利。作为粤港澳大湾区首次召开的全球招商大会，本次大会吸引了来自全球 10 余个国家和地区的数百家企业参会，达成合作项目 853 个，投资总额达 2.5 万亿元。在本次签约的重大项目中，投资主体既有外资企业，也有中外合资企业。这些项目富含"高新"元素，具有影响力大、辐射面广、带动力强等特点，充分反映了海内外投资商对粤港澳大湾区发展的高度认可。

粤港澳大湾区是中国开放程度最高、经济活力最强的区域之一，土地面积、人口规模、经济总量、物流能力在全球四大湾区中位居前列，以不到 1% 的国土面积创造出全国约 12% 的经济总量。自《粤港澳大湾区发规划纲要》颁布实施以来，大湾区各项建设如火如荼，发展面貌日新月异，取得重要阶段性成果，展现出更加光明的前景。作为中国经济第一大省，广东是全球产业链、供应链最完善的地区之一，拥有经济规模、人口规模和市场容量、产业配套、交通便利以及营商环境等方面的优势，同时协同港澳大力推动大湾区三地基础设施"硬联通"和规则机制"软联通"。粤港澳大湾区始终是全球企业青睐的投资热土、创业沃土。香港背靠祖国，连通世界，依托其国际金融航运贸易中心的地位、自由开放规范的营商环境和普通法制度等独特优势，成为全球投资的中心城市之一。澳门充分发挥自由港、单独关税区等优势，主动对接国家"十四五"规划，致力于促进澳门经济适度多元发展，并与广东省紧密协作，高质量建设横琴粤澳深度合作区，把握中葡经贸合作叠加机遇，重点面向葡语国家和东盟地区招商引资。

通过珠海横琴、深圳前海、广州南沙等重大合作平台建设，粤港澳大湾区正成为广大投资者干事创业的首选地和集聚区。依托一系列重大合作平台，产业发展、对外开放、民生合作、财税优惠等方面都得到了政策支持，粤港澳大湾区正日益成为全球引资高地。三大平台都强调打造市场化、法治化、国际一流的营商环境，提升全球资源要素配置能力，为技术、资金等各类要素流动创造条件，吸引、集聚更多国际投资者，粤港澳大湾区日益成为全球投资的中心。

六 6城市获批开展服务业扩大开放综合试点

2022年12月3日，国务院批复同意在广州、沈阳、南京、杭州、武汉、成都开展服务业扩大开放综合试点，试点期为自批复之日起3年。服务业扩大开放综合试点是党中央、国务院就实行高水平对外开放做出的重要部署。2015年5月，北京成为全国首个服务业扩大开放综合试点城市。2021年4月试点首次扩围，将天津、上海、海南、重庆4省（市）纳入，形成"1+4"格局。此次扩围是服务业扩大开放综合试点首次在副省级城市落地，形成了"1+10"布局，我国高水平对外开放迈上新台阶。

党的十八大以来，习近平总书记和党中央对服务业开放多次做出部署，持续推进服务业开放，提升服务贸易战略地位，着力扩大服务贸易规模，推进服务贸易便利化和自由化，将推动服务业扩大开放作为建设高水平开放型经济体制的重要内容。扩大服务业开放是新一轮高水平对外开放的重要内容，对于我国顺应国际国内经济发展形势，建设更高水平的开放型经济新体制具有重要现实意义。当前经济全球化正处于动力转换和结构转型的深刻调整期，服务贸易日益成为全球化的新动能。在这一国际形势下，我国扩大服务业开放一方面有利于扩大服务贸易规模，在全球服务贸易发展浪潮中占据重要位置；另一方面将在相关服务规则领域与国际高标准接轨，更加主动地参与重塑新一轮国际经贸规则，进一步提升国际经济话语权和影响力。建设现代化产业体系是我国实现经济高质量发展的迫切要求，而现代化产业体系的一个重要特征就是现代服务业占据主导地位并与制造业融合发展，生产型服务业发展不足已制约我国现代化产业体系的建设。因此，扩大服务业开放，集聚国际高质量服务业企业，引入人才、技术、管理等优质生产要素，有利于推进生产型服务业高质量发展，助力现代化产业体系建设。

根据批复，商务部分别印发了6个城市扩大服务业开放综合试点总体方案，其中，沈阳市探索内陆国际物流体系建设，培育创新发展内生动能，增强开放联动效应；南京市探索历史文化资源的保护与产业化运营开发新模式，进一步深化服务业改革，加快发展现代服务业；杭州市将发挥在电子商务、文化旅游、数字金融等方面的特色优势；武汉市在国际中转通道建设、数字经济与"新基建"联动发展等方面展开探索；广州市在金融创新、与港澳地区的专业服务合作、国际航运枢纽建设等方面展开探索；成都市则探索打造国际化特色消费场景和推动成渝服务联动发展。各地根据自身资源探索差异化发展路径和发展重点，不仅能够带动区域服务业的发展、提升城市综合实力，而且将在服务业扩大开放和高质量发展上提供更多可复制推广的经验，为全国服务业扩大开放积累更多经验。

七 杭州举办首届全球数字贸易博览会

2022年12月11日至14日，首届全球数字贸易博览会在杭州举行。本届数字贸易博览会的主题为"数字贸易 通商全球"，是国内唯一以"数字贸易"为主题的国家级、全球性专业博览会。本届数字贸易博览会由浙江省人民政府和商务部联合主办，杭州市人民政府、浙江省商务厅和商务部外贸发展事务局共同承办。大会邀请了联合国工业发展组织、联合国国际贸易中心、世界贸易组织等国际组织代表和爱尔兰、比利时、新加坡等国家政要，来自50多个国家的重要外宾通过线上、线下的方式参会。本届数字贸易博览会邀请800余家境内外头部企业参展，意向贸易成交额达374亿元，来自286家企业的315项产品进行了"首发""首展""首秀"，签约投资总额约1100亿元。

数字经济是新一轮世界科技革命和产业变革的先机，是未来世界经济发展的制高点。数字贸易作为数字经济的重要组成部分，是数字经济时代对外贸易的新业态、新模式，是连接国内、国际数字市场的重要纽带。当前，以大数据、云计算、物联网、人工智能为代表的新一代信息技术快速崛起，推动国际贸易加快数字化转型。创新发展数字贸易有利于推动数据、技术、资本等要素资源快速便捷流动。数字贸易在打破物理阻隔、减少物理接触等方面展现出巨大优势，成为推动全球经贸复苏、重塑全球经贸格局的重要力量。以数据为要素、服务为核心、数字技术深度赋能为特征的数字贸易蓬勃发展。2021年，全球数字服务跨境贸易总额达3.8万亿美元，同比增长14.3%，占全球服务贸易总额的63.6%。新一代信息技术的快速发展为数字贸易带来了充沛的创新动力，营造了广阔的发展空间。在此背景下，如何更好地促进数字贸易发展成为重要课题。加强顶层设计推动出台促进数字贸易创新发展的政策举措，加强平台建设培育数字贸易发展的良好生态，加强规则对接推动更高水平的对外开放，加强国际合作营造共促数字贸易的国际环境等措施，将成为未来助推数字贸易创新发展、打造数字贸易发展新优势的重要举措。

杭州数字自贸区充分发挥了"数贸会+自贸区"的叠加效应，除了在论坛现场签约了37个高质量发展项目，总投资达382亿元外，杭州数字自贸区还将推进"五个一百"行动：汇聚百个招商引资目标项目、邀请百个数字贸易龙头企业、遴选百个数字贸易博览会合作机构、打造百亿元以上产业基金池、完成百亿元以上签约投资额。通过开展"五个一百"行动，杭州将着力引进一批数字贸易龙头企业、优秀品牌和发展基地，培育杭州数字贸易发展新优势。

八 25座中国城市入选全球科研城市百强

2022年11月26日，国际知名杂志《自然》（Nature）增刊《2022年自然指数——科研城市》发布了2022年度全球科研城市排名。数据显示，有4座中国城市进入十强，其中北京在全球科研城市排名中连续6年稳居首位，上海升至第3位，南京继续名列第8位，广州首次跃居第10位。其他中国城市在全球科研城市中的排名也快速上升，8座中国城市跻身全球二十强。武汉（第11位）、合肥（第16位）、杭州（第19位）和天津（第20位）等城市的排名较2020年均有所上升，杭州和天津于2022年首次进入全球二十强。香港（第23位）、深圳（第28位）、西安（第29位）、成都（第30位）、长沙（第34位）、长春（第35位）、济南（第36位）、苏州（第48位）、大连（第49位）、福州（第50位）、重庆（第51位）、台北（第59位）、厦门（第63位）、兰州（第67位）、青岛（第68位）、哈尔滨（第85位）、郑州（第96位）纷纷上榜全球科研城市百强。

自然指数（Nature Index）由国际知名科技出版机构"施普林格—自然出版集团"下属机构于2014年起编制并定期发布，追踪各国高校、科研院所等在82本全球顶级的自然科学期刊上发表的科研论文，根据有关机构、国家和地区论文的数量和比例等，得出全球高质量科研产出及合作情况。目前，自然指数已发展成国际自然科学领域认可度较高的重要评价指标体系。

2022年自然指数显示，北京在物理科学领域的高质量产出居世界首位，上海和波士顿分别位列第二和第三。北京和上海在化学领域的高质量产出分别居第1位和第2位，纽约是化学领域排名最靠前的美国城市，居第7位。在生命科学领域，纽约、波士顿、旧金山湾区和巴尔的摩—华盛顿排名前四，北京和上海分别位居第五和第七。增刊还介绍了北京、上海、波士顿、纽约和旧金山湾区等领先科研城市及它们取得优势背后的关键驱动因素，包括高水平大学、机构和人才的集聚，一流科学仪器和设施的获取，产业集群，政府对科研的财政支持，文化多样性，生活水准等。

中国城市科研产出的快速增长离不开科技创新型城市建设的努力。近年来，中国各大城市深入实施创新驱动发展战略，深化科技体制机制改革，整体科技实力和创新能力显著提升，人才、资本、技术等要素资源加快集聚，全社会科学研究与试验发展（R&D）经费实现较快增长，研发投入强度大幅提升。研发环境的大幅改善推动了国际科技创新合作，吸引了大量高水平人才，大幅提升了中国城市的科研能力，形成更加具有全球竞争力的开放创新生态。

九　南京举办"世界诗歌日"系列活动

2022年3月6日至4月8日，由南京市文学之都促进会、南京金陵文化保护发展基金会发起，南京市文投集团主办、南京创意中心承办的"2022南京国际诗歌节"，围绕"世界诗歌日"主题策划推出的20多场系列活动陆续在南京举办。活动通过推广诗歌创作、阅读和出版，擦亮南京作为"世界文学之都"的城市名片。

1999年，在巴黎召开的联合国教科文组织第30届大会将每年3月21日定为"世界诗歌日"，旨在推动多样化语言遗产的保护与继承，推动诗歌教学、写作和阅读的发展，加强诗歌与戏剧、舞蹈、音乐、绘画等各种艺术间的对话，呼吁人们关注与欣赏诗歌。2022年世界诗歌日之际，西班牙文学之都格拉纳达发起"LET'S POETRY!"（携诗歌同行）全球倡议，向世界推广诗歌这一优美的文学形式。自 2019 年入选联合国教科文组织创意城市网络以来，南京立足中国首个"世界文学之都"的定位，坚持以文化人、以文塑城、以文兴业，不断把深厚的文化底蕴转化为发展优势。2020 年 9 月，南京成立"文学之都"建设指导委员会，中共南京市委、市政府联合印发《南京"文学之都"建设规划纲要（2020—2023）》，提出要打造 1 个枢纽性的世界文学客厅、N 个示范联动的"文学+"空间、X 个以共享坐标关联的文学场所，推动城市文学空间网络建设。2022 年 4 月 23 日，位于紫金山入城余脉古鸡笼山下东南角的南京"世界文学客厅"正式开放，为国内外文学爱好者提供交流、对话和活动的公共空间。"世界诗歌日"系列活动的举办，有利于南京进一步联动联合国教科文组织创意城市网络的其他"文学之都"，以线上、线下联动诵读的方式，帮助来自不同国家和地区的人们实现更多交流、增进彼此理解，让诗歌走进更多人的日常生活。

南京是知名的文学创作之城、传播之城，全世界有 60 多种外国文学作品在南京翻译成中文，全国有 1 万多部文学作品与南京相关。南京还是一座阅读之城，截至 2022 年底，南京拥有近 900 家阅读组织，每年举办各类阅读活动 1.5 万余场，居民综合阅读率达 96.53%，每天阅读 1 小时以上市民数量超六成，许多市民积极参与城市活化文学、文学赋能城市的活动。南京举办"世界诗歌日"及其他文学活动，呼应了联合国教科文组织评选"文学之都"的初衷，将文学作为现代生活与城市发展的创意源泉，对文化与城市的可持续发展起到重要的推动作用。

十　东营举办世界入海口城市合作发展大会

2022 年 11 月 10 日，世界入海口城市合作发展大会在中国山东东营开幕，来自 30 多个国家的百余个城市以不同形式参会。大会以"江河奔海·共向未来"为主题，发布了《世界入海口城市合作发展东营倡议》，号召全球重要入海口城市在各领域开展广泛国际合作，推动世界入海口城市间交流互鉴。韩国群山市、尼日利亚卡拉巴尔市、乌干达霍伊马区、匈牙利噶尔多尼市、意大利利沃诺市、苏里南帕拉马里博市东北区、辽宁省营口市、上海市崇明区、江苏省盐城市及山东省东营市"十城联动"签署倡议，共同促进入海口城市繁荣发展。

在全球城市联动发展的宏观背景下，东营率先提出入海口城市概念，明确入海口城市在经济社会发展中承担的重要作用。入海口城市指在河流与海洋交汇处的海岸带上发育的城市，是具有河流海洋交汇、陆地海洋系统融合等特色，将入海口区域内的河流、陆地以及海洋多样化生态系统与人类社会经济活动紧密联系的特殊类型城市。东营是我国重要的油气资源基地，也是黄河三角洲的中心城市，是世界入海口城市的代表之一，有着丰富的自然资源和经济社会发展优势。近年来，东营坚持生态优先、绿色发展，在入海口生态保护修复、资源型城市转型、河海文化传承等方面积极开展工作。东营以公共性生态产品为重点，结合黄河三角洲河海交汇特色，通过生态产业化、产业生态化等发展路径加快新旧动能转换，促进黄河口国家公园建设，提高生物多样性保护水平，增加优质生态产品供给，提升大江大河入海生态产品价值，打造生态文明的"东营样板"。

本次大会发布了《世界入海口城市发展研究报告（2022年）》《山东黄河流域生态保护和高质量发展理论与实践》两项研究成果，推出三个国际合作项目——国际友好公园结好、国际青少年"黄河文化"交流营、国际候鸟护翼行动计划，同时启动"世界入海口城市伙伴计划"，广泛邀请世界入海口城市加入其中，推动世界入海口城市地方政府、企业、高校、研究机构等通过建立合作伙伴关系，共同探讨生态保护和城市高质量发展等议题，开展宽领域、多层次、全方位的密切合作。东营将携手世界其他入海口城市打造国际绿色发展合作机制及平台，在生态修复、生物多样性、气候变化、清洁能源等方面加强合作，开展更广泛的产业合作，加深港航交流，实现更高水平的互联互通，推动更深层次的文化交流交往，打造更加紧密的城市友好合作网络，共同谱写世界入海口城市发展新篇章。

目 录

Ⅰ 总报告

B.1 2022年广州城市国际化发展状况与2023年形势分析
.... 广州市社会科学院课题组 / 001

Ⅱ 专题篇

B.2 广州建设中国式现代化先行区研究................ 董小麟 / 056

B.3 中国式现代化背景下广州推进高水平对外开放研究
.... 伍 庆 徐万君 / 074

B.4 增强国际传播能力讲好中国式现代化的广州故事
.... 胡泓媛 / 089

Ⅲ 城市评价篇

B.5 2022年全球城市评价排名分析 .... 胡泓媛 赖丽文 / 104

B.6 广州城市全球联系度变化趋势与提升策略
　　——基于 GaWC 全球城市排名的对比分析
　　……………… 邹小华　覃　剑　本·德拉德　王芹娟 / 129

B.7 《机遇之城2022》广州排名分析及工作建议
　　……………………… 广州市人民政府研究室课题组 / 146

B.8 以城市体检为抓手持续推进城市高质量发展的实践与启示
　　………………………… 黄成军　程晟亚　王　皓 / 161

Ⅳ 国际经贸篇

B.9 广州增强粤港澳大湾区核心引擎功能的战略要求与创新举措
　　…………………………………………………… 白国强 / 175

B.10 2022年企业对广州优化营商环境改革成效满意度调查报告
　　………………………………………… 朱泯静　简　荣 / 196

B.11 广州海外人才引进政策评价及完善
　　——立足粤港澳大湾区高水平人才高地建设视角
　　…………………………………………………… 陈雪玉 / 215

Ⅴ 交往与传播篇

B.12 推进中医药文化国际传播　有效提升广州城市形象
　　………………………………………… 翟慧霞　付云清 / 226

B.13 短视频城市影像实践对广州媒介形象建构研究
　　——以抖音为例 ……………………… 刘　佩　王植琳 / 237

目录

Ⅵ 国际化案例篇

B.14 广州国际交流合作中心落实"外事+"行动　助力城市国际化转型
　　　…………………………………………… 郭慧青　鲍　雨 / 258

B.15 南沙高质量推动国际化人才特区建设　助力打造大湾区人才集聚
　　　新高地 ………………… 广州南沙开发区人才发展局课题组 / 272

Abstract ……………………………………………………………… / 285
Contents ……………………………………………………………… / 288

总报告
General Report

B.1 2022年广州城市国际化发展状况与2023年形势分析

广州市社会科学院课题组*

摘　要： 2022年，广州全面落实疫情要防住、经济要稳住、发展要安全的重要要求，经济顶压前行，高质量发展进一步筑牢根基；外贸总值连创新高，新业态发挥关键支撑作用；多措并举稳外资，来源集中行业优化；对外投资稳中有进，双向互惠合作持续推进；国际综合交通枢纽建设加速推进，综合立体交通网络日趋完善；国际交往载体建设全面提速，各类高端要素加速集聚；友城"百城+"计划稳步实施，促进交流合作提质增效；主导国际城

---

* 课题组组长：伍庆，博士，广州市社会科学院城市国际化研究所所长、研究员，研究方向为城市国际化、国际传播、全球城市评价。课题组成员：胡泓媛，广州市社会科学院城市国际化研究所副研究员，研究方向为城市国际化、国际传播、全球城市评价；鲍雨，广州市社会科学院城市国际化研究所助理研究员，研究方向为公共外交；徐万君，博士，广州市社会科学院城市国际化研究所助理研究员，研究方向为国际经贸；赵陈双，广州国际城市创新研究中心研究助理，研究方向为国际关系；李进芳，广州国际城市创新研究中心研究助理，研究方向为国际关系。

市多边网络，推广先进治理经验；城市故事广泛传播，打造世界读懂中国窗口；人文交流活动丰富多彩，技术赋能新形式新理念。广州在全球城市评价中的表现总体稳定，排名显示广州科技创新优势突出，"数字经济+跨境电商"逐步成为广州打造国际商贸中心的新优势，宜居环境吸引更多人才来穗发展。在中国式现代化扎实推进、高水平开放格局构建的背景下，广州要以更高水平的制度型开放增强高质量发展的动力，以"五外联动"输送高质量发展的动能，以更强的国际综合枢纽功能支撑高质量发展，以更广范围的国际交往激发高质量发展的活力，以更深层次的文化交流传播推动城市的高质量发展，不断探索城市发展的新路径。

关键词： 城市国际化　全球城市　广州

一　2022年广州城市国际化发展状况

2022年是党和国家历史上极为重要的一年。党的二十大胜利召开，描绘了以中国式现代化实现中华民族伟大复兴的宏伟蓝图。2022年也是对广州有特殊意义的一年，国务院印发《广州南沙深化面向世界的粤港澳全面合作总体方案》，引领广州提升综合城市功能、推进城市国际化建设、打造重大战略性平台、增强核心引擎功能。广州全面落实疫情要防住、经济要稳住、发展要安全的重要要求，稳住了开放型经济基本盘，推动实现高质量发展的良好开局。

（一）经济顶压前行，高质量发展进一步筑牢根基

面对复杂严峻的国内外形势和多重超预期因素冲击，广州全年经济顶压前行，总体保持恢复态势，产业结构持续优化，新动能继续成长，成为唯一

一座消费、外贸、外资三大指标都实现正增长的一线城市。

1. 主要经济指标保持增长态势

面对需求收缩、供给冲击、预期转弱三重压力以及各种超预期因素的冲击，2022年广州经济运行主要指标均实现增长。全年地区生产总值为28839.0亿元，同比增长1.0%；人均地区生产总值超过15万元，连续3年达到世界银行提出的高收入经济体标准，经济发展质量持续提高。其中，第一产业增加值为318.3亿元，同比增长3.2%；第二产业增加值为7909.3亿元，同比增长1.1%；第三产业增加值为20611.4亿元，同比增长1.0%。面对国际国内环境复杂变化带来的冲击，广州经济增长压力巨大，其中工业生产承压更加明显。制造业立市工作在稳定经济增长方面取得了突出成效。高技术制造业实现增加值1002.8亿元，同比增长8.1%，高出全市规模以上工业企业增加值增速7.3个百分点，占全市规模以上工业企业增加值的比重超过60%，引领带动经济增长效果显著。其中，作为支柱产业的汽车制造业全年实现产值6472.0亿元，同比增长6.3%，成为广州经济增长的重要驱动力。

2. 创新驱动发展战略深入实施

广州以建设粤港澳大湾区创新策源地为目标，深入推进创新发展战略，其科研配套设施建设加速推进，国家级项目先后落地，核心科技产出不断增加。作为全国首批挂牌的国家级实验室，广州实验室在新冠疫苗及特效药研发领域取得突出进展；粤港澳大湾区国家技术创新中心按期入轨；人类细胞谱系大科学研究设施项目被纳入广东省推进粤港澳大湾区建设重点项目库；全国首个航空轮胎大科学装置项目竣工，并于2022年9月开始试运行；人体蛋白质组导航国际大科学计划获科技部批准启动，生物医药与新型移动出行未来产业科技园纳入全国首批未来产业科技园建设试点。截至2022年底，全市新增高水平企业研究院15家，有效发明专利拥有量首次突破10万件，同比增长26%。广州入选首批国家知识产权强市建设试点示范城市。高新技术企业突破1.23万家，创历史新高；新增全球独角兽企业9家，增量居全国各大城市首位。广州将人才作为创新战略实施的重要资源，扎实推进新时代人才强市建设，国家、省重点人才工程入选数再创新高，向外籍人员发放人才绿卡1890张，高质量人才资源得到进一步扩充。科技创新水平在"硬"设施和"软"实力的共同支撑下迈上新台阶。2022年11月《自然》增刊《2022年自然指数——科研城市》发布，在全球主要科研城市中，广州排第10位，排名较2021年提升4个位次，城市整体科研实力进一步增强。

3. 以南沙开发开放为牵引有力实施高水平开放

2022年6月，国务院正式印发《广州南沙深化面向世界的粤港澳全面合作总体方案》（以下简称《南沙方案》），为广州全面深化改革开放、纵深推进粤港澳大湾区建设带来重大历史机遇。地处粤港澳大湾区地理几何中心的南沙，先后被赋予建设国家级新区、自贸试验区和粤港澳全面合作示范区等重大使命。为保障《南沙方案》走深走实，广州打造"1+3"政策体系，即出台1份实施方案，制定实施重大政策、重大项目、重大事项3份清单，确保《南沙方案》有力有效有序落实。《南沙方案》提出将南沙打造为香港、澳门更好融入国家发展大局的重要载体和有力支撑，深化粤港澳合作是关键举措。广州在政策扶持、创业服务、就业渠道、生活配套等领域着力推进"四提升"，确保在南沙工作和生活的港澳居民享受市民待遇，加强公共服务与社会管理的衔接，为港澳业界来南沙投资创业营造国际一流的营商环境，打造港澳青年安居乐业的新家园。2022年1月，广州南沙自贸区正式开展跨境贸易投资高水平开放试点，围绕"放管服"改革、推进跨境投融资体制改革创新、放宽资本项目汇兑限制等方面，推出13项便利化措施，这些外汇领域集成式改革创新举措成为国内最高水平的贸易投资政策组合。截至2023年1月，广州南沙自贸区累计办理试点业务6014笔，金额达160.9亿美元。南沙开展了系列跨境金融实践，2022年8月获批开展应对气候变化投融资高水平开放试点，结合2022年2月就已落地的跨境理财通试点项目，南沙的资金流动更加便利，金融对外开放程度进一步提升。截至2022年，南沙全区本外币存、贷款增速均超过20%。

4. 消费市场连续两年高位运行

广州是首批国务院确定的国际消费中心城市之一，消费对经济发展的基础性作用不断巩固。2022年，广州以持续推进国际消费中心城市建设为牵引，密集出台多项促消费举措以应对疫情冲击，激发经济增长内生动力，全力保障消费市场实现正增长。2022年，全市实现社会消费品零售总额10298.2亿元，社会消费品零售总额连续两年过万亿元；社会消费品零售总额同比增长1.7%，增速快于全国（-0.2%）与全省（1.6%）平均水平，以及北京（-7.2%）、上海（-9.1%）、重庆（-0.3%）等主要城市，仅略低于深圳（2.2%）0.5个百分点。传统商业模式加快城市数字化转型的步伐，非接触式消费活跃度大幅提升。全年限额以上批发和零售业通过互联网实现零售额2517.6亿元，占社会消费品零售总额的比重为24.4%，同比增长13.4%，拉动全市社会消费品零售总额增长2.9个百分点；全市限额以上住宿和餐饮业通过互联网实现收入85.2亿元，同比增长22.9%。消费品市场结构优化，智能化、品质化升级趋势明显。智能穿戴设备类商品零售额同比增长160%，智能家用电器和音像器材类商品零售额同比增长21.8%，计算机及其配套产品类商品零售额同比增长11.1%。汽车类商品供给和需求相互促进。2022年，全市汽车消费总体稳中有升，汽车类商品实现零售额1283.3亿元，同比增长4.4%，拉动全市社会消费品零售总额增长0.5个百分点。其中，新能源汽车类商品实现零售额376.29亿元，同比增长79.8%，占全市汽车类商品零售额的29.3%，是稳定消费市场的重要力量。

5. 新动能稳增长优势凸显

面对复杂多变的外部环境，以战略性新兴产业和现代服务业为代表的增长新动能在稳定经济大盘、助力经济增长方面提供了强有力的支撑。制造业与生产性服务业双向融合发展态势不断增强，科研成果转化服务、研发与设计服务全年营收同比分别增长32.9%、15.5%，推动工业生产向高端化、绿色化迈进，以筑牢实体经济根基。战略性新兴产业在提升经济发展韧性方面发挥了不可替代的作用。2022年，广州三大新兴支柱产业与五大新兴优势产业（"3+5"战略性新兴产业）共实现增加值8879.0亿元，在地区生产总值中的占比提升至30.8%，对经济增长的贡献率超三成。其中，生物医药与健康产业布局的优势得以集中显现，全年医药制造业增加值大幅增长49.5%，成为增长幅度最大的行业。作为经济发展"压舱石"的服务业，近年来稳步推进行业形态向高端迈进，现代服务业稳步发展。其中，金融服务业全年实现增加值2596.0亿元，同比增长7.2%，占地区生产总值的比重为9%。为推动城市全面数字化转型，2022年6月《广州市数字经济促进条例》正式实施，该条例成为国内首部城市数字经济地方性法规。广州数字经济年增加值超过1万亿元，迈进全球数字经济第一梯队，数字经济的迅猛发展为经济增长注入强劲动力。

（二）外贸总值连创新高，新业态发挥关键支撑作用

面对海运价格连续三年高位运行、供应链危机蔓延、部分外贸订单外流等问题，广州持续优化调整外贸产品结构，创新发展外贸业态，发掘外贸新动能。在2021年高基数的基础上，2022年广州力保进出口总额实现正增长，连续两年外贸总额超万亿元。

1. 货物进出口总额稳步增长

2022年我国外贸进出口面临多重超预期因素冲击，在海外需求放缓、地缘冲突、国内疫情多点散发等因素影响下仍实现稳定增长，展现出强大韧性，为稳增长做出了重要贡献。全年货物贸易进出口总值再上新台阶，达42.1万亿元，同比增长7.7%。其中，出口24.0万亿元，增长10.5%；进口18.1万亿元，增长4.3%。如表1所示，2022年广州货物贸易进出口总额为10948.4亿元，同比小幅增长1.1%，增速快于全省平均水平，连续两年突破万亿元。其中，出口6194.8亿元，同比下降1.8%；进口4753.6亿元，同比增长5.3%。从进出口产品种类来看，机械、电气设备和家电类产品是广州主要出口商品，出口额占出口总额的比重超过40%。过去两年海运价格高位运行，机械、电气设备和家电类产品出口成本大幅增加，出口成交额承压明显，导致全年出口总额没达到预期。预计随着2023年重要航线运价大幅下降，机电商品出口将快速回暖。从贸易方式来看，一般贸易增长17.6%，保税物流增长23.2%，一般贸易与保税物流是广州货物贸易进出口总值增长的主要动力。民营企业继续坐稳广州外贸企业"头把交椅"，全年实现进出口总额超5000亿元，占全市货物贸易进出口总额的比重超50%，表现出强劲活力和竞争力。

2022年4月,《中华人民共和国海关综合保税区管理办法》正式施行,广州白云机场综合保税区和南沙综合保税区等高水平对外开放平台充分发挥"保税+"政策优势,实现进出口总额1662.4亿元,同比增长48.4%,占全市进出口总额的比重达15.2%,支撑外贸企业拓展国际国内市场成效明显。

表1 2022年广州主要贸易方式进出口贸易情况

单位:亿元,%

贸易方式	本年累计			同比增长		
	出口	进口	进出口	出口	进口	进出口
总量	6194.8	4753.6	10948.4	-1.8	5.3	1.1
一般贸易	3985.2	3033.8	7019.0	26.2	8.0	17.6
加工贸易	1306.8	915.5	2222.3	-2.3	-2.9	-2.6
来料加工装配贸易	383.4	333.7	717.1	13.7	9.9	11.9
进料加工贸易	923.4	581.8	1505.2	-7.7	-9.0	-8.2
保税物流	408.4	749.6	1158.0	46.2	13.5	23.2
保税监管场所进出境	215.5	276.5	492.0	62.3	14.9	31.8
海关特殊监管区域物流	192.9	473.1	666.0	31.7	12.7	17.6
其他贸易	478.3	38.4	516.7	-68.7	-50.8	-67.8
市场采购	355.5	—	355.5	-74.8	—	-74.8

资料来源:广州市商务局。

2. 贸易伙伴结构相对稳定

如表2所示,东盟(10国)、欧盟、美国、日本和中国香港地区是广州前5位的贸易伙伴,占进出口总额的比重近六成。2022年是《区域全面经济伙伴关系协定》(Regional Comprehensive Economic Partnership,RCEP)全面实施的第一年,广州与RCEP成员国之间共实现进出口总额3682.5亿元,同比增长0.7%,占全市进出口总额的比重超过30%。东盟(10国)作为广州最大贸易伙伴的地位进一步巩固。广州与东盟(10国)全年实现货物贸易进出口总额1751.1亿元,同比小幅下降1.0%。东南亚国家较早放松疫情管控措施,加之人力资本和原材料低廉的优势,使2021年回流至广州的外贸订单再度出现部分流出的现象,导致广州对东盟国家出口下降近3%,

但总体幅度可控。基于人力和资源成本考虑而外迁的产能项目多为纺织品、皮革和食品加工等技术含量较低的产业，未来通过优化产业链布局，出口附加值较高的产品，部分因产业外迁导致的贸易额的下降部分可得到一定程度的弥补。俄乌冲突导致严重的能源供应危机，欧盟国家制造业陷入萎缩，市场需求收缩，使得广州企业对欧盟国家出口走低，全年实现出口额860.6亿元，同比下降11.1%；进口农产品规模增长带动了广州与欧盟国家之间进口额的提升，2022年对欧盟国家实现进口额834.6亿元，同比增长16.1%。对欧盟国家进口额的大幅增长抵消了出口下降的不利影响，全年广州对欧盟国家进出口总额实现正增长。美国保持了广州第三大贸易伙伴的地位，全年实现进出口总额1356.1亿元，同比增长14.7%，连续两年增长率在两位数以上。从近10年广州对美国进出口数据来看，除2020年疫情突发导致进口额、出口额和进出口总额全线下跌之外，其他年份均保持增长态势。从进出口商品种类来看，广州对美国出口的优势集中在低技术制造业，主要是机电产品和劳动密集型产品，从美国进口的商品主要是初级农产品。尽管广州对美国的进出口总额在持续上升，但高技术产品份额不高。2022年，中国香港疫情形势严峻，转口贸易受到严重影响，致使广州对香港的进出口总额出现下滑，全年进出口总额同比下降6.9%。随着疫情防控措施的优化调整，香港与内地全面恢复通关，预计2023年穗港之间贸易额将会出现大幅反弹。

表2 2022年广州进出口贸易情况（按重点市场分）

单位：亿元，%

重点市场	本年累计			同比增长		
	出口	进口	进出口	出口	进口	进出口
RCEP（14国）	1661.5	2021.0	3682.5	4.3	-2.4	0.7
东盟（10国）	1085.7	665.4	1751.1	-2.7	2.0	-1.0
欧盟	860.6	834.6	1695.2	-11.1	16.1	0.5
美国	960.3	395.8	1356.1	16.9	9.6	14.7
日本	253.2	692.8	946.0	17.5	-6.2	-0.9
中国香港	645.0	40.3	685.3	-7.6	7.3	-6.9

注：RCEP是由中国、日本、韩国、澳大利亚、新西兰和东盟10国共15方成员签署的协定。
资料来源：广州市商务局。

3. 服务贸易发展提质增速

2022年广州服务外包全口径执行额为137.0亿美元，同比增长20.0%，增速高于全国（10.3%）与全省（14.3%）平均水平。全市信息技术外包（ITO）全口径执行额为56.6亿美元，同比增长37.2%，占全市服务外包全口径执行额的比重超40%。新一代信息技术开发应用服务增长迅猛，全口径执行额和离岸执行额均实现成倍增长，人工智能、大数据、区块链等数字化服务产业规模迅速扩大，服务贸易高技术属性不断加深。2022年，广州共承接来自107个国家和地区的外包业务，其中离岸执行额过亿美元的国家和地区达8个。共建"一带一路"国家服务外包离岸执行额为6.5亿美元，同比增长102.5%，除印度、埃及等个别国家服务外包离岸执行额出现下滑外，总体呈较快增长态势；RCEP国家服务外包离岸执行额为9.6亿美元，同比增长17.0%；新加坡、日本和韩国服务外包离岸执行额超亿美元。全市规模较大的企业基本集中在软件信息服务、运输服务、维护维修服务、人力资源服务等重点领域，在岸执行额超亿美元的企业有23家，超5000万美元的企业有53家；离岸执行额超亿美元的企业有9家，超5000万美元的企业有21家。2022年12月，《国务院关于同意在沈阳等6个城市开展服务业扩大开放综合试点的批复》正式发布，广州获批开展服务业扩大开放综合试点，这为广州服务贸易创新发展带来实质性政策利好。预计2023年，广州服务贸易将在已有基础上实现进一步增长。

4. 贸易新业态实现新增长

数字贸易、离岸贸易成为外贸创新发展的新亮点。2022年，广州数字贸易实现进出口额411.2亿美元，同比增长20.0%，近三年平均增长27.8%，远高于服务贸易和货物贸易的年均增速。广州现有数字贸易额超亿美元的企业20家、超千万美元的企业147家，在金融服务、数字音乐、广告营销、生物医药、游戏动漫等领域涌现了一批具有国际化视野和资源整合能力的"单打冠军"和"隐形冠军"。2022年，南沙口岸跨境电商交易额首次突破千亿元，南沙综合保税区实现进出口额1320.0亿元，同比增长61.0%。2022年12月，《中国（广东）自由贸易试验区广州南沙新区片区关于促进新型离岸贸易高质量发展若干措施》正式出台，南沙新区从平台建设、政策支持等10个方面大胆改革创新，促进新型离岸贸易高质量发展。南沙港区早已是华南地区最大的单体港区，已开通150多条外贸航线，连接全球100多个国家和地区。离岸贸易新平台、新政策相继落地，离岸金融成为南沙外向型经济的新引擎，这都将为南沙"买卖全球"打通路径，使其在世界竞争中具备核心优势。

（三）多措并举稳外资，来源集中行业优化

2022年，广州利用外资呈现降速提质的特点，新设立外商投资企业3442家，同比下降15.0%；实际使用外资金额增加，达87.8亿美元，同比增长6.3%。大项目引资成为广州利用外资的重要手段。2022年，实际使用外资1000万美元以上的大项目共77个，合计使用外资规模占比达96.4%。其中，5000万美元以上的大项目33个，合计使用外资金额近482亿元，占比为83.9%。

1. 多措并举优化引资环境

广州出台一系列招商引资措施，通过优化外商投资公共服务体系、强化招商引资政策支撑等手段，全力推进外资工作开展。2022年5月27日，广州首批外商投资服务工作站正式揭牌，形成多点覆盖、服务精准的外资服务前沿阵地，为外资企业和外商投资活动提供政策咨询、优化投资、诉求反馈等服务，提升外资企业投资便利度。2022年8月，第八届中国广州国际投资年会暨首届全球独角兽CEO大会召开，来自全球45个国家和地区的世界500强企业、央企、行业领军企业、全球独角兽企业代表参会。广州国际投资年会已成为展示我国经济建设成就的重要舞台，也是向全球投资者介绍广州的重要窗口。为引导外资向重点产业领域延伸，广州先后制定《广州市高端商贸业投资指南》《广州市重点产业促进政策简明手册》，"1+1+N"产业政策体系初步建成，可帮助广大投资者、企业全面了解广州产业规划，为外资工作和企业发展提供有力的政策支撑。南沙的制度创新优势有助于进一步优化广州的投资环境。2022年5月12日，《中国（广东）自由贸易试

区广州南沙新区片区合格境外有限合伙人（QFLP）境内投资试点管理暂行办法》正式出台，为引导境外资本投向南沙、广州乃至粤港澳大湾区实体产业发挥积极作用。在南沙开展的跨境贸易投资高水平开放试点政策覆盖9项资本项目改革措施、4项经常项目便利化措施。2022年至2023年1月，该项政策吸引各类市场主体通过开展试点工作的金融机构累计办理业务超过6000笔，金额超160亿美元，有力地活跃了投资气氛。随着2022年底疫情防控措施的全面优化，广州抢抓新一轮经济复苏机遇，开启高密度的全球招商行动，由市领导、职能部门和企业负责人共同组成的招商引资团队赴德国、瑞士、日本等地开展针对性招商推介活动。预计2023年，全市外资利用将进入上升通道。

2. 外资主要来源集中

广州使用的外资进一步向香港地区集中。如表3所示，2022年广州实际使用来自中国香港地区的外资金额535.3亿元，同比增长12.5%，占当年实际使用外资总额的93.2%，占比提升了5个百分点。2022年香港在穗新设企业1429家，占当年新设立外资企业总量的41.5%；累计投资企业30160家，累计投资838.9亿美元。南沙是穗港合作的重要"连通者"。为协助香港企业和投资者到南沙乃至粤港澳大湾区全城投资兴业，南沙开发区管委会联合香港贸发局设立"港商服务站"，开展政策咨询、市场融入、建议反馈等针对性服务。广州以中新广州知识城为抓手不断深化与新加坡的投资合作。2022年，广州实际使用来自新加坡的外资金额13.4亿元，同比增长6.6%。截至2022年6月，在中新广州知识城注册的市场主体超过2万家，注册资本超4400亿元，共促成了超过60个中新重点合作项目，其中中新国际科技创新合作示范区已引入新加坡能源总部基地等12个中新合作项目。广州实际使用来自日本的外资金额7.9亿元，同比下降25.6%，资金主要流向化工、机械、机器人等高端制造业，使用外资规模有所缩减但质量提升。早在20世纪90年代日本企业就已在广州布局海外市场建设，涉及汽车设计与制造、房地产建设、商业服务和租赁等多个领域，继续扩大投资开展合作符合穗日企业的共同利益诉求。广州应继续构建以中日未来产业中心为代表的对日招商引资平台，创建中日产学创新、产业合作示范区，重点引进以丰田、日立等跨国企业为代表的新一代战略性新兴产业项目和大型企业总部项目。RCEP 全面实施后，中日首次在区域自由经贸合作框架下开展经贸活动，未来穗日合作空间将进一步拓展。

表3 2022 年广州外商直接投资五大区域情况

国别(地区)	企业数量 本期数（家）	企业数量 同比增长（%）	合同外资金额 本期金额（亿元）	合同外资金额 同比增长（%）	实际使用外资金额 本期金额（亿元）	实际使用外资金额 同比增长（%）
中国香港	1429	-8.2	1111.0	-11.4	535.3	12.5
新加坡	49	-29.0	130.4	308.6	13.4	6.6
英属维尔京群岛	1	-66.7	13.4	939.6	9.2	-68.4
日本	18	-50.0	4.3	-85.5	7.9	-25.6
开曼群岛	3	—	1.4	82.3	4.0	3935.9

资料来源：广州市商务局。

3. 外资行业结构持续优化

广州的服务业开放优势在利用外资领域愈加显著。广州服务业实际使用外资已连续 11 年增长，从 2012 年的 158.4 亿元增长至 2022 年的 574.1 亿元，年均复合增长率达 13.7%。2022 年服务业新设外商投资企业 3313 家，占当年设立外商投资企业总数的 96.3%；实际使用外资 459.9 亿元，规模占比达 80.1%。租赁和商务服务业等增加值超千亿元的服务行业以其强劲的竞争力受到外资的青睐。租赁和商务服务业是实际使用外资最多的行业，实际使用外资 237.8 亿元，占比为 41.4%。（见表4）2022 年 1~10 月，广州现代生产性服务业实际使用外资同比增长 51.1%，现代商务服务实际使用外资同比增长 51.6%，新型生活性服务业实际使用外资规模占比达 18.4%。制造业使用外资规模进一步扩大。2022 年制造业实际使用外资规模达 97.8 亿元，同比增长 71.8%。其中，医药制造业表现亮眼，实际使用外资 67.0 亿元，同比增长 2.4 倍。生物医药产业是世界创新最为活跃的新兴产业之一，而广州走在前列，正在全力打造世界级生物医药产业集群。广州生物医药产业先后被纳入首批国家级战略性新兴产业集群、全国"百城百园"行动实施主体名单。广州国际生物岛致力于建设成国家生物医药政策创新试验区，打造世界顶尖的生物医药和生物安全研发中心。系列建设成就和优越的市场环境吸引了包括阿斯利康等在内的国际知名生物医药企业汇聚广州国际生物岛，其中世界500强企业7家，研究院（所）超40家，上市公司总部5家。

表4　2022年广州外商直接投资前5位行业情况

行业	企业数量 本期数（家）	企业数量 同比增长（%）	合同外资金额 本期金额（亿元）	合同外资金额 同比增长（%）	实际使用外资金额 本期金额（亿元）	实际使用外资金额 同比增长（%）
租赁和商务服务业	660	-12.4	310.6	-51.4	237.8	33.1
科学研究和技术服务业	403	-19.9	257.6	36.9	126.0	28.6
制造业	85	-12.4	134.4	-11.4	97.8	71.8
房地产业	49	-65.3	327.6	138.5	34.0	-74.2
批发和零售业	1613	-13.1	73.0	-24.2	19.3	-14.3

资料来源：广州市商务局。

（四）对外投资稳中有进，双向互惠合作持续推进

随着世界各地逐步放松疫情防控措施，一大批海外投资机构涌现，广州企业对外投资实现快速增长。如表5所示，2022年全市新增对外投资企业（机构）226家，同比增长35.5%；中方实际投资额为34.5亿美元，同比增长9.6%。截至2022年末，全市设立非金融类境外企业（机构）2297家，中方协议投资额为286.3亿美元。

1. 投资目的地进一步集中

地缘冲突导致多个国家出现能源危机、通货膨胀高企等问题，广州企业对外投资态度更加审慎。亚洲国家和地区是广州企业最主要的投资目的地，为应对内外部环境变化带来的不利影响，这一趋势在2022年得到进一步强

化。2022年,广州在亚洲地区新增企业(机构)186家,占比为82.3%;新的增幅要投向中国香港以外的其他亚洲国家和地区,对香港新增投资项目数与2021年持平。资金流向也进一步向亚洲国家和地区集中。广州企业对北美洲国家和地区的协议投资额大幅下降至0.6亿美元,减少了11亿美元。对欧洲国家和地区的协议投资额持续缩水,投资规模在3000万美元左右。对亚洲国家和地区协议投资额为13.8亿美元,比2021年大幅增长44.7%,占比达82.6%;其中在香港的中方协议投资额为12.1亿美元,同比增长65.5%,占比为72.5%(见表5)。作为内地企业走向海外市场的门户,香港在促进内地企业达成跨国交易与合作方面发挥着关键作用。

表5 2022年广州对外投资主要地区情况

主要地区	新增企业(机构)数(家)	中方协议投资额		
^	^	金额(亿美元)	同比增长(%)	占比(%)
合计	226	16.6	-29.2	100.0
亚洲	186	13.8	44.7	83.2
中国香港	149	12.1	65.5	72.7
非洲	3	0.3	3268.8	1.6
欧洲	13	0.3	-40.5	1.8
拉丁美洲	7	1.7	3.6	10.2
北美洲	16	0.6	-95.3	3.6
大洋洲	1	0.004	-65.2	0.02

资料来源:广州市商务局。

2.对外投资以服务业为主

2022年,广州市企业海外布局主要集中在第三产业,新增企业(机构)210家,占比为92.9%;中方协议投资额为14.6亿美元,占比为87.4%。其中,批发和零售业新增113家企业(机构),为第三产业新增企业(机构)数最多的行业,多为企业前期海外布局的延伸;从中方协议投资额来看,66.5%的协议投资额投向租赁和商务服务业,协议投资金额达11.1亿美元,比2021年同期增长10.8倍(见表6)。受疫情下海运价格高企的影响，交通运输、仓储和邮政业投资金额增幅较大。批发和零售业、租赁和商务服务业是广州企业主要的对外投资领域，与相关国家和地区开展经济合作已有多年经验。在国际环境不确定性增加的背景下，企业对拓展海外市场持更加审慎的态度，延续已有投资渠道、适量扩大投资规模成为大多数企业海外布局的主要选择。

表6 2022年广州对外投资主要行业分布情况

主要行业	新增企业(机构)数(家)	中方协议投资额 金额(亿美元)	中方协议投资额 同比增长(%)	中方协议投资额 占比(%)
合计	226	16.6	-29.2	100.0
第一产业	3	0.4	-47.8	2.2
第二产业	13	1.7	-47.2	10.0
制造业	12	1.7	-9.3	10.0
第三产业	210	14.6	-25.6	87.8
批发和零售业	113	0.1	-96.9	0.9
交通运输、仓储和邮政业	10	0.7	143.6	4.0
信息传输、软件和信息技术服务业	21	1.1	-91.0	6.7
租赁和商务服务业	22	11.1	1076.3	66.8

资料来源：广州市商务局。

3. 对外投资合作管理服务水平进一步提高

从广州"走出去"进行海外布局的企业近千家，为更好地帮助企业融入海外市场、了解优惠政策、规避出海风险，相关职能部门实施系列措施助力企业安全高效"出海"。为进一步推进RCEP高质量实施，广州市贸促会与白云区政府共同设立中国国际贸易促进委员会广州市委员会白云区RCEP服务站、中国国际贸易促进委员会广州市经贸摩擦预警中心白云区服务站，将为企业掌握RCEP协定的优惠关税承诺和各领域规则提供更多精细化的指导和服务，深入开展海外维权援助和摩擦预警工作，通过采取急事急办、特事特办、难事专办等举措，着力解决企业"出海"遇到的各项困难。南沙区在打造中国企业"走出去"综合服务基地方面实现了新突破，积极推动国际化法律服务先行示范，"一带一路"法律服务集聚区已入驻30多家法律服务机构；深入推进全国首个国际化人才特区建设，获批国家海外人才离岸创新创业基地；大力提升金融开放创新枢纽能级，挂牌成立广州首个国家级金融基础设施广州期货交易所，落地实施全国首批跨境贸易投资高水平开放试点；深化与港澳规则衔接机制对接，搭建粤港澳大湾区职称和职业资格业务一站式服务平台等。中新广州知识城是全国唯一的知识产权运用和保护综合改革试验区，在知识产权创造、运用和保障方面积累了先行先试经验。广州开发区集聚17家知识产权保护机构，落地全国首单知识产权海外侵权责任险，累计为31家企业提供7960万元出海风险保障金。

（五）国际综合交通枢纽建设加速推进，综合立体交通网络日趋完善

2022年广州加快了国际性综合交通枢纽城市的建设步伐，海、陆、空交通枢纽系列重点项目建设取得突破性进展。广州航空客货运"双枢纽"建设迈上新台阶，广州空港型国家物流枢纽获批，空港片区正式纳入广东自贸试验区广州联动发展区；南沙港区粮食及通用码头建成并投入使用，枢纽型港口建设规模进一步扩大；广州东部快线开工建设，3个国铁、9个城际、10个地铁、9个综合交通枢纽等续建项目稳步推进，铁路枢纽布局进一步完善。

1. 国际航空枢纽影响力进一步扩大

如表7和表8所示，2022年广州白云国际机场（以下简称"白云机场"）完成旅客吞吐量2610.5万人次，同比大幅下降35.1%；完成货邮吞吐量188.4万吨，同比下降7.9%，但2022年全国主要机场旅客吞吐量均出现较大幅度下滑，白云机场旅客吞吐量和货邮吞吐量仍分别位列全国第一和第二。成都将航空运输重心转移至新启用的成都天府国际机场，使其成为全国旅客吞吐量排名前十的机场中旅客吞吐量唯一实现正增长的机场。2022

年白云机场着力优化航线网络，全年恢复和新增国际客运航线 29 条，与 39 个国家和地区的 45 个航点通航。2022 年 12 月，随着优化防控措施落地，白云机场有序恢复受疫情影响而暂停的国际（包含港澳台）航线，当月每周入境载客航班量大幅上升，较 2021 年同期增长近 3 倍；当月国际航班旅客吞吐量较 2021 年同期增长近两成。由于欧美等国家和地区较早放开疫情管控措施，机场旅客吞吐量较 2021 年实现大幅增长。在 2022 年旅客吞吐量全球排名前十的机场中，我国未有机场上榜。受国际局势动荡影响，国际油价大幅攀升，航空运输燃油成本持续上涨，航空公司运营成本大幅增加，叠加全国不同地区疫情频发带来的影响，2022 年全国各大机场货邮吞吐量均出现不同程度的下滑。2022 年 11 月，广州空港型国家物流枢纽获批，为白云机场进一步拓展国际国内航空货运市场带来发展机遇。白云机场的货运承载量将得到有效提升，有利于进一步扩大机场的航空货运辐射范围，助力广州综合交通枢纽能级提升。

表 7　2022 年全国旅客吞吐量排名前 10 位的机场

单位：万人次，%

排名（2021 年排名）	城市/机场	旅客吞吐量	同比增长
1（1）	广州/白云	2610.5	-35.1
2（4）	重庆/江北	2167.4	-39.4
3（3）	深圳/宝安	2156.3	-5.7
4（7）	昆明/长水	2123.8	-34.1
5（10）	杭州/萧山	2003.8	-28.9
6（2）	成都/双流	1781.7	-55.6
7（5）	上海/虹桥	1471.2	-55.7
8（8）	上海/浦东	1417.8	-56.0
9（9）	西安/咸阳	1355.8	-55.1
10（47）	成都/天府	1327.6	204.9

资料来源：中国民用航空局《2022 年全国民用运输机场生产统计公报》。

表8 2022年全国货邮吞吐量排名前10位的机场

单位：万吨，%

排名（2021年排名）	城市/机场	货邮吞吐量	同比增长
1（1）	上海/浦东	311.7	-21.7
2（4）	广州/白云	188.4	-7.9
3（3）	深圳/宝安	150.7	-3.9
4（7）	北京/首都	98.9	-29.4
5（10）	杭州/萧山	83.0	-9.2
6（2）	郑州/新郑	62.5	-11.4
7（5）	成都/双流	53.0	-15.8
8（8）	重庆/江北	41.5	-13.0
9（12）	南京/禄口	37.8	5.2
10（11）	昆明/长水	31.0	-17.8

资料来源：中国民用航空局《2022年全国民用运输机场生产统计公报》。

2. 国际航运枢纽连通全球功能进一步增强

如表9和表10所示，2022年，广州港实现货物吞吐量65592万吨，同比增长5.2%，全球排第5位；实现集装箱吞吐量2486万标准箱，同比增长1.6%，全球排第6位。受国际局势变化影响，欧美等主要经济体通货膨胀水平达到历史新高，这导致传统外贸市场需求疲软。广州港以RCEP国家为目的地积极拓展外贸航线。在2022年新增的13条外贸班轮航线中，RCEP国家航线占比超过70%。在RCEP国家航线及集装箱吞吐量持续快速增长的带动下，即使外贸集运市场整体低迷，广州港货物吞吐量依然实现正增长。为深入服务粤港澳大湾区建设，广州推出系列创新型措施帮助外贸和港口企业提升运营效率。广州港联合广州海关建立"湾区一港通"操作模式，简化办事流程，实现南沙港与内河码头"两港如一港"一体化操作，提升水水联运模式运作效率，有助于提升港口货物吞吐量。南沙港是广州港口建设的重点。2022年5月，交通运输部发布《关于扎实推动"十四五"规划交通运输重大工程项目实施的工作方案》，广州港南沙港区五期工程在重大工程项目名单之列。根据南沙开发区管委会发布的《广州市南沙区港口与航运物流发展"十四五"规划》的要求，南沙港区五期工程拟建4个20万吨级的集装箱泊位、31个3000万吨级驳船泊位、3个3000吨级件杂货驳船泊位，建成后广州港货运通行能力将得到进一步提升，全球外贸大港地位将得到进一步巩固。截至2022年底，南沙港区外贸航线通达全球100多个国家和地区的400多个港口，有112条外贸航线通往"一带一路"共建国家和地区的港口。

表9　2022年全球货物吞吐量排名前10位的港口

单位：万吨，%

全球排名	国家	港口	货物吞吐量	同比增长
1	中国	宁波舟山港	126376	3.2
2	中国	唐山港	76887	6.4
3	中国	上海港	72777	-5.4
4	中国	青岛港	65754	4.3
5	中国	广州港	65592	5.2
6	新加坡	新加坡港	57773	-3.7
7	中国	苏州港	57276	1.2
8	中国	日照港	57057	5.4
9	澳大利亚	黑德兰港	56527	2.2
10	中国	天津港	54902	3.7

资料来源：上海国际航运研究中心。

表10　2022年全球集装箱吞吐量排名前10位的港口

单位：万标准箱，%

全球排名	国家	港口	集装箱吞吐量	同比增长
1	中国	上海港	4730	0.6
2	新加坡	新加坡港	3730	-0.7
3	中国	宁波舟山港	3335	7.3
4	中国	深圳港	3004	4.4
5	中国	青岛港	2567	8.3
6	中国	广州港	2486	1.6

续表

全球排名	国家	港口	集装箱吞吐量	同比增长
7	韩国	釜山港	2207	-2.8
8	中国	天津港	2102	3.7
9	中国	香港港	1657	-6.9
10	荷兰	鹿特丹港	1445	-5.6

资料来源：上海国际航运研究中心。

3. 世界级铁路枢纽辐射功能进一步强化

作为广州4个国家级物流枢纽之一、国家级重大建设项目，东部公铁联运枢纽项目正加速推进，该项目定位为"通道+枢纽+产业"枢纽经济示范项目。项目建成后，将成为粤港澳大湾区规模最大、规格最高的生产服务型国家级物流枢纽，助力广州加快建设"全球效率最高、成本最低、最具竞争力"的国际现代物流中心和国际消费中心城市，打造国内大循环中心节点城市和国内国际双循环战略链接城市。2021年12月31日，南沙港铁路正式开通，南沙自贸区陆海联运"最后一公里"正式打通。南沙港铁路直接服务于南沙港区集疏运和临港产业，畅通国内国际双循环，形成中国海上新丝路海铁联运主干道，对促进粤港澳大湾区经济社会发展有着重要且深远的意义。截至2022年底，正式运营满一年的南沙港铁路海铁联运业务累计突破10万标准箱，对外开放门户枢纽作用进一步凸显。2022年5月30日，南沙港铁路开出首趟中欧班列，实现"丝绸之路经济带"和"21世纪海上丝绸之路"在南沙港的无缝连接。于2020年10月开始动工的广州白云站正在加速推进二期工程重点项目建设，预计2023年可达到通车条件。按照规划，广州白云站将打造成一座世界级现代综合交通枢纽，该项目建成后将成为亚洲最大的火车站。

（六）国际交往载体建设全面提速，各类高端要素加速集聚

广州以国际会议、国际会展、国际化街区等为依托，全方位推进国际交往平台载体建设，促进国内外项目资金、先进技术、高端人才等各类要素加速汇聚，打造国际高端要素集聚地。

1. 国际会议目的地名片继续擦亮

2022年，广州克服疫情影响，举办了第八届中国广州国际投资年会暨首届全球独角兽CEO大会、粤港澳大湾区全球招商大会、国际金融论坛全球年会、世界跨境电商大会、国际集成电路产业论坛等重要国际会议。在国家知识产权局和世界知识产权组织中国办事处的共同支持下，7月13日博鳌亚洲论坛在广州举办首届创新与知识产权保护会议。会议以线上、线下相结合的方式举行，包括全体大会以及数字经济知识产权分论坛、中国知识产权院长分论坛、粤港澳大湾区绿色发展与知识产权区域创新分论坛等系列活动，来自中国政府、国际组织、科研院所、行业组织、知名企业和外国驻穗领事馆的约200名嘉宾围绕"全球科技创新与知识产权制度建设"主题展开热烈讨论。9月24日，大湾区科学论坛永久会址在广州市南沙区正式动工，大湾区科学论坛战略咨询委员会同时成立。大湾区科学论坛是"一带一路"国际科学组织联盟发起、广东省人民政府主办的国际化论坛，是粤港澳大湾区最高级别的科学盛会。预计2025年大湾区科学论坛永久会址将建成投用，大湾区科学论坛的举办将进一步促进粤港澳科技创新合作、创新成果共享，打破制约知识、技术、人才等创新要素流动的壁垒，构建起全球开放的创新生态高地。

2. 国际会展业发挥龙头带动效应

2022年，第131届、第132届中国进出口商品交易会（以下简称"广交会"）相继举办。以"联通国内国际双循环"为主题的第132届广交会规模和功能扩容升级，参展企业逾3.5万家，比第131届增加近万家。其中，进口展参展企业有400多家，来自30多个国家和地区；上传展品超过306万件，创历史新高，并在参展范围、平台功能、贸促活动、服务时间上实现新突破。截至2022年10月，广交会展览面积达60万平方米，展馆内的高端宴会厅、会议厅共98个，广交会所在的海珠区已集聚超1000家会展企业，形成完整的会展产业链。12月30日，广交会展馆四期项目建成启用，这是广交会展馆发展史上最大的扩建工程，总建筑面积约56万平方米，

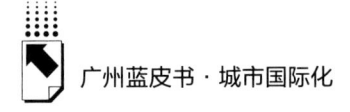

建设范围相当于78个标准足球场，展览规模和场次居全球首位。展馆首次启用后，国内三大汽车展览会之一的广州国际车展在此举办。除广交会外，广州还举办了2022中国创新创业成果交易会、第30届广州博览会、中国（广州）国际物流装备与技术展览会、第二届广州国际（流溪）花卉博览会等大型国际化展会。亚洲规模最大的中国国际食品饮料博览会在穗落户，助力广州"国际会展之都"建设进一步提速。

3. 国际化街区试点建设全面铺开

2022年3月，广州出台《关于推进国际化街区试点建设的实施意见》，要求各区结合实际推进国际化街区试点创建工作，意见明确了3个阶段的建设目标，提出6方面共15项重点任务，为国际化街区试点建设制定了时间表和路线图。文件出台后，广州市11区围绕自身资源禀赋、特色和发展规划，构建产城融合型、文商旅融合型、人居环境友好型等特色街区，积极申报国际化街区。例如，猎德街区打造国际化中央商务区（简称CBD），龙湖街区打造国际产业人才集聚地，二沙岛街区打造多功能国际运动休闲岛，祈福新邨街区打造国际化的优质生活圈等。2023年1月，《广州市国际化街区试点建设名单》正式印发，广州将在越秀区二沙岛片区等12个国际化街区开展试点建设，打造一批具有国际水准、广州特色，功能完备、资源集聚，开放包容、和谐宜居的国际化街区样板。广州国际化街区试点建设不仅是国际化大都市发展的重要支点，也将成为人才服务的重要保障，广州国际化转型与高质量发展将实现互促共进。

（七）友城"百城+"计划稳步实施，促进交流合作提质增效

广州以友城"百城+"为起点，积极用好"云外事"拓展友城交流渠道，持续创新完善城市间交往模式。截至2022年底，广州国际友城、友好城区、姊妹学校、友好港口、友城大学联盟成员分别增至101个、48对、112对、54对、19个，全方位、宽领域开展友好交流合作。

1. 友城结好纪念异彩纷呈

2022年3月17日，广州与伊朗德黑兰市建立国际友好合作交流城市关

系，广州国际友城伙伴数量迈出"破百"第一步。以中外建交、友城结好等节点为契机，广州以多种形式开展友城交流。6月分别举办"友城叙谊、棋乐共融"——2022年中国广州与法国里昂青少年国际象棋友谊赛、中以青少年创新摄影展，通过这些活动友城青少年增进彼此了解。8月15日，举办"万里牵手——中国巴西建交48周年暨中国移民日线上庆祝活动"，恰逢广州与巴西累西腓市缔结国际友好城市15周年，两地合作往来在中巴友好关系框架下深入推进。9月先后举办广州与阿联酋迪拜结好10周年"湾区创未来"对话会、广州—马尼拉结好40周年工作交流会等活动，用好友城资源，服务高质量发展。2022年是中韩建交30周年、中日邦交正常化50周年，广州和友城釜山举办美食文化交流暨互赠图书活动，举办广州—福冈交流推介会、"读懂广州"日本东京推介活动等，促进合作发展迈上新台阶。10~11月，"绿色发展·文明互鉴——2022广州市国际友好城市结好周年逢五逢十摄影展"举办，精选来自阿根廷布宜诺斯艾利斯市、西班牙巴伦西亚市、意大利帕多瓦市等数十个友城的摄影作品，让广州市民近距离感受友城环境之美。

2. 积极参与友城多边对话

为进一步深化友城间的多边交流合作，2022年6月17日，中国齐齐哈尔市、广州市，俄罗斯乌法市、叶卡捷琳堡市、喀山市、哈巴罗夫斯克市举办"两国六城"市长线上会晤及签约仪式，将在建立友城及友好关系的基础上，促进六城文化、教育、体育、旅游、青年政策、科技创新、医疗、经贸、工业等各领域经验交流，深化民众友谊。9月20日，中国人民对外友好协会、中国国际友好城市联合会、福建省人民政府共同举办2022金砖国家友好城市暨地方政府合作论坛。各界代表约250人以线上或线下方式参加会议，代表们围绕"团结合作 共同发展"主题进行深入探讨。广州主动邀请友城伙伴俄罗斯喀山市、叶卡捷琳堡市代表在"中国同新兴市场和发展中国家地方政府对话会"上发言，为携手应对全球性挑战、共创金砖合作美好未来建言献策。11月16~17日，叶卡捷琳堡市举办以"俄罗斯城市2030：挑战与行动"为主题的第六届全俄战略发展论坛，广州市代表线上

出席"国际城市项目马拉松"会议，介绍恩宁路永庆坊修缮活化利用示范项目，向更多城市分享广州名城保护与发展经验。

3. 驻穗领事馆紧抓发展机遇

2022年5月20日，坦桑尼亚驻广州总领事馆举办开馆仪式，外国驻穗领事馆数量达67家。7月20日，广州市举行2022年外国驻穗领团见面会，来自56个国家的驻穗总领事馆官员出席活动，有助于保持各国与广州之间的良好关系，加强与广州在贸易、投资、文化、教育、先进技术研发等领域的交流与合作。9月9日，广州市人民政府外事办公室举办2022年外国驻穗领团走进南沙活动，来自30个国家的驻穗总领事馆官员齐聚南沙，参观南沙区规划展览馆、数字服务贸易平台、广州港南沙港区码头，试乘小马智行无人驾驶车辆，并与南沙区的代表们进行座谈交流。会上，南沙区专题推介南沙，并对驻穗领事馆官员关注的南沙税收、航运和金融政策等问题进行回应与解答。驻穗领事馆还积极参加省、市举办的各项国际会议与对话活动，如2022粤港澳大湾区服务贸易大会邀请了来自英国、美国、德国、日本等国家的驻穗领事馆代表，2022广东21世纪海上丝绸之路国际博览会专场活动吸引了50多家驻穗领事馆参与，共享发展机遇。

（八）主导国际城市多边网络，推广先进治理经验

广州积极发挥其在城市国际组织中的领导作用，2022年先后出席世界大都市协会董事年会、C40全球市长峰会、联合国新城市议程执行进展高级别会议、联合国人居署世界城市论坛、世界城市和地方政府联合组织世界大会等重要国际会议，代表中国城市在全球城市治理舞台上发声，推动世界各国共享城市治理经验。

1. "广州奖"重磅迎接10周年

2022年6月28日，由世界城市和地方政府组织（以下简称"世界城地组织"）联合广州国际城市创新研究会主办的"城市创新经验交流会"作为联合国人居署第十一届世界城市论坛（WUF11）的边会，在波兰举办。广

州国际城市创新奖（以下简称"广州奖"）第三次亮相联合国人居署世界城市论坛，充分体现了"广州奖"引领全球城市创新发展的决心。12月12日，"2022年国际城市创新领导力研讨会暨广州奖十周年庆祝大会"在广州开幕，来自全球50多个国家和地区的城市代表、国际组织代表、专家学者以线上、线下的不同方式出席活动。大会以"创新引领，共创城市美好未来"为主题，采取"1+4+1"模式，包括开幕大会、4场分论坛和闭幕大会，旨在促进国际城市治理经验成果互学互鉴，提升全球城市管理者能力和水平。大会期间隆重发布《新城市：广州奖城市创新评估体系报告（草案）》《第五届广州奖入围城市案例调研报告》和国际城市创新数据库等研究成果，勾画全球城市科学发展图景。以10周年为新起点，"广州奖"将为全球城市提供更广阔的交流空间、更丰富的治理经验、更优质的公共产品，推动全球城市和地方政府共同落实联合国2030可持续发展目标。

2. 扮演世界城地组织领导角色

世界城地组织世界大会暨地方和区域领导人世界峰会每3年举行一届，是该组织最重要、规模最大的国际会议。2022年10月10日至14日，以"地方政府携手跨越"为主题的世界城地组织第七届世界大会暨地方和区域领导人世界峰会在韩国大田广域市召开，共有来自80个国家的3200余名政府官员、专家学者、企业界人士等参会，会议围绕人类、地球、政府等关键词，就推动人民平等、保护地球、提高城市和地区生活质量等方面展开深入交流。本次大会也是新冠肺炎疫情全球大流行以来世界城地组织首次线下举办的世界大会，其管理机构进行了换届选举，广州连任世界城地组织执行局及世界理事会成员城市。10月12日，由世界城地组织城市创新专业委员会、世界城地组织战略规划委员会和地方经济发展委员会、广州国际城市创新研究会联合主办的广州奖城市创新主题工作坊在韩国大田广域市举办。本次工作坊作为第七届世界城地组织世界大会边会，旨在通过对"广州奖"获奖城市创新案例的分析讨论，激发与会嘉宾参与互动式学习的积极性。依托世界城地组织平台，广州持续推动世界城市经验共享，在主要城市国际组织中扮演领导角色。

3.加入联合国教科文组织全球学习型城市网络

2022年9月2日,联合国教科文组织发布了"全球学习型城市网络会员"名单。广州在全球众多申报城市中脱颖而出,成为2022年唯一入选的中国城市。联合国教科文组织全球学习型城市网络创建于2015年,旨在推动成员城市开展政策对话与学习交流,建立伙伴关系,加强能力建设,开发教育工具,支持国际社会终身学习交流与发展。截至2022年底,全球共有来自76个国家的294座城市加入该网络,中国已有北京、上海、广州、深圳、杭州、成都、武汉、西安、太原、常州10座城市加入。近年来,广州大力推进学习型城市建设,依托广州开放大学(广州老年开放大学)的开放性办学体系、广州城市职业学院(广州社区学院)的社区办学资源等,建设覆盖城乡的终身学习网络,并取得良好成效。为庆祝2022年世界城市日,10月31日,联合国教科文组织全球学习型城市市长高级别会议以线上形式举行,广州在会上介绍了建设"人人皆学、处处能学、时时可学"的学习型城市的相关经验。依托全球学习型城市网络,广州将大力开展学习型城市建设行动,建设中外教育交流合作的枢纽,以建设服务全民的学习型社会为契机推动城市高质量发展。

4.深化拓展专业领域国际组织合作

广州与聚焦特定议题和行业领域的城市国际组织建立密切的合作关系,积极推动全市文化、科研机构等与海外组织进行沟通对话。2021年,广州加入世界银行生物多样性城市网络(Cities for Biodiversity,以下简称"C4B"),与巴黎、格拉斯哥、洛杉矶等城市共同探索将绿色和生物多样性解决方案纳入规划项目的设计与实施。2022年4月,广州市代表参加了世界银行举办的C4B第一次深度研讨会,围绕"绿色城市——将城市绿化和生态融入城市和社区规划,连接蓝绿基础设施"主题,与来自世界不同区域的典型城市就生物多样性保护、生态城市规划建设等议题开展深入交流,就全球生物多样性保护与城市可持续发展共享智慧与经验。10月19日至22日,第八届C40城市气候领导联盟全球市长峰会在阿根廷布宜诺斯艾利斯市以线上、线下相结合的形式举行,广州应邀参加"联合应对气候危机"主题论坛，介绍实现城市绿色高质量发展、落实联合国气候议程的相关经验及成就。

（九）城市故事广泛传播，打造世界读懂中国窗口

广州持续提升城市形象国际传播能力，"千年商都""南国花城""幸福之城"等城市品牌深入人心，湾区故事、广州故事在世界各地生动讲述。粤港澳大湾区深耕国际传播建设，做大做强全媒体融合，持续为世界读懂中国、读懂广东、读懂广州做出努力。

1. 粤港澳大湾区国际传播论坛举办

在《粤港澳大湾区发展规划纲要》出台4周年之际，2023年2月18日，粤港澳大湾区国际传播论坛在广州南沙举行。本次论坛以"大融合、大传播——全媒体建设推动粤港澳大湾区国际传播能力高质量发展"为主题，由中国外文局国际传播发展中心、广州市委宣传部、华南理工大学、南沙区委共同主办，来自相关政府机构、智库、高校、媒体的约150名嘉宾参加论坛活动。论坛期间举办了由中国外文局国际传播发展中心与广州市人民政府新闻办公室共同主办的"世界因你而美丽·广州"影像故事全球征集活动启动仪式。征集活动除"观自然""览人文""瞰城市"等常设单元之外，特设"in广州"单元，凸显广州作为国际大都市的创新引领示范作用。粤港澳大湾区（南沙）国际传播中心、粤港澳大湾区国际传播研究院、新华社粤港澳大湾区（南沙）国际传播基地、新华社网红工作室大湾区调研基地、南方报业传媒集团南方舆情数据研究院广州分院、南方都市报高质量发展研究院（南沙）等单位在论坛期间举行了揭牌仪式。粤港澳大湾区（南沙）国际传播中心正式启用后，首批32家境内外主流媒体进驻，构建起协同联动、高效运转的国际传播媒体矩阵，为建成具有国际影响力的"外宣旗舰"提供有力支撑。

2. 城市故事分享深入人心

广州主动加强策划，紧密围绕党的二十大、北京冬奥会、南沙高水平开放等重大主题开展系列新闻报道。全年共举行市级新闻发布会158场，各新

闻发布单位举办各种规模、各种形式的新闻发布活动数百场。第 24 届冬奥会期间，广州市相关单位举办了"南国花城迎冬奥·首届湾区冰雪文化节"系列 5 场新闻发布会、专题研讨和故事分享活动，充分发掘冬奥会上的"广州元素"，借助冬奥主题加强城市宣传。为适应传播形势新变化，广州以故事分享的形式促进城市国际化理念深入人心。2022 年 3 月 2 日，"湾区追梦·南沙启航"——2022 年"湾区创未来"港澳青年创新创业故事会在南沙创享湾举行，参加此次会议的代表们共商港澳青年融入国家发展大局前景。5 月 21 日，广州举办"我和祖国有个约会"留学归国青年故事会，多位留学归国青年分享个人在广州发展的故事。7 月 26 日，广州举行"我在湾区看世界"——广州中外友好交流故事会，来自美国、意大利、马来西亚、白俄罗斯、尼日利亚等不同国家的国际友人讲述了自己在广州的所见所闻，让人们看见多维视角下的鲜活广州。

3. 中外媒体联动讲述广州故事

2022 年 7 月，《广州日报·粤韵周刊》国际传播南美洲首站在巴西落地，Multimahoraonline（最新时刻新闻网）、Business VIP Club（商业 VIP 俱乐部）在线杂志、巴中通讯社（葡语）网站、巴中通讯社（官方推特）、《电子亮点》（*Digital Destaque*）杂志、《最美丽》（*Mais Bonita*）杂志、*Maximus* 杂志等 10 余家当地媒体陆续刊登有关"食在广州，香飘中外"的故事。8 月 15 日，拉丁美洲历史最悠久的报纸《伯南布哥州日报》在第 13 版（国际版）整版介绍粤菜美食的前世今生，向当地民众介绍广府特色文化。9 月 7 日，"湾区南沙 面向世界——中外媒体南沙行"活动举办，来自波兰通讯社、日本广播协会（NHK）、《朝日新闻》、《读卖新闻》、央视总台国际频道、《中国日报》等 22 家中外媒体的 42 名记者走进粤港澳大湾区地理几何中心，解读南沙城市规则设计、粤港澳全面合作载体与面向世界的重大平台，为阐释《南沙方案》贡献媒体力量。

（十）人文交流活动丰富多彩，技术赋能新形式新理念

2022 年，第十九届中国（广州）国际纪录片节、广州艺术季、第十七届广州大学生戏剧节暨第十届青年非职业戏剧节、2022穗港澳青少年文化交流季等活动纷纷举办。广州还通过借助技术手段促进文商旅融合与港澳教育合作，积累更加丰硕的人文交流成果。

1. 举办广州国际文化交流系列活动

2022年，广州策划举办了一系列广州国际文化交流主题活动。通过丰富多彩的文化交流形式，增进中外友人对中华文化、岭南文化的认识。6月11日是"文化和自然遗产日"，以"美丽乡村、'香'约世界"为主题的首场活动邀请30多位来自美国、澳大利亚、瑞士、菲律宾等国家的友人"踏香而行"，在广州花都七溪地亲身体验非遗文化之旅。7月30日，"雅聚高朋 艺述广粤"国际文化交流活动在天河区猎德街广粤国际社区居委会举行，中外友人共同体验古琴、中国围棋、传统团扇书画创作等中国传统文化艺术。12月10日，"璀彩珠玉·缤纷祈福"珠宝文化体验活动在番禺区祈福国际社区举办，中外友人通过欣赏原创珠宝工艺品与制作仿珐琅饰品，感受广州的珠宝时尚文化与珐琅非遗工艺。12月26日，"匠心筑梦 妙剪生花"中国剪纸艺术线上体验活动举办，国际友人亲身参与广州传统剪纸，了解这项艺术的历史渊源、工艺技法和创作理念。12月28日，"巧艺岭南 锦绣慧心"广绣非遗艺术线上体验活动圆满收官，中外友人跟随非遗传承人领略广绣艺术之美，促进中外文化交流。

2. 数字技术赋予文化产业发展新动力

广州紧抓数字文化产业发展机遇，积极营造新颖多元的潮流文化氛围。2022年春节期间，广府庙会融合VR、AR、虚拟直播等技术打造"元宇宙"，通过数字建模与虚幻引擎技术，结合传统新春节日氛围，为广大市民打造线上虚拟的公共文化空间。7月8日，首届"广州非遗艺术时尚周"在广州塔开启，活动依托"非遗+时尚"理念，助力培育"非遗+服装""非遗+文创""非遗+游戏""非遗+影视""非遗+IP（知识产权）开发"等更多"非遗+"新业态。7月27日，广州举办"首届湾区元宇宙数字艺术节"，本届艺术节包括元宇宙数字艺术与设计创作大赛、湾区元宇宙数字艺术展、元宇宙数字艺术城市嘉年华三大部分，邀请全球知名数字艺术家和设

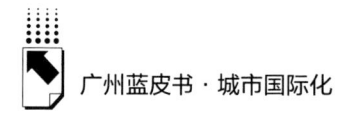

计大师共同参与，以此为契机，搭建起粤港澳大湾区数字文化产业面向世界交流发展的舞台。

3. 开创"旅游超级目的地"文旅IP

广州继续推进落实《广州构建世界级旅游目的地三年行动计划（2021—2023年）》，积极开展旅游业国际合作，线上参加世界旅游城市项目介绍会、第38届亚太城市旅游振兴机构执行委员会议、2022年世界旅游城市联合会亚太区旅游会议等活动，实行乘邮轮从南沙口岸入境15天免签政策，试点境外游客境内移动支付便利化，加快建设成为更高水平的文化旅游强市。2022年7月，广州市文化广电旅游局与携程集团共同开展了以"花开广州 向阳绽放"为主题的广州旅游超级目的地项目，推动文旅产品迭代升级，助推特色品牌声量提升。据统计，2022年广州旅游超级目的地项目整体曝光量超4.3亿次，活动期间促进广州当地消费增长超1亿元。广州还围绕红色文化、历史底蕴、千年商贸、岭南艺术、特色民俗、甜蜜经济、食在广州等名片陆续推出百条"读懂广州"系列文化旅游精品线路，涵盖"读懂红色广州""读懂千年广州""读懂商贸广州""读懂食在广州""读懂甜蜜广州""读懂活力广州"等多个主题，积极赋能世界级旅游目的地建设。

4. 教育对接港澳助力"湾区同心"

广州深入实施国际学校发展三年行动计划，2022年新增广州天省实验学校、广州市培英中学两所普通高中中外合作办学项目，外籍人员子女学校达19所，新增1所港澳子弟学校、18个港澳子弟班，累计评定教育国际化窗口学校培育创建单位40家。6月，香港科技大学（广州）[以下简称"港科大（广州）"]经教育部正式批准设立，并于9月1日正式开学，这是《南沙方案》出台后落成的首个重大项目，是广州第一所合作办学机构，也是南沙区内的第一所高校。广州南沙民心港人子弟学校也同步开学。这是内地首个非营利12年一贯制港人子弟学校，面向港澳台侨和外籍学生招生，提供1600多个学位。民心港人子弟学校的课程与香港学校实现"无缝对接"，为港科大（广州）教职人员解决了非内地籍子女的教育问题。以协同港澳、面向世界的教育院校为载体，培养新一代拥有"港澳根、中国心、世界观"的大局思维，不断夯实广州作为粤港澳大湾区教育中心的重要定位。

二 2022年广州在世界城市体系中的表现

（一）2022年广州在主要全球城市评价排名中的表现

如表11所示，2022年广州在主要全球城市评价排名中的表现总体稳定。在科尔尼全球城市指数与全球潜力城市指数中的排名保持稳步提升态势，在《机遇之城2022》、全球金融中心指数、全球创新指数创新集群中的排名保持稳定。

表11 2018~2022年广州在主要全球城市评价排名中的表现

机构	城市评价体系	2018年	2019年	2020年	2021年	2022年	排名表现
科尔尼	全球城市指数	71	71	63	60	56	稳步提升
	全球潜力城市指数	59	65	54	34	26	稳步提升
普华永道	《机遇之城2022》	4	4	3	4	4	保持中国城市第四
Z/Yen（一年两次）	全球金融中心指数	28/19	24/23	19/21	22/32	24/25	排名稳定
世界知识产权组织	全球创新指数创新集群	32	21	2	2	2	深圳—香港—广州集群保持全球第二

资料来源：《全球城市报告》（2016~2022年）、《机遇之城》（2016~2022年）、《全球金融中心指数报告》（第21~32期）、《全球创新指数报告》（2017~2022年）。

1. 在科尔尼全球城市指数与全球潜力城市指数中的排名保持稳步提升态势

世界知名咨询公司科尔尼公司发布的《2022年全球城市报告》（2022 Global Cities Report）以全球城市指数（Global Cities Index，GCI）和全球潜力城市指数（Global Cities Outlook，GCO）两大排名研判全球城市的当前竞争力与未来发展潜力，反映了全球互联互通水平最高、影响力最大的城市中心在面临严峻挑战和不确定性时受到的影响。2022年全球城市指数排名结果显示，过去一年全球城市的排名结果发生了明显变化，各城市在商业活动和人力资本两个维度上的得分都出现了明显下降，一些城市却表现出较高的发展韧性。其中，纽约、伦敦、巴黎和东京在该指数排名中始终保持前四的位置，北京跻身前五，在新冠肺炎疫情和全球贸易格局复杂变化的影响下排名仍有小幅上升。中国的其他城市与2021年相比排名变化不大，广州上升4位排第56位。在全球潜力城市指数排名方面，广州排名大幅上升8位，排第26位，排名上升的动力主要来自商业活动和文化体验维度的进步。广州持续推动制造业转型升级，不断提升生物医药与健康、新能源汽车、智能装备与机器人等新兴产业的比重，SHEIN等独角兽企业强势发展，在穗全球500强企业数量持续增加。

2. 在普华永道《机遇之城2022》中排名保持稳定

《机遇之城》报告由普华永道与中国发展研究基金会共同编制，是观察中国城市发展历程和机遇的系列研究，从全球城市视角出发，结合中国城市的发展特色和实际情况，对中国城市进行的综合性多角度观察，是广州在经济社会各细分领域找准发展方位的重要参照系。2022年，《机遇之城2022》选取了47个城市样本，其中广州排名第四。广州依托高等教育规模优势，在科技创新方面，尤其是数字经济方面保持领先优势，其在智力资本和创新维度排名第二，在技术成熟度维度排名第二，细分指标中移动互联指标和数字城市指标都排名第二。广州作为区域的门户枢纽，具有较强的国际辐射力和影响力，在区域重要城市维度排名第二，其中，货运总量指标排名第三，会展经济指标排名第二。除此之外，广州还在文化生活维度位列第三，在宜商环境维度中的快递物流指标位列第一，体现出广州作为国际大都市拥有较高的便利性，能够为广大市民带来富有趣味的生活体验。2022年，中国的新型城镇化进程已然开启了高质量深化发展的新篇章，广州的高质量发展将继续辐射带动现代化都市圈发展，有效助力粤港澳大湾区世界级城市群建设。

3. 在全球金融中心指数排名中凸显多项优势

2022年全球金融中心指数（Global Financial Centers Index，GFCI）如期发布第31期、第32期报告，该指数从营商环境、人力资本、基础设施、金融业发展水平、声誉等方面对全球主要金融中心进行了评价和排名，呈现全球金融中心发展的新特征和新动向。报告观察城市范围继续小幅扩大，第31期和第32期都有119座城市入选，其中，广州在第31期报告中排全球第24位、在第32期报告中排全球第25位（见表12）。

表12 2017~2022年广州在全球金融中心指数中的表现

年份	报告	排名	问卷反馈（份）	指标得分
2017	第21期	37	211	650
	第22期	32	293	668
2018	第23期	28	353	678
	第24期	19	438	708
2019	第25期	24	438	708
	第26期	23	849	711
2020	第27期	19	1309	714
	第28期	21	1903	710
2021	第29期	22	1919	794
	第30期	32	1535	677
2022	第31期	24	1544	681
	第32期	25	1331	704

资料来源：《全球金融中心指数报告》（第21~32期）。

广州金融业保持稳健发展，行业规模稳步扩大，2022年实现增加值2596亿元，同比增长7.2%，占地区生产总值的比重提升至9.0%。投资管理业在国际上崭露头角，位列全球第七。在第32期报告中，广州继续位于"稳定发展的金融中心"行列，中国仅有香港、广州、深圳3座城市入选。在全球前15个声誉优势中心城市中，广州位列第九，继续保持良好的国际金融中心形象。广州金融科技等前沿领域发展向好，在金融科技中心全球排

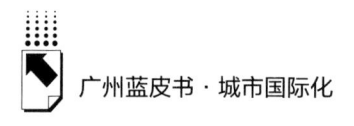

名中排第 11 位，较上期上升 1 位。

4. 深圳—香港—广州集群在全球创新指数创新集群排名中保持第二

世界知识产权组织发布的《2022 年全球创新指数报告》（GII 2022）在新冠疫情持续、经济增长放缓和其他挑战不断出现的背景下，对全球创新趋势进行追踪，更新了全球创新趋势和 100 个经济体的创新表现。中国综合创新能力排第 11 位，较 2021 年上升 1 位，在全球创新指数中的排名连续 10 年稳步提升，位居 36 个中高收入经济体之首，巩固了其作为全球创新强国的地位。在创新集群的排名中，排名前十的创新集群保持不变。深圳—香港—广州集群排名保持第 2 位。

虽然深圳—香港—广州集群多年保持全球第二的位次，但是其与第一位的东京—横滨集群的差距逐年缩小。2020~2022 年东京—横滨集群与深圳—香港—广州集群创新指标对比情况如表 13 所示。深圳—香港—广州集群无论是在 PCT 申请总量中的份额还是在出版物总量中的份额都呈现逐年上升的趋势，而东京—横滨集群则保持稳定。倘若这一趋势保持不变，深圳—香港—广州集群将在几年之内赶超东京—横滨集群。

表 13　2020~2022 年东京—横滨集群与深圳—香港—广州集群创新指标对比

单位：%

年份	东京—横滨			深圳—香港—广州		
	在 PCT 申请总量中的份额	在出版物总量中的份额	合计	在 PCT 申请总量中的份额	在出版物总量中的份额	合计
2020	10.81	1.66	12.47	6.90	1.37	8.27
2021	10.78	1.61	12.39	7.79	1.51	9.30
2022	10.70	1.60	12.30	8.20	1.90	10.10

（二）广州在主要全球城市评价排名中的亮点

主要全球城市评价排名结果显示，广州在全球城市中的科技创新优势凸显，科技与传统商贸结合催生出更大的发展活力，国际大都市的宜居性和便利性也吸引更多国际人才落户广州，聚力推动城市向更高水平发展。

1. 科技创新优势突出

广州作为广东省的省会城市、华南地区的教育中心，在无形中承担了更多基础性的工作，也促使广州的科技创新工作形成了综合性的优势，既有坚实的基础研究优势，也有大平台支撑的共性技术和开发试验研究优势。习近平总书记强调，加强基础研究是实现高水平科技自立自强的迫切要求，是建设世界科技强国的必由之路。进入"十四五"时期，广州更加重视重大基础研究平台建设和科研攻关，以广州科学城、南沙科学城、明珠科技园等平台为核心的"1+1+3+N"科创平台体系成为科学发现、原始创新的活力源泉。广州不仅在世界知识产权组织发布的全球创新指数排名中有不俗的表现，而且在2022"自然指数—科研城市"中的排名也继续攀升，排名上升至第10位。广州长期不懈培育基础性创新的努力正逐步显现出长远的发展价值。广州逐步构建起从基础科学溢出到科技型中小企业、高新技术企业、硬科技企业、独角兽企业、上市高新技术企业的梯次培育体系。科技创新对产业发展的驱动作用愈加显著。

2. "数字经济+跨境电商"逐步成为国际商贸中心新优势

疫情加速了数字科技的规模化应用，也使广州在数字经济和跨境电商领域的优势凸显出来。跨境电商进出口额占全市进出口总额的比重从2019年的4.4%提升至2022年的12.6%，跨境电商增速是全国平均增速的8.7倍，网上零售额增速是全国平均增速的2.2倍。尤其是疫情期间，跨境电商对广州消费、外贸的持续增长发挥了重要作用。"十三五"以来，广州先后出台实施"数字经济引领型城市22条"等政策，2022年出台国内首部城市数字经济地方性法规——《广州市数字经济促进条例》，优良的数字基础设施和制度环境为产业发展提供肥沃的土壤。广州以数字经济赋能产业发展，鼓励商贸企业开展数字化转型。2023年初全球跨境电商卖家服务中心、全球跨境电商超级供应链中心、全球跨境电商生态创新中心在广州白云区揭牌成立，为商贸企业打开了通往世界的数字窗口，激发出国际商贸中心发展的新活力。数字经济是全球经济发展的未来，全球城市评价排名越来越重视城市

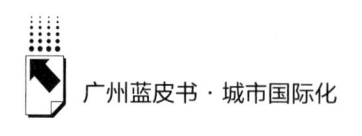

的数字化能力，从而使广州的优势更清晰地展现出来，无论是科尔尼全球城市指数和全球潜力城市指数，还是全球金融中心指数下的全球金融科技中心指数都非常认可广州数字化水平在全球城市中的领先地位。

3. 宜居环境吸引更多人才来穗发展

当前人才竞争已成为综合国力竞争的核心，各个国家都在积极实施引进海外高层次人才的优惠政策。高层次人才更倾向于流向国际化程度高、文化兼容性强、事业发展平台大的重点地区和城市，因此各国的主要城市成为"国际抢人大战"的主力。相对于优惠政策，全球城市评价排名认为发展环境才是吸引人才长期驻留的有效途径。广州稳步推进国际化社区布局建设，提供境外人士服务站、中外居民文化交流融情站、涉外志愿服务站、涉外人才服务站与中外居民共商共治议事厅"四站一厅"服务。广州的教育、医疗、金融、物流等公共服务的国际化程度较高，非常便利中外居民的日常生活。文化和人居便利性等优势为广州在主要全球城市评价排名中加分。《机遇之城2022》指出，广州在智力资本和创新维度排名第二，《2022年粤港澳大湾区人才吸引指数研究报告》也指出广州在城市建设，教育、医疗等社会事业，宜居环境等方面对人才有较强的吸引力。

三 2023年广州城市国际化发展的形势展望

（一）全球秩序深刻变革，国际合作引领发展方向

2022年，世界人口突破80亿，经济复苏迟滞乏力，能源粮食价格飙升，地缘政治局势紧张，大国竞争博弈加剧，局部冲突激烈动荡。世界各国在多重挑战叠加的背景下探寻合作的新方向。

1. 全球经济复苏缓慢，各国收紧货币政策对抗通胀

2022年受地区冲突、大国博弈等多重因素影响，全球经济下行风险加大，复苏之路道阻且长。根据世界主要金融机构、国际组织预测，2023年全球经

济将维持低速增长。2023年1月，联合国经济及社会理事会发布的《世界经济形势与展望》报告预测，2023年世界经济增速预计将从2022年的3.0%下降至1.9%。世界银行发布的《全球经济展望》预测2023年全球经济增长将显著放缓，从2022年的2.9%降至1.7%。国际货币基金组织（IMF）发布的《世界经济展望》报告预计2023年全球经济增长2.8%，与世界银行和联合国经济及社会理事会的预测相比略为乐观（见表14）。

表14 2022~2023年世界及主要经济体经济增速预测

单位：%

主要经济体	联合国经济及社会理事会 2022年	联合国经济及社会理事会 2023年	世界银行 2022年	世界银行 2023年	国际货币基金组织 2022年	国际货币基金组织 2023年
世界	3.0	1.9	2.9	1.7	3.4	2.8
发达经济体	2.6	0.4	2.5	0.5	2.7	1.3
美国	1.8	0.4	1.9	0.5	2.1	1.6
欧元区	3.2	0.1	3.3	0.0	3.5	0.8
新兴市场和发展中经济体	3.9	3.9	3.4	3.4	4.0	3.9
中国	3.0	4.8	2.7	4.3	3.0	5.2
印度	6.4	5.8	6.9	6.6	6.8	5.9
俄罗斯	-3.5	-2.9	-3.5	-3.3	-2.1	0.7
巴西	2.9	0.9	3.0	0.8	2.9	0.9
南非	2.0	1.5	1.9	1.4	2.0	0.1

资料来源：联合国经济及社会理事会《世界经济形势与展望》（2023年1月）、世界银行《全球经济展望》（2023年1月）、国际货币基金组织《世界经济展望》（2023年4月）。

在多重打击的影响下，全球通胀水平显著上升。据国际货币基金组织预测，2022年全球平均通胀率为8.8%，较2021年增长4.0个百分点；年末通胀率为9.1%，较2021年末上涨2.7个百分点，创21世纪以来最高水平。不断增加的通胀压力促使各国央行快速收紧货币政策，相继提高利率，流动性持续收紧。2023年2月，美联储宣布上调联邦基金利率目标区间25个基点，这是一年来美联储第 8 次加息，累计加息幅度达 450 个基点，联邦基金利率已上升至近 16 年的最高值。2022 年 7 月至 2023 年 2 月，欧洲央行连续 5 次大幅加息，累计加息幅度达 300 个基点。同期，英国央行连续加息 9 次，加拿大央行连续加息 7 次，澳大利亚储备银行连续加息 8 次。发达经济体同步收紧货币政策的这一系列行动导致发达经济体需求回落，对进口商品和服务的需求骤减，此举让全球经济承受较大的下行压力。全球货币政策的不断收紧大幅抬高了市场主体的融资成本，打击了市场主体的积极性，各国在"抗通胀"和"稳增长"之间艰难地维持平衡。在应对通货膨胀水平上升、宏观金融风险加剧和经济增速放缓等各种问题时，各国将面临越来越严峻的政策考验。

2. 区域发展势头强劲，新兴经济体成为增长主引擎

随着跨境流动的恢复，以新兴经济体和亚洲国家为代表的区域合作成为重启全球经济的关键。根据国际货币基金组织预测，2023 年新兴市场和发展中经济体经济增速为 3.9%（见表 14），其中中国、东盟、印度等经济体 2023 年的经济增速可能大幅领先发达国家，成为拉动全球经济增长的主引擎。东盟各国受益于自身充足的劳动力资源和全球产业链、供应链重塑带来的投资机会，成为目前全球吸引外资最多的地区之一，尤其是与数字经济及工业 4.0 相关的制造业、金融业和服务业驶上发展的快车道。中国—东盟全面战略伙伴关系开局良好，2022 年中国与东盟贸易总值达 9753.4 亿美元，增长 11.2%，双方已连续 3 年互为最大贸易伙伴。2022 年 11 月，中国与东盟共同宣布正式启动中国—东盟自贸区 3.0 版谈判，谈判涵盖货物贸易、投资、数字经济和绿色经济等领域，将打造更加包容、现代、全面和互利的中国—东盟自贸区。

2022 年，印度的经济增长同样相当亮眼。根据国际货币基金组织发布的数据，2022 年印度超过英国成为世界第五大经济体，预计短期内仍将保持高速增长。与大多数发展中国家依靠出口拉动经济增长的路径不同，印度经济增长更多是内需拉动的结果，个人消费占 GDP 的比重在 60% 左右。据联合国《2022 年世界人口展望》预计，2023 年印度人口数量将超过中国,印度将成为世界第一人口大国,庞大的人口资源红利为印度经济发展提供强劲动力。2023年,印度担任二十国集团(G20)轮值主席国,这是印度首次承担这一职责,进一步彰显印度对全球治理事务的影响力和发言权。在国际油价大幅上涨的情况下,2022年中东地区经济实现中速增长,但产油国和非产油国之间经济增速差距拉大。以沙特阿拉伯和阿联酋为代表的能源出口国经济发展势头良好,经济增速保持中高位,并逐步向可持续发展转型。而以埃及、黎巴嫩、约旦为代表的能源和粮食进口国受俄乌冲突引发大宗商品价格上涨的影响,国内通货膨胀水平居高不下,经济发展面临一定困难。

3. 全球航空业恢复信心,拉动内需为中国经济赋能

2022年12月26日,国家卫生健康委发布公告,于2023年1月8日将"新型冠状病毒感染甲管"调整为"乙类乙管"。这是中国疫情防控政策的一次重大调整,为跨境人员和货物往来提供了更多便利。随着中外人员往来逐步恢复,国际航空客运市场有望恢复至正常水平。国际航空运输协会(IATA)发布的《全球航空业经济监测》显示,2022年全球航空旅客运输量达37.8亿人次,较2021年大幅增加16.0亿人次,为2019年的83.2%;旅客周转量较2021年增长69.4%,为2019年的70.6%。考虑到国际航班受市场需求、运力安排、时刻协调、中外航空当局批复等多重因素影响,国内航空市场的恢复进度将明显快于国际航空市场。

当前中国经济已由高速增长阶段转向高质量发展阶段,消费作为经济增长主引擎的预期作用越发凸显,中国经济增长将在内外需结构、三次产业结构、投资消费结构"再平衡"中重拾信心。商务部数据显示,2023年春节期间全国重点零售和餐饮企业销售额同比增长6.8%,餐饮堂食消费同比增长15.4%,店均消费同比增长10.8%。投资需求方面,在积极财政政策和稳健货币政策的激励下,中国的基础设施投资和制造业投资有望保持增长态势。国家统计局的相关数据显示,2023年2月中国制造业采购经理指数(PMI)为52.6%,比1月上升2.5个百分点;非制造业商务活动指数为

56.3%；综合PMI产出指数为56.4%，三项数据均高于临界点。① PMI作为经济运行的先行指标，连续2个月处于扩张区间，体现出中国经济正逐步实现平稳回升。国内需求的逐步恢复和政策效应的叠加，使中国经济的活力得到进一步释放，中国将成为世界经济复苏的"稳定器"和增长的"发动机"。

（二）中国式现代化扎实推进，构建高水平开放新格局

2023年是全面贯彻落实党的二十大精神的开局之年。党的二十大胜利召开，清晰擘画以中国式现代化推进中华民族伟大复兴的宏伟蓝图。中国立足新起点，向着全面建成社会主义现代化强国的第二个百年奋斗目标进发，坚定不移地以高质量发展和高水平开放给各国提供新的机遇。中国自身发展势头和大政方针政策保持稳定性、连续性、建设性，给世界经济发展注入坚定的信心和巨大的力量。

1. 党的二十大胜利召开，全力推进中国式现代化

2022年10月16日，中国共产党第二十次全国代表大会在北京召开。党的二十大是在全党全国各族人民迈上全面建设社会主义现代化国家新征程、向第二个百年奋斗目标进军的关键时刻召开的一次十分重要的大会。党的二十大报告强调，中国共产党的中心任务就是团结带领全国各族人民全面建成社会主义现代化强国、实现第二个百年奋斗目标，以中国式现代化全面推进中华民族伟大复兴。全面贯彻落实党的二十大精神，必须牢牢把握中心任务，深刻领会中国式现代化的中国特色和本质要求。党的二十大报告明确概括了中国式现代化是人口规模巨大的现代化、是全体人民共同富裕的现代化、是物质文明和精神文明相协调的现代化、是人与自然和谐共生的现代化、是走和平发展道路的现代化，深刻揭示了中国式现代化的科学内涵。

世界发展经验表明，现代化是人类社会发展的必然趋势，而城镇化是现

---

① 数据来源：国家统计局网站，http：//www.stats.gov.cn/tjsj/zxfb/202303/t20230301_1919034.html。

代化的必由之路。与西方城市发展历史不同，中国的城镇化与工业化、信息化、农业现代化几乎同步发展，走出了特色的"并联式"现代化道路。随着城镇化的不断推进，城市已成为中国式现代化的主战场。据统计，截至2022年底，中国常住人口城镇化率已达65.22%，比2021年末提高0.50个百分点，城镇常住人口达92071万人。人口规模达100万人以上的大型城市有106座，大型城市城区人口合计达3.72亿人，对GDP的贡献率达50%。从经济生产规模和人口数量规模的角度来看，城市已成为新时代中国社会结构的主体部分，如何实现城市治理现代化成为实现中国式现代化必须考虑的重要问题。深入实施以人为核心的新型城镇化战略，不断夯实建设社会主义现代化国家的基础，将为世界贡献更多城市治理现代化的中国经验和中国方案。

2. "三大倡议"回应时代关切，充分彰显中国担当

近年来，各种传统和非传统安全威胁交织影响，霸权主义、强权政治大行其道，给世界和平与发展增添新的不稳定、不确定因素，国际局势更加错综复杂。2022年4月，习近平主席在博鳌亚洲论坛2022年年会开幕式上发表题为《携手迎接挑战 合作开创未来》的主旨演讲，提出全球安全倡议，全面系统回答了世界需要什么样的安全理念、各国怎样实现共同安全这一安全难题。全球安全倡议顺应了世界各国坚持多边主义、维护国际团结的共同追求，响应了世界各国人民共克时艰、携手开创后疫情时代美好世界的普遍愿望，自提出以来得到国际社会的积极响应，80多个国家对此表示赞赏与支持。2023年2月21日，中国发布了《全球安全倡议概念文件》，系统阐释了全球安全倡议的核心理念与原则，明确了重点合作方向以及合作平台和机制，展现了中国对维护世界和平的责任担当，为加强全球安全治理贡献中国智慧。

安全是发展的前提，发展是安全的外延。在全球发展的关键时期，2022年6月，习近平主席在金砖国家领导人会晤期间主持首次全球发展高层对话会，推出中国落实全球发展倡议的32项主要举措，设立开放式项目库，成立全球发展促进中心，为动员全球发展资源、加快落实联合国2030年可持

续发展议程贡献中国力量。目前，已有100多个国家和包括联合国在内的多个国际组织支持全球发展倡议，近70个国家加入中国在联合国发起成立的"全球发展倡议之友小组"，全球发展倡议已被写入中国同东盟、中亚、非洲、拉美、太平洋岛国等地区的合作文件之中。2023年3月，习近平主席出席中国共产党与世界政党高层对话会并发表主旨讲话，提出全球文明倡议。全球文明倡议成为继全球发展倡议和全球安全倡议之后又一项重要的全球倡议。"三大倡议"相互呼应、相辅相成，相互促进、互为补充，将"和平发展、合作共赢"作为不变的主题，彰显了中国引领全球治理迈向正确轨道的大国担当，为国际社会应对和平赤字、安全赤字、信任赤字、治理赤字提供了宝贵的指导和方向。

3. "一带一路"倡议提出10周年，积蓄力量再出发

2023年是共建"一带一路"倡议提出10周年。2013~2022年，中国与参与共建"一带一路"的国家和地区之间合作成果卓著，构建起日益坚固的"朋友圈"。截至2023年2月，已有151个国家、32个国际组织与中国签署了200多份共建"一带一路"合作文件，涵盖世界2/3的国家和1/3的国际组织。在贸易方面，2013~2022年中国与共建"一带一路"国家的货物贸易额从1.04万亿美元增长至2.07万亿美元，年均增长7.95%。2022年中国与共建"一带一路"国家的进出口规模创历史新高，达13.83万亿元，较2013年提升7.9%。在投资方面，截至2022年底，中国与共建"一带一路"国家双向投资累计超过2700亿美元；中国企业在共建"一带一路"国家建设的境外经贸合作区累计投资达571.3亿美元，为当地创造了42.1万个就业岗位。在工程建设方面，中国在共建"一带一路"国家承包工程新签合同额、完成营业额累计分别超过1.2万亿美元和8000亿美元，占对外承包工程总额的比重超过50%。"一带一路"倡议历经10年发展，强化了全球互联互通的网络，重构了区域经贸人文交流合作的桥梁，推动全球治理体系改革走深走实。

随着共建"一带一路"开启高质量发展新征程，中国与共建"一带一路"国家和地区之间的合作空间进一步拓展，绿色化、数字化等发展趋势成为合作新亮点。中国发起建立"一带一路"绿色发展国际联盟，与联合国环境规划署签署《关于建设绿色"一带一路"的谅解备忘录》，同有关国家和国际组织签署了50多份生态环境保护合作文件，与沿线28个国家发起"一带一路"绿色发展伙伴关系倡议。现代信息技术的发展催生了"数字丝绸之路"，"丝路电商"蕴藏巨大发展潜力，沿线各地以跨境电商综合试验区为节点，积极开拓电子商务国际合作的新渠道。此外，沿线国家和地区之间的基础设施联通水平也在10年时间里实现大幅提升。截至2022年底，中欧班列已开通82条线路，通达欧洲24个国家200座城市。"一带一路"沿线"六廊六路多国多港"的基础设施互联互通架构基本形成，极大地促进了区域经济的互利共赢。共建"一带一路"倡议顺应世界发展大势和时代进步要求，着眼推动构建人类命运共同体，早已成为跨越地理限制、突破文化差异、融合发展需求的开放式、全球性合作平台，成为深受欢迎的国际公共产品，为各国共同筑造机遇之路、繁荣之路、友好之路。

4. 实施更加主动的开放战略，保持扩大开放战略定力

党的二十大报告强调"中国坚持对外开放的基本国策，坚定奉行互利共赢的开放战略"，并把"推进高水平对外开放"作为加快构建新发展格局、着力推动高质量发展的重要内容。2022年12月召开的中央经济工作会议进一步强调，"坚持推进高水平对外开放，稳步扩大规则、规制、管理、标准等制度型开放"。高水平对外开放是破解发展问题的重要动力，我国不断提高开放水平，以开放促改革，以制度型开放推进构建更高水平开放型经济新体制。自2013年9月上海自贸试验区正式挂牌以来，中国自贸区建设历经10年风雨，共设立21个自由贸易试验区和海南自由贸易港，初步建立起以周边为基础、辐射"一带一路"、面向全球的自贸协定网络。2022年，中国—柬埔寨自贸协定、中国—新西兰自贸协定升级议定书正式生效，中国—东盟自由贸易区3.0版谈判、中国—海合会自贸协定谈判取得积极进展，中国和自贸协定伙伴的进出口额达到14.25万亿元，同比增长7.7%，占外贸总额的34%。

2022年11月5日，习近平主席在第五届中国国际进口博览会开幕式上

强调,"我们要以开放纾发展之困、以开放汇合作之力、以开放聚创新之势、以开放谋共享之福,推动经济全球化不断向前,增强各国发展动能"。中国不断优化营商环境,持续降低外资准入门槛,努力推动与更多国家和地区开展经贸合作。分别打造中国国际进口博览会、中国国际服务贸易交易会等重大展会平台,主动扩大优质商品及服务进口,积极与世界各国分享发展成果与机遇。截至2021年底,中国先后与17个国家建立了贸易畅通工作组,与46个国家和地区建立了投资合作工作组,与23个国家建立了双边电子商务合作机制,与14个国家建立了服务贸易合作机制,为深化经贸合作提供了有效机制保障。自RCEP全面实施一年以来,各成员国之间合作意愿增强,2022年中国对RCEP其他成员的出口增长17.5%,占出口总额的27.6%。中国对外贸易规模再创历史新高,连续6年保持世界第一货物贸易国地位,在充满动荡的国际局势下保持扩大对外开放的战略定力。

(三)以高质量发展为引领,探索中国式现代化的城市路径

2022年是党和国家历史上极为重要的一年,也是对全国各个城市具有特殊意义的一年。广州聚焦高质量发展任务要求,紧抓重大时代发展机遇,积极把握自身优势开展竞争,积极开拓中国式现代化的地方路径。

1. 国内城市紧抓发展机遇,百舸争流开展竞争

随着疫情防控转入新阶段,"稳增长、拼经济"成为我国各地工作的鲜明主线和最大主题。根据2022年中国城市地区生产总值数据,上海、北京、深圳、重庆、广州、苏州、成都、武汉、杭州和南京位居前十。7座城市的地区生产总值超过2万亿元,其中1座城市来自京津冀,2座来自长三角,2座来自珠三角,2座来自成渝地区,四大国家级城市群鼎立格局正在形成。紧随其后的武汉、杭州地区生产总值也双双逼近1.9万亿元,有望在2023年突破2万亿元。地区生产总值超万亿元的城市维持在24座,常州、烟台等地均提出2023年地区生产总值争取突破万亿元大关的目标。展望2023年,或将有更多城市迈入"万亿城市俱乐部",城市经济呈现一幅欣欣向荣的发展图景,中国经济的强大韧性全面显现。

集聚国内外高端资源要素，是城市在新一轮经济版图重构中抢占先机、掌握主动的关键。2023年以来，全国多地密集组团"出海"，助力企业赴全球参展洽谈、拓展海外市场，掀起招商引资热潮。上海、广州、深圳、杭州等地纷纷召开高规格招商大会，积极抢项目、抢技术、抢人才，搭建"双向奔赴"的高资源对接平台。北京、广州、重庆、成都、西安、武汉和南京等城市立足自身基础优势及发展定位，分别提出建设全球性、全国性或区域性"国际交往中心"的目标，大力开展对外交流合作，提升城市国际竞争力。进入新发展阶段，空前激烈的竞争态势要求城市变"被动等待"为"主动出击"，以国际化建设为抓手，找出差异化发展道路，向着高质量发展阔步迈进。

2. 广东聚焦高质量发展，争取实现现代化建设新跨越

党的二十大报告强调，高质量发展是全面建设社会主义现代化国家的首要任务。2023年1月28日，广东省高质量发展大会在广州召开。此次大会主会场参会人数达1000人，其中参会企业超500家。大会同时以视频直播形式召开，全省各地市、县（市、区）分会场参会人数达2.5万人，是近年来广东省召开的规模最大的会议。此次大会围绕"重点项目重大平台""制造业当家""百县千镇万村高质量发展工程""五外联动"等主题展开深入探讨，共谋发展思路和举措，奏响广东奋进新征程走在前列、当好示范的最强音，以新担当、新作为助力广东现代化建设实现新的跨越。

广东是改革开放的排头兵、先行地、实验区，在我国改革开放和社会主义现代化建设大局中具有十分重要的地位和作用。作为经济大省，广东经济总量连续34年居中国第一，2022年地区生产总值更是超过了12.9万亿元，如果作为一个单独经济体来计算，可以进入"全球前十"，超过韩国等发达国家。"走在全国前列"是以习近平同志为核心的党中央对广东经济社会发展各项工作提出的要求。步入新时代、新征程，广东更要将贯彻新发展理念、推动高质量发展作为根本出路，着力推动质量变革、效率变革、动力变革，努力在全面建设社会主义现代化国家新征程中走在全国前列，创造新的辉煌。

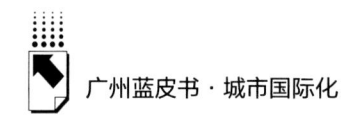

3.国务院出台《南沙方案》，大湾区合作步入新阶段

2022年6月，国务院印发《南沙方案》，支持南沙打造成为立足湾区、协同港澳、面向世界的重大战略性平台。这是自《横琴粤澳深度合作区建设总体方案》《全面深化前海深港现代服务业合作区改革开放方案》出台以来，党中央、国务院从全局和战略高度对粤港澳大湾区建设做出的又一重大决策部署。《南沙方案》以2025年、2035年为时间节点，明确了建设科技创新产业合作基地、创建青年创业就业合作平台、共建高水平对外开放门户、打造规则衔接机制对接高地、建立高质量城市发展标杆五大重点任务。加快广州南沙粤港澳重大合作平台建设是贯彻落实《粤港澳大湾区发展规划纲要》的战略部署，是建设高水平对外开放门户、推动创新发展、打造优质生活圈的重要举措，为丰富"一国两制"实践、更好支持港澳融入国家发展大局提供新支撑。

广州举全市之力推动南沙深化面向世界的粤港澳全面合作，携手港澳和湾区其他城市共建国际一流湾区和世界级城市群。从15%企业所得税、港澳居民个人所得税优惠政策、高新技术企业延长亏损结转年限优惠政策落地实施，到全市贯彻落实《南沙方案》"1+3"政策体系出台，南珠中城际、中南虎城际、肇顺南城际、南沙枢纽、广中珠澳高铁等项目加速推进，《南沙方案》得到进一步落实落细。《2023年广州市政府工作报告》首次提出打造中心城区、南沙新区"双核"概念，力图将南沙打造成广州城市新核心区。广州作为国家中心城市、粤港澳大湾区核心引擎、省会城市，紧紧扭住大湾区建设这个"纲"，以南沙为标杆带动全市制度型开放迈上新台阶，引领大湾区合作步入新阶段。

四 2023年广州城市国际化发展的对策建议

在全面建设社会主义现代化国家的背景下，广州城市国际化建设迈向新发展阶段。2023年是全面贯彻落实党的二十大精神的开局之年，也是广州实现高质量发展的关键之年。城市国际化作为广州与国家高水平开放战略紧密对接、服务高质量发展的重要内容，承担了更重要的使命。广州要抓住制度型开放这一发展关键，增强国际大都市的"五外联动"能力、国际综合枢纽能力、国际交往能力和文化交流传播能力，全面提升对外开放水平，进一步推动城市实现高质量发展。

（一）以更高水平制度型开放增强高质量发展的动力

以贯彻落实《南沙方案》为抓手，突出制度创新在推进高水平开放中的核心地位，加强穗港澳合作和自身营商环境建设，增强高质量发展的内生动力。

1. 打造对外开放制度创新高地

争取更多制度型开放先行先试，对接RCEP、CPTPP①、DEPA②等高标准经贸协议，谋划制度、规则、标准的国际化改革，加强跨部门、跨领域、跨行业统筹协调，加强制度集成创新，制定改革路线图和时间表，实行更大强度的压力测试，推动改革开放在深度、广度上持续拓展。深化自贸区集成创新，打造南沙重大战略性平台，加强跨境服务和基础设施建设，建设南沙"离岸易"综合服务平台，把南沙打造成高水平开放的新引擎。构建与国际通行规则相衔接的服务业开放体系，鼓励更多企业参与行业性国际规则和标准的制定，助力国家参与全球经济治理体系改革，持续释放中国坚决推动高水平开放的信号。

2. 探索穗港澳对接世界开放合作机制

抓住科技创新的"牛鼻子"，重点加强与港澳科技联合创新，以打造南沙粤港澳全面合作示范区为抓手，构建创新要素跨境流动与融通新机制，全力支持南沙建设科技创新产业合作基地，深化大湾区重大载体联动，共建广深港澳科技创新走廊，合力打造全球科技创新高地。吸收港澳服务业开放经验，深化穗港澳规则衔接，加快建设大湾区国际商业银行、大湾区保险服务

---

① CPTPP：《全面与进步跨太平洋伙伴关系协定》（Comprehensive and Progressive Agreement for Trans-Pacific Partnership）。

② DEPA：《数字经济伙伴关系协定》（Digital Economy Partnership Agreement）。

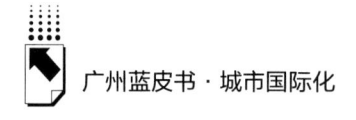

中心，以及大湾区航运联合交易中心、中国企业"走出去"综合服务基地，推动金融、数据、人才等要素无障碍流动，以穗港澳服务贸易协同发展进一步拓宽对接世界的开放空间。加强创业就业和公共服务领域规则衔接和机制对接，推动与港澳的外籍人才流动资质互认，加强外籍人才流动政策互通、信息互联，加快香港科技大学（二期）、港式国际化社区、创享湾等高水平宜学宜居宜业平台建设，为包括港澳人才在内的全球人才打造安居乐业新家园。

3.营造国际一流的营商环境

持续推进营商环境改革，打造国家营商环境创新试点，以企业和市民感受为第一标准，不断优化营商环境。争取数字政府技术支持，积极推动粤港澳大湾区城市信息共享，推动不动产登记、开办企业等基层政务服务"全流程网办""跨城通办""全城通办"，实施国家市场准入效能评估试点。依托国家企业信用信息公示系统，实现涉企信用信息互联互通、共享应用，高质量建设社会信用体系。完善涉外法律服务，引入与国际接轨的科技和知识产权服务，创新服务监管机制，营造国际化、法治化营商环境。

（二）"五外联动"输送高质量发展动能

通过外贸、外资、外包、外经和外智的配合联动，源源不断吸收国际发展资源要素，广结国际发展伙伴，增强国际循环对高质量发展的推动力。

1.推进对外贸易纵深发展

落实外贸发展一揽子政策，完善针对RCEP的贸易便利化措施，继续简化通关流程手续，提升外贸主体信心。优化外贸产品结构，加大传统贸易的数字化改造力度，继续发挥传统贸易的优势，同时把握全球经济复苏的契机和区域发展需求的差异，大力支持新能源汽车、光伏产品、环保节能产品等新贸易增长点释放发展潜力。拓宽贸易渠道，继续擦亮广交会名片，推动一批重点展会向世界高端展会升级，建设南沙、黄埔国际进口贸易促进创新示范区，创建知识城综合保税区，以体制机制创新推动外贸质量提升。重视挖掘新业态、新模式发展潜力,继续完善跨境电商服务,打造全球跨境电商卖家服务中心、超级供应链中心、生态创新中心,优化市场采购贸易政策,推进市场采购增加新的品类,支持离岸贸易等新模式先行先试,吸引更多市场主体加入外贸行列。

2. 强化利用外资发展引擎功能

实施招商合作伙伴计划,落实招商引资"一把手工程",探索"广州+"等联合招商模式,全力招引大项目、好项目,形成"招大商、大招商"的招商格局。积极参与国家"投资中国年"系列活动,坚持市区联动、部门联动,多层次、多形式开展招商引资活动,推动更多产业、人才、资本集聚广州。强化招投联动、投引联动,做好起步期资源设施配备等要素保障,全力打通产业项目招商落地"最后 100 米"。优化外商投资环境,采取促进外资高质量发展 20 条措施,高标准落实外资企业国民待遇,加大外商投资合法权益保护力度。定期联系重点外资项目,掌握发展动态,做好企业服务,提升外资企业归属感。

3. 推动服务贸易与服务外包创新发展

扎实开展全面深化服务贸易创新发展试点、服务业扩大开放综合试点和服务外包示范城市建设,力争率先纳入国家服务贸易创新发展示范区,用好国家级平台政策优势,继续推动特色优势服务出口。推进特色服务出口基地提质升级,利用国际交往中心优势探索建设服务贸易国际合作区,创新拓展平台载体。落实《广州市支持数字贸易创新发展若干措施》,打造文化贸易、中医药服务等服务贸易品牌,加快国际运输智能化、数字化改造,探索线上办展、远程医疗、保税研发、检测、艺术品展示交易等新兴服务贸易发展,支持众包众创、云外包、平台分包等新模式、新业态加快发展。

4. 激发对外经济合作发展潜力

提升广州对外经济合作服务质量,实施新一轮"一带一路"建设行动,推动对外投资合作(国别)地区手册覆盖更多参与共建"一带一路"的国家和地区,组织企业用好上合组织峰会、中阿峰会、中海峰会、中阿博览会、中非经贸博览会等国家级经贸成果,发掘新的发展机遇。提高广州境外经贸合作区建设质量，抓住国家同东盟国家共建经贸创新发展示范园区的机遇，推动更多境外经贸合作区升级，依托境外经贸合作区研究设立"五外联动"工作联络站点，为企业海外发展营造更优质的发展环境。发挥广州产业优势，聚焦减贫、卫生、教育等领域，开展"小而美"项目建设，为企业创造更多投资机会，推动高成长性企业"走出去"。

5. 加快国际化高端人才集聚

深入实施"广聚英才计划"，拓展引才视野和渠道，发挥重大创新平台的"磁场效应"，面向全球汇聚高端人才资源，广聚战略科学家、科技领军者、知名企业家等天下英才。落实《关于进一步优化外国人来华工作许可办理的若干措施》，高标准建设中新广州知识城国际人才自由港，加快建设南沙国际化人才特区，鼓励支持拥有永久居留身份证件的外籍人员创办科技型企业，支持外籍青年科技人才来穗创业，提升广州对全球创业人才的吸引力和集聚力。发挥中国海外人才交流大会等国际化引智平台的作用，依托中国创新创业成果交易会打造"青年创新成果广州交流会"，打造"广为人知"人才文化品牌，推动在更大范围、更高层次、更广领域开展创新人才交流。

（三）以更强的国际综合枢纽功能支撑高质量发展

充分发挥国际大都市联结国内国际的中心枢纽作用，集聚国内外资源，提高消费对经济发展的贡献度，汇聚国际科技创新力量，提高城市的核心竞争力，巩固国际性综合交通枢纽优势，积极履行门户城市职能，打造全球要素服务高质量发展的"高速"通道。

1. 高标准推进国际消费中心建设

落实《广州市建设国际消费中心城市发展规划（2022—2025年）》，建设世界级消费功能核心承载区。围绕国际品牌集聚地、品质消费生活典范区、广州特色文体商旅体验区、智慧商圈建设，创新消费场景、消费业态和商业模式，打造多样化的消费生态。率先发展免税经济，拓宽国产品牌的免税销售渠道。加大商品质量、食品安全、市场秩序综合监管和治理力度，全面推进社会信用体系建设，为国内外消费者提供安全诚信的消费市场环境。建立多语种服务呼叫中心，并探索建立快捷消费纠纷解决、紧急医疗救助等机制，进一步提升广州国际消费中心的综合吸引力。

2. 提升国际科技联合创新能力

依托湾区、面向全球，办好中国创新创业成果交易会，建设广州国际技术交易服务中心，推动中国—乌克兰材料连接与先进制造"一带一路"联合实验室建设，加快中新国际联合研究院、中以生物产业孵化基地等高水平国际研发平台建设，打造国际科技交流合作高地。深度融入全球创新与产业网络，与世界主要创新型国家开展全方位、多层次、高水平的国际科技合作，加强与"一带一路"沿线重要城市合作，推动高新技术企业在境内外多层次资本市场上市，鼓励港澳、国际高校、科研机构在穗设立科技成果转化机构和创新中心，发挥广州驻国外办事处作用，推动符合广州功能定位的国际高端创新机构、研发中心等来穗落户，打造创新链与产业链融合的双向创新合作模式。

3. 聚力建设国际性综合交通枢纽城市

高水平建设国际航空枢纽、国际航运枢纽、世界级铁路枢纽。大力拓展欧美远洋航线，做大做强集装箱物流，打造世界一流航运物流服务体系，共建大湾区航运联合交易中心，打造国际海事服务产业集聚区，巩固提升国际大港地位和世界一流现代临港产业体系。充分发挥广州"海港"和"空港"物流枢纽"双引擎"优势，将广州东部公铁联运枢纽打造为粤港澳大湾区国际班列集结中心，着力搭建起以空铁、铁铁、公铁联运为脉络的多式联运网络布局，形成全球资源进入湾区、湾区资源通达全球的国内国际双循环通道。加快推进数字港与空港、海港、铁路港联动赋能，加快数字基础设施建设，加强智慧港口、空港、陆港建设，提高广州国际性综合交通枢纽的智能化水平。

（四）以更广范围国际交往激发高质量发展的活力

善用国际大都市的国际交往资源，更积极地运用国际交往平台体系，构建更广泛多样的国际伙伴网络,持续优化广州城市国际化环境,共享中国城市治理智慧,增进国际理解,增添共同发展动力。

1. 支持国际交往平台体系提质扩容

争取中央大力支持,推动更多高端国际会议及重大外事活动落地广州及南沙,带动和整体提升湾区城市的参与水平和服务保障能力。办好"读懂中国"国际会议、从都国际论坛,深化国际社会对中国道路的整体理解与交流互鉴。通过国际金融论坛全球年会、大湾区科学论坛、CNBC 全球科技大会、世界智能汽车大会、中国—太平洋岛国渔业合作发展论坛等国际主题论坛,提升对相关领域发展的引领性与辐射力。用好海丝博览会、第六届广州奖暨全球市长论坛等国际会议会展平台,打造文交会、国际纪录片节、非遗品牌大会等高端展会品牌,扩大广州马拉松、国际龙舟邀请赛等重大赛事影响力,完善丰富重大国际会议活动体系,深入推动各方面民间交流蓬勃开展。

2. 构建国际伙伴关系新格局

实施国际友城"百城+"计划,在国际友城关系的基础上继续深化"四位一体"友好关系,整合广州企业力量参与友城各领域发展务实合作,形成全社会联动的友好交往氛围。积极参与国际组织事务,持续推进全球人道主义应急仓库和枢纽建设,运用"广州奖"推动全球合作伙伴开展城市治理创新改革,共同落实全球发展倡议,助力实现联合国可持续发展目标,为构建人类命运共同体做出更大的贡献。充分发挥驻外机构、海外企业、华侨华人等各类资源优势,落实"外事+"行动,服务中国特色大国外交。

3. 树立国际化环境发展标杆

加快建设国际化街区试点,在相关区域内为外籍人士提供出入境、停居留、工作许可等事项的"一站式"政务服务,提供便捷的智慧街区服务,营造"类海外"生活氛围,积极探索多方共治的广州国际化社区服务新模式。推动引进更多国际一流教育、医疗、社会保障等公共服务机构,开展城市公共交通体系信息化、国际化功能升级,营造与国际标准相衔接的公共服务和社会管理环境,增强外籍居民生活的便利度、归属感和幸福感。

推进语言技能培训与国际理解教育，营造城市开放包容环境，提升广州市民国际化素养。

（五）以更深层次文化交流传播提升高质量发展的魅力

广州应充分发挥其作为粤港澳大湾区岭南文化中心城市和对外文化交流门户的作用，联合港澳运用湾区城市发展的生动实践，深入讲好中国式现代化的故事，传播释放中华文明的时代魅力，为高质量发展创造和谐友好的外部环境。

1. 讲好中国式现代化的广州故事

加大国际传播能力的全域建设和创新力度，加快构建全市统一、协调高效、上下联动的城市国际传播工作机制，争创国家级国际传播创新试验区。聚焦中国式现代化的科学内涵，站在推动文明交流互鉴的立场上，通过各种形式的人文交流活动、先进的传播技术，展示丰富多彩、生动立体的广州形象。提升广州城市形象国际传播圆桌会、中国幸福城市论坛等平台影响力，建设中国幸福城市实验室，开发一批现象级对外传播产品，提升城市的国际美誉度。

2. 加快推进湾区传播工程建设

发挥粤港澳大湾区国际传播研究院智库聚合功能，发挥大湾区（南沙）国际传播中心媒体聚合功能，加强省市媒体、中央媒体及各国主流媒体友好合作，构建起协同联动、高效运转的国际传播媒体矩阵，提高国际传播效能。策划契合时代要求的国际传播活动，打造"我在湾区看世界——广州中外友好交流故事会"传播品牌，打造从南沙故事到湾区故事、从广州故事到世界故事的讲述窗口，通过南沙展示广州成就、传播广州声音。借助外国驻穗领事馆、外国驻粤媒体、在粤外国专家及留学生等知华友华人士开展宣传推介活动，邀请全球政商学界领袖参访大湾区，不断扩大国际传播的"朋友圈"。

3. 提升对外文化交流门户能级

争取文化和旅游部支持广州与香港、澳门等城市联合申办"东亚文化之都"，推动亚洲文明互鉴。完善海丝申遗城市联盟，联合港澳开展海上丝绸之路保护和申遗工作，全面加强与联盟成员之间的协调合作。推进广州中轴线申报世界文化遗产，推动成立粤港澳大湾区文化艺术领域相关联盟，建立集文化展示、资料收藏、教育娱乐、学术研究等功能于一体的粤港澳大湾区文博馆院，系统梳理粤剧戏曲、广东音乐、电影、工艺美术等传统文化元素展品，促进多元文化交流融合创新。建设好粤港澳大湾区城市旅游联盟，促进区域优质旅游资源共享，构建一批具有国际竞争力的旅游产品和服务品牌。

参考文献

习近平：《高举中国特色社会主义伟大旗帜　为全面建设社会主义现代化国家而团结奋斗——在中国共产党第二十次全国代表大会上的报告》，《中华人民共和国国务院公报》2022年第30期。

习近平：《坚持和完善中国特色社会主义制度　推进国家治理体系和治理能力现代化》，《求是》2020年第1期。

王毅：《矢志民族复兴，胸怀人类命运　奋进中国特色大国外交新征程》，《求是》2023年第1期。

王毅：《全面推进中国特色大国外交》，《人民日报》2022年11月8日。

杨洁篪：《深化新兴市场国家和发展中国家团结合作　携手构建人类命运共同体》，《求是》2022年第14期。

任仲文编《何为中国式现代化》，人民日报出版社，2022。

崔卫杰、马丁、山康宁：《中国自贸试验区促进投资的成效、问题与建议》，《国际贸易》2023年第1期。

刘建超：《奋力谱写新时代新征程　党的对外工作崭新篇章》，《当代世界》2023年第1期。

江小涓、孟丽君：《内循环为主、外循环赋能与更高水平双循环——国际经验与中国实践》，《管理世界》2021年第1期。

王跃生、马相东、刘丁一：《建设现代化经济体系、构建新发展格局与推进中国式现代化》，《改革》2022年第10期。

于洪君、戴长征、吴志成等：《深入学习贯彻党的二十大精神：以中国方案应对世界之变》，《国际论坛》2023年第1期。

中国宏观经济研究院对外经济研究所经济形势课题组：《2022年世界经济和外贸外资形势分析与2023年展望》，《中国物价》2023年第1期。

普华永道、中国发展研究基金会：《机遇之城2022》。

世界知识产权组织：《全球创新指数报告》，2017~2022。

A. T. Kearney, *Global Cities Report*, 2008-2022.

Department of Economic and Social Affairs, United Nations, "World Economic Situation and Prospects Report," January 2023.

International Monetary Fund, "World Economic Outlook," January 2023.

United Nations Conference on Trade and Development, "Global Trade Update," December 2022.

U. N. Economic and Social Commission for Asia and the Pacific, "Asia-Pacific Trade and Investment Trends 2022/2023," February 2023.

World Bank Group, "Global Economic Prospects," January 2023.

Z/Yen, China Development Institute (CDI), "The Global Financial Centers Index," 19th-32th edition.

专题篇
Special Reports

B.2
广州建设中国式现代化先行区研究

董小麟[*]

摘　要： 党的二十大提出以中国式现代化推进中华民族伟大复兴的伟大目标。广州作为国家中心城市和粤港澳大湾区核心引擎，在以中国式现代化推进中华民族伟大复兴的进程中，应勇于先行先试，建设先行区，当好排头兵。广州具有较好的发展基础，但也存在一定短板。广州在拟定建设中国式现代化先行区的目标体系与实施方案中，要遵循党的二十大明确的中国式现代化的总体设计，体现广州这一国家中心城市的发展定位和使命担当。要在推动产业升级、提升城市创新活力、建设智慧城市、推进城市更新、建设学习型超大城市、增强文化软实力、扩大开放合作等方面采取有效举措，注重取长补短、系统发力、全面推进，率先实现高质量发展，创造中国式现代化先行区的广州经

---

[*] 董小麟，广东外语外贸大学教授，全国科技名词审定委员会经济学名词审定委员、经贸名词审定委员，广州市人民政府决策咨询专家，广州国际商贸中心重点研究基地兼职研究员，研究方向为城市经济、开放型经济和粤港澳大湾区建设等。

验，更好服务以国内大循环为主体、国内国际双循环相互促进的新发展格局，服务我国全面建成社会主义现代化强国的大局。

关键词： 中国式现代化　先行区　广州高质量发展

党的二十大提出："从现在起，中国共产党的中心任务就是团结带领全国各族人民全面建成社会主义现代化强国、实现第二个百年奋斗目标，以中国式现代化全面推进中华民族伟大复兴"，据此明确提出了"十四五"时期的目标任务和2035年要实现的总体目标。广州作为国家中心城市和粤港澳大湾区核心引擎，具有建设中国式现代化先行区的良好基础，在推进中国式现代化伟大进程中，应勇担重任、创新优势、明晰目标，实施有效举措，建好先行区，当好排头兵。

一　广州建设中国式现代化先行区的现有条件

（一）经济发展具有良好基础

广州经济发展有良好基础，2022年度GDP居国内城市第5位（1989~2015年连续27年居国内城市第3位）。从衡量经济发展绩效的投入/产出质量看，将按常住人口计算的人均GDP和按城市空间面积计算的每平方千米GDP产出进行比较，广州的经济发展实力在我国7个超大城市中仍相对强劲。

2021年，广州人均GDP达15.04万元，离北京、上海、深圳的17万~19万元的水平有一定差距，但仍显著领先于天津的11.37万元、成都的9.46万元和重庆的8.69万元。再看2022年每平方千米GDP产出，广州达3.88亿元，低于深、沪两市，但明显高于京、津、成、渝四市，并且相当于京、津两市

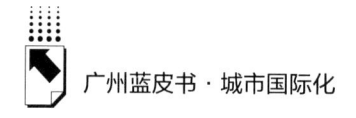

每平方千米GDP产出（北京2.54亿元、天津1.37亿元）的叠加①。

同时，广州是华南地区产业门类最齐全的城市，具有服务业与制造业相互支撑、相互融合、协同发展的优势，构成了经济发展的较强韧性。坚持制造业立市是广州对我国产业链、供应链做出更大贡献的重要立足点。2021年广州制造业增加值达到6716.7亿元（位列上海、苏州、深圳、重庆之后的国内第五）。广州制造业与门类丰富的服务业相互融合、相互支撑，构成夯实广州经济发展基础的有力支撑。广州于2018年获工业和信息化部批准创建全国首批服务型制造示范城市，2022年入选国家首批产业链供应链生态体系建设试点城市；2022年末，广州又被列入国家服务业扩大开放综合试点之一，而且在试点的总体方案中，广州14个重点领域被列入安排，总量居全部试点省（区、市）首位。

（二）基础设施提供有力支撑

综合交通枢纽是国家赋予广州的重要功能定位。广州是国内少数同时拥有联通海内外的空港、海港、轨道交通和高速公路枢纽的重要城市之一。

在空港方面，广州是我国三大航空枢纽城市之一，2022年广州白云国际机场旅客吞吐量达2611万人次，连续3年居全国机场首位；从城市整体观察，广州旅客吞吐量居全国第3位，货邮吞吐量居全国第2位（仅次于上海）②。在海港方面，广州港货物吞吐量多年位居全球第四或第五。在轨道交通方面，广州南站创造的日均客流量尚未被其他城市同类车站打破；广州市内轨道交通运行线路长度仅次于上海和北京。2022年7月，广州地铁客流总量一度跃居全国首位，随着广州地铁网络的不断完善，广州城市轨道

---

① 此处及以下未另行注明的数据均来源于各地统计部门和政府相关职能部门公布的数据，部分由本报告作者计算所得。
② 若按单个机场的客货吞吐量统计，近年来广州白云国际机场在国际上持续名列前茅；但国内外许多大都市往往有2个甚至3个民航机场，如中国上海、北京、成都和日本东京、美国纽约等均如此，所以按城市总体空运流量统计，广州排位略逊于部分城市，但其完成的航空运输流量仍然居国内国际前列，说明广州是连通国内外的重要航空枢纽城市。

交通支撑力将进一步增强。广州铁路货运也居国内重要地位，开通了中欧班列、中老班列等连通欧亚的国际货运专列。此外，广州公路枢纽是华南地区最大的公路主枢纽，在承担粤港澳大湾区货客运输方面发挥着不可替代的功能。

广州拥有的综合、系统、高效的基础设施条件，对建设现代化超大城市，巩固提升广州作为国家中心城市、综合性门户城市、国际商贸中心的重要地位发挥着强有力的支撑作用。

（三）科技创新力迅速增强

广州域内设有80多所高校和省内大部分的国家级和省级重点实验室，形成了对科技创新的有力支撑。广州构建的"中新广州知识城—广州科学城—广州人工智能与数字经济试验区—天河智慧城—广州国际生物岛—广州大学城—南沙科学城"科技创新轴，是粤港澳大湾区科技创新带的重要组成部分，发挥着推进科技成果转化、促进广州高技术产业发展、支撑创新型城市建设的重要作用。

广州注重知识产权创造、保护和运用。2022年广州发明专利授权量达2.76万件，在全部获得授权的专利中占18.8%，较上年同期提升了6.1个百分点，显示了广州科技创新能力及其转化为潜在生产力的能力在迅速增强；在2021年国家知识产权局对全国157个地级以上城市进行的知识产权行政保护工作绩效考核中，广州列全国第二、省内第一；2021年广州知识产权质押融资金额突破100亿元，2022年进一步突破150亿元，加快推进了知识产权的市场运用。

依托优良的投资环境和强劲的人才培养与供给支撑力，广州科技创新型企业持续快速涌现。广州科技企业孵化器建设领先全省，根据科技部2022年4月公布的2021年度国家级科技企业孵化器名单，广州拥有13家国家级科技企业孵化器，在全省26家中占50%。在2022年第八届中国广州国际投资年会暨首届全球独角兽CEO大会上发布的全球独角兽榜单上，总部位于广州的独角兽企业达19家，增速领先全国，居全球第11位。

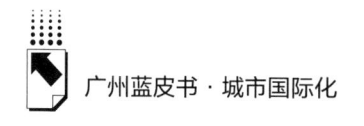

（四）人居环境条件较为优越

人居环境条件优越是广州历年来大幅吸引省内外及港澳和国际人才的重要因素。

从城市生态环境条件看，2022年，广州环境空气质量继续全面达标，$PM_{2.5}$平均值为22微克/米³，同比下降8.3%；PM_{10}平均值为39微克/米³，同比下降15.2%，在国家中心城市中保持领先。2021年，广州地表水水质优良断面比例为81.3%，同比提升4.4个百分点，劣Ⅴ类水体断面比例保持为0；2022年，广州11个区中有10个区的水环境质量明显改善。城市噪声环境夜间达标率持续达到国家文明城市测评标准。城市园林建设成效明显，城市湿地公园品牌效应突出，2023年初，广州海珠国家湿地公园被列入《国际重要湿地名录》。

从社会环境条件看，2019~2022年，广州在辖区平安建设、"扫黑除恶"斗争考评方面均排名全省第一；社区管理不断优化，平安社区、智慧社区、容貌品质社区建设取得良好进展；城市更新在社区微改造方面有效推进，助力打造美丽广州。此外，广州海纳百川、包容性强的优势也带来了积极的社会氛围，对和谐城市、共享城市建设具有积极影响。

从社会服务条件看，广州基础教育水平、医疗水平均居全国前列；公共服务系统如供电供水和城市市容环境均有较高的市民满意度；城市公交系统的覆盖范围、频次及服务质量在国内获较高评价；商业服务业发展水平高，电商服务规模与质量居全国前列，社区15分钟商业服务体系建设成效明显。优质、便利的社会服务体系构成了宜居城市建设的重要组成部分。

（五）城市治理水平稳步提升

治理体系与治理能力现代化，是中国式现代化的重要指向。作为国家中心城市的广州，其城市治理水平在经济、社会、文化等领域均得到明显提升。

近年来，广州加大面向社会的政务服务改革创新力度，服务企业和居民的便利化措施获得广泛好评。广州营商环境改革加快推进，2018年以来从

1.0版本提升到5.0版本，改革成果惠及广大市场主体；2021年9月，广州入选全国首批营商环境创新试点城市，广州开发区、南沙新区（自贸试验区）等地在营商环境改革中推出的不少先行措施和经验获省内和国内复制推广。制度创新助力广州提升资源配置能力和发展后劲，科尔尼公司发布的《2021年全球城市指数报告》表明，广州是当年我国城市潜力指数（包括对城市治理水平及经济发展、创新能力和居民幸福感的测评）排名上升幅度最大的城市。

在数字政府建设、智慧城市建设方面，广州也走在全国前列。2021年，广州市公布《广州市进一步加快智慧城市建设 全面推进数字化发展工作方案》，提出推进数字政府、数字经济、数字社会一体化发展。2022年7月，《广州市基于城市信息模型的智慧城建"十四五"规划》印发，提出将全面应用城市信息模型等基础平台，扎实推进新型智慧城市建设，让城市治理更精细化。这与党的二十大报告提出的"提高城市规划、建设、治理水平，加快转变超大特大城市发展方式"的要求高度吻合，将有力提升广州建设中国式现代化先行区的治理绩效。2022年11月，广州获批成为全国首批24座城市信息模型试点城市之一。

（六）国际交往能力不断彰显

作为千年商埠，在近年来国际经贸形势不稳定、不确定因素增多的情况下，广州在对外贸易和使用外资方面仍有较强韧性。2021年、2022年，广州年度外贸额均超1万亿元；2021年，广州实际使用外资突破500亿元，2022年进一步达到574亿元，其中广州开发区使用外资位居全国同类经开区之首。

截至2022年底，67个国家在广州设有总领事馆；截至2023年2月，广州已与67个国家的102个城市建立了友好关系。广州是华南最重要的国际交往中心，打造了一批高层次国际合作对话平台，除广交会外，从都国际论坛、国际金融论坛、中国广州国际投资年会及全球市长论坛等重要会议会展的品牌影响力不断扩大。

在广州提升国际交往能力、积极组织高水平国际交往活动的情况下，

2019年广州接待入境游客达899.4万人次，总量超过北京、上海（其中外国人入境人次仅次于上海）；2020年以来，在新冠疫情的影响下，国际交往行为大多转为线上，但广州2020年、2021年的入境游客流量仍分别达209.7万、164.8万人次，位居全国城市之首。由此可见，广州的国际交往能力呈现较强韧性，这对广州进一步做强国内国际双循环枢纽型城市具有积极意义。

在充分肯定广州目前具备的建设中国式现代化先行区的基本条件的同时，要看到广州作为超大城市和历史悠久的老城市，仍存在经济社会发展不平衡、城市现代化治理质量有待提升的问题。产业结构优化需要进一步加快，老城区发展空间有待进一步拓展，环境治理与社会治理仍存在一定短板，城市文化软实力还需加强，智慧城市与数字政府建设需要提速，城市国际合作水平与国际竞争力、影响力还需全面提升。广州要进一步明晰目标、整合优势、加强治理、全面发力，确保高质量建成中国式现代化先行区。

二　广州建设中国式现代化先行区的基本遵循与目标体系

广州建设中国式现代化先行区，必须以习近平新时代中国特色社会主义思想为引领，按照党的二十大报告所阐述的新时代新征程中国共产党的中心任务及其分解的各项任务和实施要求，贯彻落实习近平总书记考察广东、广州的重要讲话、重要指示精神，明确原则与目标。

（一）广州建设中国式现代化先行区的基本原则

坚持党的领导。加强党的领导，发挥党组织在提升城市治理水平中的核心作用，建设学习型党组织，加强党的基层组织建设，加强薄弱领域、薄弱社区的党建工作，加强党员骨干与群众的紧密联系，及时了解和解决人民群众的急难愁盼问题。

坚持以人民为中心的发展思想。遵循习近平总书记关于"现代化的本质是人的现代化"①的重要论断，以人的发展为城市发展的出发点和落脚点，从经济、社会、政治、文化、生态等多领域提升城市质量，满足人们对包括物质文明和精神文明在内的发展需求。贯彻党的二十大关于"坚持人民城市人民建、人民城市为人民"的基本原则，提升各阶层、各群体、各行业群众对广州城市建设的"家园"情怀，把提升人民群众对城市建设的参与度与对城市发展的获得感更紧密地结合起来。

注重现代化共性与特色的融合。党的二十大报告指出："中国式现代化，是中国共产党领导的社会主义现代化，既有各国现代化的共同特征，更有基于自己国情的中国特色。"广州打造中国式现代化先行区，不仅要善于学习国际国内先进城市的经验，更要在坚持中国特色社会主义道路的前提下，注重结合广州城市定位与发展特点，取长补短，实现系统集成创新。

注重高质量发展。高质量发展是党的二十大报告关于"加快转变超大特大城市发展方式"的基本内涵。要强化系统观念，实现经济、社会和环境生态全面高质量发展，实现超大城市治理能力高质量提升。以创新、协调、绿色、开放、共享的发展理念指导高质量发展实践，建设领先发展的创新型城市，促进城市区域间、各主要领域间的协调发展，继续抓好绿色生态城市、美丽城市建设，进一步增强国际大都市影响力，推进城市发展成果更好地被广大市民共享并与海内外来客分享。

注重提升国际化话语权、影响力。党的二十大报告指出，中国式现代化是走和平发展道路的现代化，要高举和平、发展、合作、共赢旗帜。国家中心城市开展高质量的国际交往，是向国际社会讲好中国式现代化故事的重要行动；广州加强国际经济、科技、文化交流，将为我国构建新发展格局做出更大贡献。

（二）广州建设中国式现代化先行区的目标体系

广州在拟定建设中国式现代化先行区的目标体系中，要准确理解和把握

---

① 习近平：《在中央城镇化工作会议上的讲话》，《十八大以来重要文献选编》（上），中央文献出版社，2014，第594页。

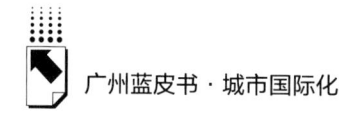

中国式现代化的理论内涵，体现国家中心城市的发展定位和使命担当。

近期目标（至2025年）：中国式现代化先行区建设有良好开局，国家中心城市地位进一步凸显。经济实力显著增强，人民生活水平大幅提高，人均GDP突破3万美元；现代产业体系基本建立；城市创新力继续提升，研发创新水平保持上升趋势，创新型企业持续涌现，数字政府、智慧城市建设初具基础；城市更新绩效良好，社会治理体系持续完善，社区建设和社会公共服务质量水平有效提升，基础教育、高等教育强市地位稳固，医疗卫生保障能力、人均受教育程度、人均预期寿命有新的提升；生态城市建设持续推进，人居质量继续改善；对外经济、文化交流合作日益活跃，国际影响力进一步增强。

中期目标（至2035年）：中国式现代化先行区基本建成，在国内超大城市发展方式转变上取得领先进展。具有国际大都市特征的现代产业体系比较发达，核心产业及其技术创新能力具有国际影响力，经济发展韧性更加强劲，人均GDP基本达到世界同期高收入经济体中位数水平，中等收入群体占比明显提升；教育强市、科技强市、制造业强市、人才强市、文化强市、体育强市地位显著；居民享有的公共服务质量达到国内外先进水平，人均受教育程度明显提升，人均预期寿命达国内一线城市领先水平；城市生态环境质量基本达到世界先进水平；国际一线城市地位更加凸显，成为全球人才、科技、资本、信息、文化的交汇中心之一，在世界城市体系中的竞争力和重要性日益增强。

远期目标（至2050年）：中国式现代化先行区发展成熟，国家中心城市及国际一线城市地位稳固。城市综合实力强劲，拥有国际大都市领先的产业体系，人均GDP达到世界同期高收入经济体中位数以上水平；城市生态环境质量、城市功能和综合治理能力位居世界前列；具有较强的全球高端资源配置能力，在国际城市合作交流中发挥中国式超大城市更强的辐射力、影响力。

从广州当前已经达到的水平出发，根据建设中国式现代化先行区的原则和目标方向，广州建设中国式现代化先行区主要发展指标的内容设计应从国际上对现代化认知的共性与广州作为中国国家中心城市和位居新发展格局前沿的超大城市的个性特点相结合的高度上加以考量，从兼顾发展的领先性与可行性中加以构思，从定性与定量指标的互补中做出谋划。广州建设中国式现代化先行区的阶段性指标体系可从以下几个维度考虑：一是经济发展维度，二是创新城市建设维度，三是社会文化建设维度，四是环境生态建设维度，五是国际交往维度。建立阶段性指标体系，既要体现现代化的共性，体现联合国人类发展指数的主要内容等，又要结合中国和广州的发展特色和发展重点。

  主要指标应涵盖但不限于以下几方面。一是经济实力，含GDP，人均GDP，先进制造业、金融业、文化产业的占比，以及核心产业与产品在国内外的地位等。其中，GDP指标要稳定在国际一线城市的水平（2021年广州GDP已居世界城市第15位左右），人均GDP在中长期发展目标中要争取达到发达经济体中位数以上水平，先进制造业、金融业、文化产业的占比也要对标国内外先进城市水平。二是城市创新力，含财政科技投入、研发投入强度、科技进步贡献率、发明专利累计授权、数字经济增加值的贡献，以及支撑创新型国家建设的标志性成果等。其中，研发投入强度在广州"十四五"规划中设为3.4%（"十三五"期末已达到3%），若考虑对标国内外先进水平，建议2035年应达到4%~5%，2050年应达到6%左右。三是综合性枢纽支撑力，含航空、航运、轨道交通、信息化发展指数等。其中，在综合交通枢纽方面，要从城市整体的客货运输流量及效益考虑，不仅要在空港、海港和陆港（铁路枢纽功能潜力仍很大）方面居国际领先地位，而且要加强枢纽城市建设，提升国际化总部经济和临港产业体系的发展水平。四是社会发展水平，含教育投入、居民人均受教育年限、受高等教育人口占比、人均医疗资源、人均预期寿命，以及社会公共文化建设、社会安全水平等。在其中一些指标上，广州仍有提升的必要，如第七次全国人口普查数据显示，广州每10万人口中具有大学文化程度的为2.73万人，在全国副省级以上城市中列第12位，而同期广州居民人均受教育年限为11.61年，居全国副省级以上城市第8位，后一数据与发达经济体一般总体超过13~14年的水平相比还有差距，这些指标需要加快提升。五是生态宜居城市水平，含空气、水质、噪声等环境检测指标，碳排放强度，森林覆盖率和人均绿地面积，以及环境预警机制等。广州在这方面的发展基础较好，后续应以巩固提升为主。六是国际交往能力，含对外贸易、使用外资、对外投资、国际组织进驻、跨国企业总部引进、国际会议会展举办、国际航线数、外国人入境人次与国际外汇收入以及全球化指数等。其中一些指标可以有更大的提升空间，如吸收海外留学生的比例与结构的优化、引进优质跨国企业总部的规模与结构、国际重要会议会展的影响力、国际及跨境人才引入、国际游客规模与国际消费力的增长等。

三 广州建设中国式现代化先行区的重点工作

广州推进中国式现代化先行区建设，要在明确指导思想和发展目标的基础上注重取长补短、系统发力、全面推进，特别是要在产业体系升级，智慧城市建设，宜居宜业环境优化，市民素质提升，文化软实力增强和国际竞争力、影响力强化等方面着重发力。

（一）推动产业升级，提升城市创新活力

城市经济发展的韧性在于产业体系的先进性和对产业链、供应链安全性的把控。广州要坚持制造业立市之本，同时强化先进制造业之核，发挥其纵向和横向带动产业体系协调运行的功能。先进制造业对经济发展具有重要贡献，同时是研发创新活动最丰富的领域，是专利特别是发明专利产生的最大来源与应用领域。因此，以先进制造业的发展提升城市创新活力和全球资源配置能力、推进现代化超大城市建设，具有不可替代的价值。广州要在人工智能与数字经济、智能装备与机器人、临空与临港制造业、汽车、生物医药与健康、新能源与节能环保、新材料与精细化工等领域发挥优势、深挖潜力，加强产业集聚，提升全球配套能力，扩大辐射带动力；要抓住类脑智能、量子信息等高技术领域中发展未来产业的机会，形成数字产业及其衍生

产业的产业群、产业链;要着力推进产业数字化进程,深化对传统制造业行业和小微制造业企业的技术帮扶,围绕重点制造业产业,依托粤港澳大湾区发展配套与衍生产业。

广州要发挥华南地区制造业、服务业门类丰富的优势,推进制造业立市与服务业强市相互促进,以"两业融合"推动"两链交融",着力解决产业链、供应链运行中的短板、堵点、难点。要打破行业壁垒,鼓励纵向和横向拓展产业链、供应链和创新链。服务型制造是先进制造业和现代服务业深度融合的重要路径,以智能化、数字化技术为引领的智慧服务型制造,和以创意设计为引领的定制化、时尚化服务型制造,是广州制造业与服务业融合发展的重要方向。

广州要按照国家服务业扩大开放综合试点要求,结合发展实际,推进现代服务业出新出彩。其重点方向包括:一要发展和完善金融服务体系,着力做强产业金融、财富管理、跨境金融服务,做强碳交易、知识产权融资交易等高端金融市场;二要做强文化产业,发挥广州文化纵向历史悠久、横向包容天下的特色优势,着力整合资源、集成创新;三要做实研发服务,引导广州各地区产学研资源深度对接,共建产业学院、研究院、实验室等,提升区内研发成果培育、运用和推广绩效;四要巩固提升综合交通枢纽网络体系服务功能,注重规划线路论证的科学性、充分性,提升投资效益,着力发展围绕空港等交通枢纽的国际化高技术服务体系;五要做优商贸服务,发挥骨干企业的示范性和引领力,推进线上线下多业态融合发展,着力发展商务与数字经济贸易,加强传统批发市场改造,提升其经济、社会与环境绩效;六要增强服务贸易竞争力,扩大和提升国际服务外包发展规模和层次;七要做好社区服务,推进便民服务网点建设,完善宜居生活条件,更好地适应社区养老服务发展的要求。

(二)建设智慧城市,提升城市运行水平

智慧城市建设需要依托和集成人工智能与大数据、云计算、物联网、地理信息、移动互联网等新一代信息技术的强大驱动力,并在做好数据安

全保障的条件下，融入城市经济、文化、社会、生态等各方面的治理。推进智慧城市建设，应加快消除"信息孤岛"，实现公共数据资源共建、共享、共维护，将人工智能技术应用于城市治理领域，使城市精细化治理水平迈上新台阶，构建城市大脑，在经济、文化、社会、生态等领域实现全方位、全市域的综合应用。

加强智慧城市建设，一是加快完善智慧城市建设规划与实施细则，涵盖数据采集、开发、使用、共享、监管与安全保障等各环节，以及各环节相关主体的权益；二是高度重视数字化治理对数据精确度、时效度的要求，重点解决政务服务和城市主要领域治理中发生的数据方面的"卡脖子"问题；三是各部门、各领域要在统筹部署下确保安全、高效运行的数字化平台建设，落实责任和时间表，在智慧交通、智慧安防（含智慧预警）、智慧社区、智慧产业园区建设等方面率先推进；四是广州可牵头组建粤港澳大湾区或国内智慧城市建设技术联盟和论坛等合作体系，推动珠三角与港澳政务服务数字化平台建设，实现基于数据网络运行的治理水平的质的提升，争取在全国发挥好智慧城市与智慧城市群建设先行区的示范效应。

（三）推进城市更新，建设宜居美丽城市

加快推进城市更新，优化城市宜居宜业环境，是实现新时代城市高质量发展的重要战略安排，是广州建设现代化美丽城市、建设中国式现代化先行区的重要工作。

城市更新要服务于城市的发展定位、发展目标，并实现城市功能的持续增强。一要细化广州城市规划，针对老城区长期遗留的某些影响现代化发展的历史问题和改革开放以来城市迅速扩容形成的不适应高质量发展的新问题相互交织的情况，从改造强度到具体方向和空间释放，都要注重加强规划和实施的针对性；二要注重城区之间协调发展，着力补短板，把老城区、城乡接合部（含"城中村"）列为改造重点，着力突破难点；三要注重城市更新的显示度，注重环境绩效与经济绩效的关系，为新兴产业发展腾出空间，为美丽城市建设增添文化与生态环境魅力；四要在城市更新中发挥好市场与政

府的协同作用，政府作用主要体现在城市更新的组织、协调、政策安排、规划制定和推进以及更新项目的全过程监督等，同时要有效引导、鼓励企业、行业组织等主体参与城市更新，控制城市更新的综合成本，提升城市更新的综合效益；五要引导、支持企业和居民以不同方式参与政府统筹的城市更新，也体现着"人民城市人民建、人民城市为人民"的共建共享的发展理念。

建设美丽广州，必须对生态环境保护工作常抓不懈。2022年7月，《广州市生态环境保护"十四五"规划》提出了建设美丽广州的目标和愿景。建议着重抓好以下工作。一是完善制度建设体系，对涉及环境质量的各方面、各领域，按照建设中国式现代化先行区的要求，提高站位，补充、细化相关法规制度；二是完善规划体系，不仅需要完善生态环境专项规划，而且需要其他各领域规划的对接和配合，在环境质量提升的统一协调下，城乡一体完善实施细则（含各领域、各区域的细则）；三是结合城市更新，着力加大对环境质量较差地区（含街道、村镇及其中具有特殊性的"城中村"）和环境保护滞后领域的管理力度，突出重点、解决难点、清除黑点，全面打造广州优质宜居宜业环境；四是充分运用智能化、数字化技术提升环保产业发展质量，推进环保领域制造业与服务业融合发展，提升环境监察的科学性、时效性、精准性，完善环境改造手段，为环境整治提速；五是完善市民教育、游客教育，形成全社会共同关注与维护城市环境质量的良好风气，打造现代化超大城市环境文明的"广州范例"。

城市更新和环境保护要和实现人的城市化与现代化建设协同推进。城市的温度来自人的温度，城市更新与环境质量的提升，本质上是服务于人民对更美好城市生活的向往，需要人们共同支持、参与，并且在参与中推进人的城市化与现代化。城市更新及环境保护中需要解决的"脏乱差"问题，部分源于历史遗留的城市规划与制度设计缺陷，但也有不少人为因素。因此，伴随广州"三旧"改造、"三园"升级、"三乱"整治等城市更新举措的实施，城市公共服务体系日渐完善，人的城市化发展进程将日益顺畅；人的现代化，即与城市环境现代化相适应的人的文明素质、生活方式也必须以不低于同步提升的要求加以推进。

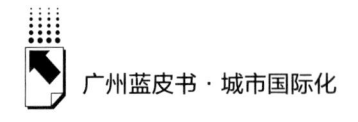

（四）推广市民教育，建设学习型超大城市

现代化市民素质是不断提升城市品质的坚强根基。在城市现代化治理体系的完善中，建立健全市民教育体系，实现城市更新与市民观念更新的相互交融，有助于实现城市与市民的相互促进、共同成长。

根据第七次全国人口普查数据，在我国7个超大城市的常住人口中，广州不仅人口老龄化程度较低（60岁及以上人口占11.4%，仅高于深圳的5.4%，显著低于北京的19.6%、上海的23.4%、天津的21.7%、重庆的21.9%和成都的17.98%），且户籍人口在常住人口中占比较低，为50.0%，低于上海的57.9%、北京的61.5%、天津的74.5%、成都的59.6%、重庆的93.2%。这既体现了广州对外来劳动适龄人口的吸引力，也给引进人才、改善人口结构留下较大"入户"空间。但流动人口占比高为超大城市治理带来一定挑战。较高比例的进城务工人员习惯于原居住地的生活方式，对超大城市高质量运行和高水平管理需要有适应过程，因此交通、卫生、治安等方面的治理难点、痛点多来自"城中村"和大型批发市场等流动人口占比高的地区。

城市在发展中产生的"城市病"的防治必须依靠人，这应该成为广州开展有效城市治理的基本理念。建设学习型超大城市、提升市民素质，对促进有不同文化与生活方式的市民加强向心力、化解"文明的冲突"、适应现代城市生产生活方式以及实现人的现代化具有重大意义。本报告建议：一是普遍设立覆盖社区的市民学校或市民课堂，基层社区干部带头组织学习，同时开设市民教育公益网站，可按市民接受教育情况进行积分，助力市民素质提升；二是在新老市民中普及"权利与义务同等重要"的理念，建立"政府—社区/社会组织—依托单位—市民"多元主体协同治理模式，完善基层社区组织与居住小区融合治理模式，引导广大市民参与社会治理，在参与中学习并增强建设中国式现代化先行区的责任感；三是形成对优秀市民的发现、培养和宣传机制（其中新市民应占有较高比例），并持续提升人才引进、使用的社会服务质量，为广大市民树立可学习的鲜活榜样，带动城市人口素质现代化先行；四是结合广州国际大都市特点，继续加强对外国人的社会管理，在外国人居留集中社区创新学习型社区建设的形式，并把它作为对外讲好广州故事的一种方式与路径。

（五）讲好中国故事与广州故事，增强文化软实力

党的二十大报告在论及推进文化自信自强时，强调要"提炼展示中华文明的精神标识和文化精髓，加快构建中国话语和中国叙事体系，讲好中国故事、传播好中国声音，展现可信、可爱、可敬的中国形象"。广州作为国家中心城市和综合性门户枢纽，在中国式现代化先行区建设中应当弘扬家国情怀，积极展现我国国家形象和城市形象，把讲好中国故事与广州故事紧密结合起来。

讲好中国故事、广州故事，必须增强广州城市文化软实力，夯实广州在提升国家传播力方面的基础。其重点打造的内容包括四个层次：一是从规划视野看，文化软实力不仅是文化事业与文化产业的规划内容，更是全社会各领域必须共同关注、协力做好的工作，建议各类建设和发展规划与提升城市文化质量和显示度相匹配；二是在城市布局、景观乃至各类建筑与设施的品位方面，要进一步体现具有广州风格的文化"容貌"，对影响城市文化品位的问题，要优先在城市更新中加以解决；三是以文化遗产、设施及其层次、规模、特色构建城市文化"骨骼"，充分体现广州在我国超大城市中具有悠久历史且长期开放的特点，用好"长度"与"宽度"的叠加因素，进一步整合资源，提供吸引世界持续"阅读"广州的丰富文化内涵；四是在广州原有城市精神的基础上，进一步发扬广州建设中国式现代化先行区的时代精神，增强历史文化和时代文化对城市的人和事物的渗透、融合，持久夯实广州城市治理的软实力根基。

讲好中国故事、广州故事，要开辟和运用更广泛有效的渠道，调动一切积极因素。在行为主体上，进一步推进各级政府及其部门、社会（行业）组织、企事业单位等协调发力；在行为方式上，进一步用好现有手段、创新技术，构筑新的平台和渠道，包括创新社区宣传方式，创新对外

来游客的宣传手段，拓展向在穗工作、学习的外国人讲广州故事的渠道等。可对"讲好广州故事"做出一定的测评，对成效卓著的单位和个人予以表彰和经验推广。

（六）服务新发展格局，做开放合作排头兵

构建新发展格局，离不开综合交通枢纽，国际化商贸物流体系，先进制造业和现代服务业产业链、供应链的广泛连接，以及城市创新力所支撑的全球资源配置能力等。广州的区位条件、悠久历史以及改革开放以来以开放促改革、促发展的经验，都令其能够成为新发展格局形成中的重要枢纽型节点城市。

一是积极牵头构建国内国际双循环城际经贸合作网络，特别是加强与国内重要城市和国际一线城市的交流，继续强化高水平线上线下交流合作平台建设，做优官方网站外宣功能，进一步做强紧贴中国式现代化先行区建设要求的专题性、系列化国际会议会展，并争取若干重要国际会议会展在广州常设秘书处等。把握好《区域全面经济伙伴关系协定》（RCEP）生效实施的机遇，发挥广州在RCEP的空间区位优势，主动推进该协定成员国的城际合作，强化广州引领资源配置的作用。

二是拓展总部经济视野，既吸引更多国际和国内重要企业总部（含区域总部及研发、财务、营销等职能总部），又着力培育新兴业态的企业总部，同时推进行业组织总部布局。可申请授权，邀请海内外有影响力的商会进驻广州，建立行业组织交流基地，并在人工智能与数字产业、文化产业、外贸电商、航空航天航运、会展、仓储等广州的新兴产业、优势产业和重要产业领域牵头组建商协会，以促进行业规则制定和行业话语权在广州的体现。

三是立足提升经济循环绩效，拓展营商环境建设的内涵与外延。一方面要从投资者、创业者的视角加强营商环境建设，营造有利于营商的社会氛围，从供给侧角度鼓励创新创业和经营活动；另一方面要从需求侧关注消费环境，把消费环境纳入营商环境建设的组成部分，在广州增强国际商贸中心

功能和建设国际消费中心城市的进程中，把进一步凝聚消费"人气"的营商环境和城市形象建设提到新的高度。

四是贯彻党的二十大阐明的"实施自由贸易试验区提升战略"，用好国家颁布的《广州南沙深化面向世界的粤港澳全面合作总体方案》，提升南沙集聚粤港澳大湾区及国际人才、资金、技术的水平，支持南沙发挥制度集成创新优势，以此带动广州各区进一步开放发展。要着力推进广东自贸试验区广州联动发展区建设，发挥联动发展区配置优质资源、引领科技创新和布局高端产业的优势，强化自贸试验区及联动发展区对广州中国式现代化先行区建设的支撑力和示范性。

五是打造现代化国际贸易强市。要进一步稳固外贸新业态、新方式在广州发展的良好势头，依托综合性交通枢纽，做强国际商流、物流和资金流枢纽；要从国际商贸向国际商务领域拓展，建设更完善的国际贸易、外资进入和我国企业"走出去"的商务服务体系，打造亚太地区和我国南方国际商务中心枢纽；要将服务贸易作为建设现代化国际贸易强市的重要抓手，做强跨境服务贸易和服务外包，建设具有中国特色、广州特色的服务出口基地，尤其是提高知识密集型服务贸易产品的比重，着力抢占数字服务贸易新高地。

参考文献

人民日报理论部主编《中国式现代化》，东方出版社，2021。

韩晶、朱兆一：《新时代中国现代化经济体系的理论创新与路径选择》，《理论学刊》2020年第1期。

史忠良、沈红兵：《中国总部经济的形成及其发展研究》，《中国工业经济》2005年第5期。

董小麟、欧阳秋珍：《广州市外贸出口竞争力发展趋势的实证研究》，《国际贸易问题》2010年第2期。

B.3 中国式现代化背景下广州推进高水平对外开放研究*

伍庆 徐万君**

摘 要： 高水平对外开放是建设现代化经济体系要坚持的重大原则，优化开放布局是推进高水平对外开放的内在要求，城市是实现中国式现代化的先导力量。国家中心城市建设是我国完善对外开放布局的重要战略安排，在实施高水平对外开放进程中发挥着重要的枢纽功能。作为我国改革开放的前沿，广州积累了大量的制度型开放经验，建设开放型现代经济体系基础坚实、发展空间广阔。在新的国际国内形势下，广州应以党的二十大精神为指引，以建设成高水平对外开放示范区为目标，在实现自身经济形态向更高层级迈进的同时发挥引领带动作用。

关键词： 中国式现代化 高水平对外开放 示范区 广州

党的二十大报告指出，要以中国式现代化全面推进中华民族伟大复兴，全面建成社会主义现代化强国，坚持高水平对外开放。2023年4月，习近平总书记在视察广东时指出："中国改革开放政策将长久不变，永远不会自

---

* 本报告系广州市哲学社科规划2023年度课题"广州市大力引进海外高层次人才的问题及对策研究"（项目编号：2023GZYB85）研究成果。
** 伍庆，博士，广州市社会科学院城市国际化研究所所长、研究员，研究方向为全球城市、国际交往；徐万君，博士，广州市社会科学院城市国际化研究所助理研究员，研究方向为国际经贸。

己关上开放的大门。"① 我国幅员辽阔，推进高水平对外开放须优化开放布局，巩固优势地区先导地位。广州地处改革开放前沿，积累了充足的制度型开放经验，以高水平对外开放为支撑继续巩固改革成果，建设开放型现代经济体系优势充足、空间广阔。未来，广州应在推进制度型开放、建设重大平台、完善市场环境、提升服务质量、实现协同发展等领域持续发力，以建设成高水平对外开放示范区为目标，在实现自身经济形态向更高层级迈进的同时发挥引领带动作用。

一 中国式现代化背景下高水平对外开放的新任务

实现现代化是世界各国的共同追求，但实现现代化的路径须结合国家自身实际。党的二十大报告指出："中国式现代化，是中国共产党领导的社会主义现代化，既有各国现代化的共同特征，更有基于自己国情的中国特色。"高质量发展是全面建设社会主义现代化国家的首要任务，坚持高水平对外开放则是重大原则之一。中国式现代化的本质特征对新形势下推进更高水平对外开放提出了新的要求。

（一）高水平对外开放要有助于推动人口规模巨大的现代化

人口规模巨大是我国的基本国情，实现人口规模巨大的现代化是中国式现代化的首要特征。截至2022年末，我国人口规模为14.1亿人，超过全球所有发达国家的人口总和②。拥有如此人口规模的经济体要迈入发达国家行列，意味着要有相当体量的经济产出作为支撑。改革开放多年来的实践证明，以开放促发展、促改革是我国经济建设取得一系列成就的重要法宝，是推进中国式现代化的根本动力。改革开放初期，我国依靠人力资本和资源优

---

① 《求是网评论员：中国永远不会自己关上开放的大门》，求是网，2023年4月18日，http://www.qstheory.cn/wp/2023-04/18/c_1129535687.htm。
② 《数据概览：2022年人口相关数据》，国家发展和改革委网站，2023年1月31日，https://www.ndrc.gov.cn/fggz/fgzy/jjsjgl/202301/t20230131_1348088_ext.html。

势承接来自发达国家的低端产业转移,嵌入全球贸易网络,实现了社会总产出的快速增长和生产力的提升。在经济发展进入新常态的背景下,面对资源约束日益收紧、生产要素成本持续攀升、产业链低端锁定风险加大等挑战,如何取得量的合理增长成为经济社会发展需要面对的首要问题。通过实施更高水平对外开放,充分发挥比较优势连接国际国内两个市场、两种资源,可以强化资源全球配置能力,引入诸如核心技术、管理理念等先进生产要素和短缺资源,使国际资源成为国内资源的有效补充,进一步拓展生产可能性边界,以实现全社会总产出的增加。

(二)高水平对外开放要有助于推动全体人民共同富裕的现代化

我国经济建设以人民为中心,成果为全体人民享有。实现全体人民共同富裕是中国式现代化的内在要求。党的十八大以来,我国在收入分配、社会保障体系建设、教育医疗覆盖等方面扎实推进共同富裕并取得了一系列成效,但发展水平在地域、城乡间不平衡与不协调的问题依然存在。全方位深化对外开放,实现对外开放政策和措施从东南沿海地带向内陆城市的拓展,建设内陆开放新高地,构建陆海内外联动、东西双向互动的开放格局,是推动全体人民共同富裕的有效途径。从宏观经济增长的角度来看,在新的国际国内形势下,高水平对外开放通过持续优化国际国内要素配置、不断提升贸易投资质量水平,为推动全体人民共同富裕提供充足的物质保障。从区域协调发展的角度来看,高水平对外开放要求构建东、中、西部地区梯度开放的格局,作为改革开放前沿的东部沿海地区和超大、特大城市应持续巩固开放先导地位并发挥辐射带动发展的功能,中西部和东北地区则应利用自身禀赋承接产业转移,将高水平对外开放向纵深推进,实现区域协同发展。

(三)高水平对外开放要有助于推动物质文明和精神文明相协调的现代化

社会的繁荣发展,不仅表现在物质的全面丰富,也表现在精神的极大富足。进入新发展阶段,社会主要矛盾发生变化,人民对美好生活更加向往,对精神富裕更加看重。推动物质文明和精神文明协调发展，实现全体人民精神生活的共同富裕是中国式现代化的重要内容。以开放姿态实现华夏文明和其他文明的交流互鉴古已有之，古代丝绸之路的开拓使中外交流、贸易互通达到了空前的规模和高度。进入新发展阶段，坚持高水平对外开放，加快建设现代化经济体系、构建新发展格局，是促进"物质财富的全面丰富"的关键举措；坚持与不同文明交流和互鉴，吸收先进文化，繁荣发展我国文明形态，是实现"精神财富的极大富足"的有效途径。从引领世界发展方向来看，我国作为世界第二大经济体，在推进中国式现代化的进程中，物质文明和精神文明相辅相成、共同发力，同时实现"物质财富的全面丰富和精神财富的极大富足"，可以有力推动全球经济朝更全面均衡的方向发展。从实现经济与文化的双赢来看，通过推动高水平对外开放，提高我国与国际社会的交流合作频次，引进和传播先进文化，丰富人民的精神文化生活，提高人民的文化素养和国际交流能力，可以加强文化自信，为文化强国建设提供有力支撑。

（四）高水平对外开放要有助于推动人与自然和谐共生的现代化

我国是发展中国家，整体推进现代化进程面临较大的资源约束压力，统筹自身发展和生态保护、走绿色可持续发展道路是中国式现代化的必然要求。从国际环境来看，能源和气候问题已成为全球关注的焦点，实现绿色发展是我国在国际舞台上展现负责任大国形象的重要举措。我国推进高水平对外开放，以开放姿态参与全球治理，主动参与应对气候变化的议程，表现出积极应对气候变化的意愿和决心，取得的成就可以为其他发展中国家推进现代化建设提供可以借鉴的经验和模式。我国于2016年正式加入《巴黎协定》，展现了我国作为负责任大国的国际形象。作为《联合国气候变化框架公约》在新时期的延续，《巴黎协定》的签署和实施既体现了中国参与全球环境治理的贡献，也为我国发展模式的转变带来新的机遇。《巴黎协定》制定的一系列环境保护目标和执行安排，对我国的环境治理政策、绿色产业技术、市场交易安排等均提出了较高要求，成为推动我国绿色可持续发展的外部动力源。中国提出力争在2030年前实现碳达

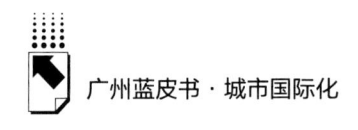

峰，在2060年前实现碳中和，完成全球最大碳排放强度降幅，用全球历史上最短的时间实现碳达峰碳中和，成为推动全球实现碳达峰碳中和的关键驱动力。

（五）高水平对外开放要有助于推动走和平发展道路的现代化

我国推进中国式现代化选择的道路将对全球格局产生深远影响，走和平发展道路是中国式现代化的鲜明特征和必然选择。作为世界第二大经济体，整体实现现代化意味着占全球近1/4的人口同时迈入发达国家行列，如此体量的经济总产出和高收入群体规模将重塑全球格局。我国主张以开放促合作、以合作促发展，推动建设开放型世界经济；同时，我国是世界经济增长的关键引擎，发展的模式与成果惠及全球大多数国家和人民。我国提出的"一带一路"倡议已成为广受欢迎的国际公共产品和国际合作平台，与共建国家以基础设施互联互通为起点和重点，对切实改善相关国家的基础设施建设发挥了关键的作用。我国提出的"全球发展倡议"特别关注发展中国家的特殊国情和需求，欢迎世界各国搭乘中国发展便车，支持发展中国家保障和改善民生。

二 以先行先试为实践路径推动高水平对外开放

中国式现代化具有基于我国国情的中国特色，区别于世界上其他已经实现现代化的国家，呈现"特殊性"。我国幅员辽阔，人口规模巨大，不同城市经济发展水平存在显著差异。我国对外开放从东部沿海起步，由东向西、由点及面逐步形成覆盖全域的开放经济新格局。在基础优势充分、改革经验充足的地区开展先行先试，构建差异化协同发展格局，实现引领带动发展，符合我国基本国情。

（一）示范引领推动更大范围开放

我国地域辽阔，东、中、西部地区在区位条件、资源禀赋、城市建设、经济发展等方面存在显著差异，客观条件决定了高水平对外开放不能在所有区域同时大范围铺开，须优化开放的空间布局，完善区域协调开放发展格局。整体而言，自党的十一届三中全会确定改革开放的总基调以来，全国范围内的开放是由东到西、由南向北的渐进式开放，以及由"点"及"线"，再到"面"的开放。在这一过程中，一批前沿城市取得经济发展的领先地位，并进入全球城市体系的领先位次，如北京、上海、广州、深圳等，代表中国参与国际竞合。《中华人民共和国国民经济和社会发展第十四个五年规划和2035年远景目标纲要》提出，要加快中西部和东北地区开放步伐，支持承接国内外产业转移，培育全球重要加工制造基地和新增长极。具有先发优势的东部沿海地区城市，在深度嵌入全球贸易网络的同时，面临产业链升级和产能外迁的问题，通过发挥内陆地区在要素投入方面的比较优势，承接先进城市产业转移，培育具有全球竞争力的制造业基地，建设内陆开放高地，既可以实现区域间协同发展，也可以实现开放格局的空间优化。

（二）集成创新推动更宽领域开放

我国经济建设进入高质量发展阶段，面临国际形势和国内环境变化带来的新挑战，开放的核心也相应发生变化，即从传统的降低关税水平、削减非关税壁垒等"边境"措施向以规则、规制融合为主的"边境后"措施转变。这一转变过程强调制度体系的兼并与融合，以制度型开放为核心，涉及营商环境、社会环境、治理环境、硬件环境、生态环境、产业环境等多个领域，须统筹协调不同领域开放型政策。建立联动多个领域的集成创新政策体系是统筹推进更宽领域开放的关键举措。统筹产业开放，形成联动制造业和高附加值服务业的新型开放政策体系，在促进制造业整体提升的同时实现服务业开放发展，优化开放经济体系的产业构成；统筹生产各环节开放，加强技术研发、生产、市场拓展等各环节的开放，便利技术、人才、资金等各类生产要素跨境流通，优化市场环境，着力提升对各类资源的吸引集聚能力，实现产业链整体开放程度的提升；统筹国内外市场开放，促进内外贸一体化发展以及引进外资和对外投资协调发展。

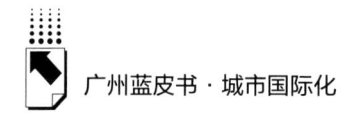

（三）先行先试推动更深层次开放

推进中国式现代化建设是系统探索的过程，在诸多领域尚无可参考借鉴的成熟经验，需要在实践中大胆探索，通过改革创新实现跨越式发展。党的十八大以来，我国进入全面深化改革的历史新阶段，面临的环境、条件和要实现的任务、目标与改革开放初期相比已有很大不同，多个领域、多个环节的改革步入"深水区"，亟须促进体制机制创新和制度突破。全面深化改革的复杂性和艰巨性决定了一些重大改革必须在有条件、有基础的地方先行先试。改革开放以来，从出口特区、经济特区、国家级新区到经济开发区，再到自贸试验区和自由贸易港，各种"试验田"作为政策制度创新的"桥头堡"，在理顺机制、调动资源等各方面做出了积极大胆的尝试，形成多轮次开放经验，向全国复制推广，成为全方位开放的"探路者"。这种由先行先试地区引领其他区域发展的模式，可以最大限度地降低创新性举措，尤其是制度型创新性举措的试错成本。东部沿海地区和超大城市在建设外向型经济、推动高水平开放过程中积累的先进成熟经验，可以复制推广到内陆区域，缩小东西部发展差距，补齐内陆及沿边地区的开放短板，以实现引领带动发展。

三 广州开展先行先试推动高水平对外开放的优势

广州地处改革开放前沿，实施制度型开放已积累了充足的经验，建设高水平对外开放示范区优势充足。面对高质量发展实施更大范围、更宽领域、更深层次的对外开放的要求，结合代表性城市在高水平对外开放中的功能，广州的优势主要集中在政策支撑、区域协同、要素流动和侨务资源等方面。

（一）制度创新优势

制度型开放是新一轮高水平对外开放的主攻方向。广州长期走在改革开放的前沿，建立了科学的适应开放发展的管理制度，积累了丰富的制度创新经验，在开放重心由政策优惠型转向制度开放型的过程中具有先天的优势。2018年至今，广州已实施5轮营商环境改革，从市场环境、政务环境、人文环境、法治环境等方面对标国际先进标准，优化开放环境。广州2020年入选全面深化服务贸易创新发展试点，出台《全面深化服务贸易创新发展试点实施方案》，加快建立与国际接轨的投资贸易规则体系。截至2022年3月，广州已经获得知识产权、文化、中医药、数字服务等国家级特色服务出口基地认定。2021年，广州入选全国营商环境试点城市，18项指标获评标杆，50项改革举措在全国复制推广，电子政务等3项指标代表国家向世界推介。广州南沙凭借粤港澳大湾区（以下简称"大湾区"）、自贸试验区、综合保税区等多区叠加优势，在制度创新中发挥着"先锋"作用。2022年1月，《南沙自贸片区对标RCEP CPTPP进一步深化改革扩大开放试点措施》正式发布，聚焦贸易自由便利、投资自由便利、要素流动便利、金融服务、竞争政策和绿色发展六大领域，精准对标RCEP、CPTPP条款，提出17条先行先试措施。这也是全国首个以RCEP、CPTPP双协定为对标标的制定的自贸试验区集成性创新举措。凭借该项措施，南沙自贸片区入选"2021~2022年度中国自由贸易试验区制度创新十佳案例"。

（二）区域协同优势

大湾区是我国开放程度最高、经济活力最强的区域之一，更是我国与世界开放融通的先锋，在国家发展大局中具有重要战略地位。大湾区城市群依据自身发展规划与基础资源禀赋各有定位，其中香港与澳门是大湾区城市群的核心城市，作为我国连接世界的重要窗口，发挥着不可替代的作用。广州与港澳在经贸合作、人员往来、人文交往等领域保持着高频次交流，协同发展优势突出。自2019年《粤港澳大湾区发展规划纲要》正式发布以来，港澳与大湾区内地城市在基础设施"硬"联通、规则机制"软"联通等方面取得了切实成就，为包括广州在内的大湾区内地城市协同港澳、面向世界构建更高水平对外开放体系提供了关键支撑。在协同创新方面，围绕建设国际科技创新中心这一目标定位，穗港澳三地创新资源

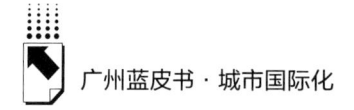

要素加速流动，广深科技创新走廊的全球影响力日益加深。世界知识产权组织于2022年9月发布的《2022年全球创新指数报告》显示，广深港科技集群位列世界五大科技集群第二。在规则机制对接方面，广州基于自身城市发展规划和联动港澳的特点，通过联动制定现行标准体系等措施，不断拓展"湾区标准"清单。为解决港澳外资企业落户问题，广州搭建的穗港澳商事登记"跨境通"平台为港澳投资者提供"一站式"服务，入选大湾区规则机制对接典型案例①。在基础设施建设方面，广州南沙处于大湾区地理几何中心，往来港澳极为便利；港珠澳大桥的开通进一步降低了三地之间的陆路交通时间成本。

（三）贸易规模优势

广州大力推进贸易便利化建设，为商品服务跨境流通打造了良好的制度环境。广州持续优化口岸营商环境，出台了《2021年广州市促进跨境贸易便利化工作方案》，减单证、优流程、提时效、降成本，促进贸易便利化。广州海关推出"一港通"报关模式，被纳入国务院首批营商环境创新试点改革项目，实现出口货物"7×24小时"快速通关。广州入选全面深化服务贸易创新发展试点，出台《全面深化服务贸易创新发展试点实施方案》，加快建立与国际接轨的投资贸易规则体系，促进资金、技术、人员、信息等战略资源和生产要素跨境流动便利化，大力培育发展新业态、新模式，促进服务贸易高质量发展。广州商品服务流通的国际国内双循环已颇具规模。2022年，广州货物贸易进出口总额为10948.4亿元，同比小幅增长1.1%，货物贸易进出口总额连续两年破万亿元，"外贸万亿之城"的地位进一步巩固。其中，出口6194.8亿元，同比下降1.8%；进口4753.6亿元，同比增长5.3%（见表1）。国内市场与国际市场发展相得益彰。自2018年以来，广州社会消费品零售总额连续攀升，2022年达10298.2亿元，连续突破万亿元

---

① 《广东发布首批20个"软联通"典型案例，110项标准纳入"湾区标准"清单》，21世纪经济网，2023年4月6日，https://www.21jingji.com/article/20230406/herald/7cbff757a962c40f65f3d7edb1948a71.html。

关口，同比增长13.5%。在已有的商品流通体量下进一步深化高水平对外开放，将更加高效地刺激要素规模化集聚，为高质量发展提供重要的资源。

表1 2016~2022年广州市进出口贸易情况

单位：亿元，%

年份	累计 出口	累计 进口	累计 进出口	同比 出口	同比 进口	同比 进出口
2016	5187.1	3379.9	8567.0	3.0	3.3	3.2
2017	5792.2	3922.2	9714.4	12.3	16.0	13.7
2018	5607.5	4204.1	9811.6	-3.2	7.2	1.0
2019	5258.3	4737.8	9996.1	-6.2	12.7	1.9
2020	5327.7	4102.4	9430.1	3.2	-13.6	-4.8
2021	6312.2	4513.7	10825.9	16.4	9.6	13.5
2022	6194.8	4753.6	10948.4	-1.8	5.3	1.1

资料来源：广州市商务局。

（四）国际联通优势

在长期的开放发展和优越的区位条件的相互作用下，广州空港、海港、陆港联动发展，形成了较为完善的国际性综合交通体系，成为我国主要的国际交通枢纽之一，为国际性商品流通创造了极佳的环境。国际航空枢纽功能日益完善，广州国际通航点常年保持在230个左右，与国内、东南亚主要城市形成"4小时航空交通圈"，与全球主要城市形成"12小时航空交通圈"。2022年，广州白云国际机场旅客吞吐量达2611万人次，自2019年来连续4年位居全国第一（见表2）；全年货邮吞吐量达188.5万吨，全国排名第二。国际航运中心建设稳步推进，截至2022年底，广州港集装箱班轮航线已达260条，其中外贸航线154条，连通世界主要国家港口。2022年，广州港完成集装箱吞吐量2460.0万标准箱、货物吞吐量62906万吨，两项指标分列全国港口第5位、第4位。在2022年7月发布的新华·波罗的海国际航运中心发展指数中，广州列世界第13位，国际航运枢纽地位稳固。2021年底,南沙港铁路正式建成,广州国际港正式开通。依托南沙港铁路与南沙港区、南沙国际物流中心"无缝"衔接的优势以及在内陆腹地广泛布局的30个无水港网络,南沙海铁联运业务取得了显著"起势"。2022年(运营首年),南沙海铁联运业务量累计突破10万标准箱,对外开放门户枢纽作用进一步凸显。

表2 2016~2022年广州白云国际机场旅客吞吐量及排名

单位：万人次

年份	旅客吞吐量	全国排名	全球排名
2016	5973	3	15
2017	6584	3	13
2018	6974	3	13
2019	7339	1	11
2020	4377	1	1
2021	4026	1	8
2022	2611	1	—

资料来源：中国民用航空局。

（五）侨务资源优势

华侨华人是促进我国对外交流合作的重要桥梁纽带,在引导经贸往来、开展国际交往领域发挥着不可或缺的作用。在我国不断推进国际交流与合作的背景下,侨务资源分布的广泛性不仅拓展了我国构建开放型世界经济的空间,也在客观上提升了侨乡的对外开放水平和城市发展能级。广州拥有丰富的华侨华人资源。据不完全统计,广州拥有华侨华人、港澳同胞、归侨、侨眷超过400万人,分布在全球116个国家和地区,其中广州籍华侨华人和港澳同胞超过240万人。遍布全球的广州华侨华人中不乏行业翘楚、业界精英和专业研究领域顶尖人才,共同构成了广州联通世界的人脉资源网络。近年来,广州侨务部门在涉侨工作中多措并举,着力发挥广州侨务资源丰富、枢纽功能强大的优势,加强内引外联,推进侨务工作取得了一系列亮眼的成绩。发挥大数据、云计算、"互联网+"等技术优势,建设广州侨务大数据平台，提升涉侨服务能力。着力打造侨商专业平台，大力推动增城"侨梦苑"创新创业平台建设。截至2022年底，累计对接高端华侨华人千余批次、上万人次，引进项目超500个，引进人才300余人，链接全球高端生产要素功能凸显①。以品牌机制开展侨务活动，形成了广泛的海外传播效应。在2023年2月召开的中国侨商投资（广东）大会上，侨商投资和贸易项目总金额达1.63万亿元，其中广州侨商贡献了超过7300亿元，广州侨商的实力和对外向型经济发展的贡献度均令人瞩目②。

四　广州先行先试推进高水平对外开放的路径方向

未来，广州要在国家发展大局中发挥更大作用，以推进更大范围、更宽领域、更深层次对外开放为方向，以增强国际商贸中心功能、引导创新发展模式、打造全球投资首选地、建设"走出去"窗口城市为目标，突出打造制度创新"试验田"，在创新发展模式、推进平台建设、营造市场环境、实现协同发展等方面持续发力，先行先试建设高水平对外开放示范区，实现引领带动发展。

（一）高站位推进制度型开放

聚焦规则、规制、管理和标准等领域的开放，系统推进适应新时代我国深化改革、扩大开放总体要求的制度型开放工作。一是探索建立对标国际的制度创新体系，主动对标高标准国际经贸规则，积极借鉴国际通行规则，形成与国际接轨的行业监督标准和投资管理制度，在新技术、新产业、新场景探索符合国际标准的规则制度。二是在广东自贸区南沙片区、广州开发区等制度型开放高地加大压力测试的力度，在投资和服务等重点领域落实一批战

---

① 《广东省侨办：发挥"侨梦苑"作用，助推广东高质量发展》，中国侨网，2023年2月24日，http：//www.chinaqw.com/qmy/2023/02-24/352535.shtml。
② 《中国侨商投资大会集结万亿级贸易投资，广东"侨动力"有多强》，南方财经网，2023年2月26日，https：//www.sfccn.com/2023/2-26/3MMDE1MTNfMTgwNjM3Mw.html。

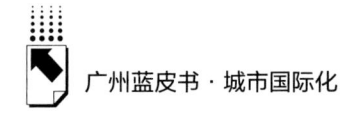

略性、创造性和引领性的改革举措，积累突破性制度创新经验。三是以综合改革深化制度创新，在改革系统集成上下功夫，推动重点领域和关键环节改革突破成势、连点成面，为全面深化改革开放提供新的可复制、可推广的广州经验。四是要充分考量微观经济主体自身发展实践，并与国际通行的经贸规则发展趋势相结合，建立符合本地企业发展需求的规则机制，推动具有国际影响力的本地企业和品牌主动出击，参与国际规则标准制定。五是积极争取试点，推进跨境数据流动创新，在《网络数据安全管理条例（征求意见稿）》的框架下开展数字贸易新领域创新举措的先行先试。

（二）高效能创新发展模式

加快培育外贸新业态、新模式，多措并举推动外贸发展稳中提质。一是紧紧抓住全球跨境电商卖家服务中心、全球跨境电商超级供应链中心、全球跨境电商生态创新中心（即跨境电商"三中心"）落户广州的契机，加快培育跨境电商中小企业主体，构建便捷高效的服务体系，建设有广州特色的跨境电子商务产业集群。二是加快市场采购贸易转型升级，协调海关、出入境等职能部门加强一体化模式下的属地源头管理和口岸地协作配合，加快培育市场采购行业领军企业，提升行业整体竞争力，探索"市场采购+跨境电商+外贸综合服务"一体化模式，推进新业态融合发展。三是创新跨境电商监管举措，贴合跨境电商发展需求，在跨境电商货物出口集中的口岸区域试点跨境电商出口前置仓以提升通关效率，加强科技赋能，扩大跨境电商监管信息化系统覆盖面，实现交易、支付和物流的数据集成管理。

（三）高标准推进平台建设

充分把握广州参与"一带一路"倡议、推进《广州南沙深化面向世界的粤港澳全面合作总体方案》走深走实的战略机遇，推进广东自贸区南沙片区、广州开发区等平台建设。一是充分发挥国家赋予自贸区改革自主权的优势，先行先试形成更多首创性、集成性创新举措，在积累创新经验的同时实现创新发展；省（区、市）联动，重点建设中国企业"走出去"综合服务基地，提升企业国际竞争力；深化外汇领域改革，推动跨境投资高水平开放试点扩大覆盖面，促进金融资源向科技创新、绿色发展、区域协调等领域倾斜。二是支持广州开发区建设深化改革开放的先行区，以高质量参与"一带一路"倡议为契机，推动中新合作取得更大突破，中以、中欧、中沙等国际合作不断深化；共同研究改革成果推广清单、改革权限清单、自主创新清单，打造跨区域制度创新典范；在知识产权综合改革试点工作中取得突破性成果，形成一批知识产权保护领域的典型案例。三是持续放大广交会、广州国际投资年会等重要贸易投资促进平台的效用，助力企业扩大外贸交易规模、拓展国际市场布局。

（四）高质量营造市场环境

优良的市场环境是实施高水平对外开放的核心竞争力，从具体实践上应着力营造市场化、法治化、国际化营商环境。一是持续深化"放管服"改革，全面实行政府权责清单制度，充分运用大数据、云计算等技术，大力发展"互联网+政务"，建设开通"涉外服务专窗"并纳入"一网通办"；坚持市区联动、部门联动、政企联动，相关职能机构开展外贸企业、跨国公司全覆盖走访，健全双向互动服务机制。二是进一步推进商事制度集成化改革，在解决市场主体"准入"问题的同时解决"准营"的问题。探索实施市场准入自动许可制度，对市场准入负面清单内载明的行业，企业在一定期限内取得许可证即可开展经营活动。三是加快推进公共法律服务体系建设，依法规范多元化纠纷解决机制，建立知识产权纠纷多元解决机制，将涉外经济领域中的典型案例经验加以总结并进行广泛宣传，依法规范职能机构和市场行为，为市场主体提供稳定预期。

（五）高水平实现协同发展

紧紧抓住大湾区城市群建设机遇，发挥广州作为大湾区核心引擎的示范、引领、带动功能，协同港澳在实现自身经济增长的同时，形成可复制推广的经验，带动更广泛区域实现协同发展。一是进一步加快基础设施"硬

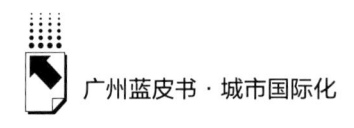

联通"，提升口岸通关能力和通关便利化水平，加密穗港澳海上交通航班频次，将"海陆空铁+轨道交通"互联互通体系蓝图编进交通基础设施发展规划重点项目，便捷畅通广州与港澳居民往来。二是深入实施规则机制"软联通"，以"湾区通"工程为抓手，提升与港澳规则的衔接水平，促进资金、人才、信息便捷流动，着力提升市场一体化水平。三是推动科技人才"智联通"，深化广州与港澳的科技创新合作，推进港澳大学与研究机构在广州设立合作机构，以港澳为窗口面向全球延揽高端科技人才。四是推进产业协同"链联通"，发挥香港作为"超级联系人"、澳门作为葡语国家桥梁、广州实现规模化生产和市场空间充足的优势，协同推进先进科技成果转移转化，促进核心技术在取得市场效益的同时带动相关产业领域实现高质量发展。五是推进交往交融"心联通"，完善大湾区优质生活圈环境，加快建设港式社区和港澳子弟学校，丰富港澳青年在广州的生活。

参考文献

王文涛：《以党的二十大精神为指引 推动高水平对外开放》，《求是》2023年第2期。

曹萍：《坚持中国特色社会主义是中国式现代化的本质要求》，《人民论坛·学术前沿》2023年第4期。

付文军：《中国式现代化道路的四重阐释及其整合》，《探索》2022年第3期。

程云斌：《进一步优化营商环境 推进高水平对外开放》，《中国行政管理》2022年第12期。

刘彬、陈伟光：《制度型开放：中国参与全球经济治理的制度路径》，《国际论坛》2022年第1期。

B.4 增强国际传播能力讲好中国式现代化的广州故事[*]

胡泓媛[**]

摘 要： 中国式现代化明确了中国故事的内容主题和中心思想，为全国上下做好国际传播工作指明了方向。讲好中国故事，要从中国式现代化科学内涵的结构出发，明确传播主题和话语层次，找准中国式现代化在人类文明中的历史方位，以使中国故事更好地融入全球发展的语境。城市在承接国际传播任务中具有综合性的优势，成为讲好中国故事的重要枢纽。广州作为国家中心城市，更要发挥好对全球资源配置的强大枢纽能力和对国家战略的综合承载能力，从主体融合力、内容感召力、渠道影响力和受众亲和力入手，全面加强国际传播能力建设。突出城市治理创新，讲好人口规模巨大的国情故事；突出城市高质量发展，讲好全体人民共同富裕的故事；突出人文湾区建设，讲好物质文明和精神文明相协调的故事；突出世界花城形象，讲好人与自然和谐共生的生态文明建设故事；突出国际交往中心形象，讲好中国走和平发展道路的故事，形成国际传播的全方位支撑。

关键词： 中国式现代化 国际传播 中国故事 广州

---

[*] 本报告系广州市哲学社科规划2023年度课题"新时代增强广州文明传播力影响力研究：以面向世界讲好中国式现代化的广州故事为例"（项目编号：2023GIGJ254）的阶段性研究成果。
[**] 胡泓媛，广州市社会科学院城市国际化研究所副研究员，研究方向为城市国际化、国际传播、全球城市评价。

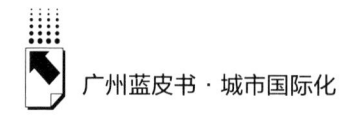

习近平总书记曾多次强调，国际传播工作要讲好中国故事，展现"真实、立体、全面的中国"[1]。中国故事包罗万象，如何展现真实、立体、全面的中国成为国际传播面临的重大课题。党的二十大报告明确了以中国式现代化全面推进中华民族伟大复兴的中心任务，并明确了中国式现代化的科学内涵。中国式现代化是基于中国国情、中国现实的重大理论创新，是中国故事的内容主题和中心思想，为全国上下做好国际传播工作指明了方向。

一 中国式现代化的传播主题和话语层次

（一）传播主题

中国式现代化是中国特色社会主义道路的集中反映，是中国故事需要集中呈现的信息和思想。党的二十大报告从五个方面提炼了中国式现代化的特征。一是人口规模巨大的现代化，立足当代中国发展的基本国情。带领超14亿人口整体迈进现代化社会，其艰巨性和复杂性是世界上任何一个国家都难以比拟的，任何发展战略的论证和实施都必须经受住巨大人口规模的考验。二是全体人民共同富裕的现代化，与人口规模巨大的特色对接，回答了中国式现代化的价值导向问题。中国式现代化首先考虑人口规模巨大的问题，是为了实现全体人民共同富裕的发展目标。三是物质文明和精神文明相协调的现代化，聚焦中国式现代化的主要发展任务。物质富足、精神富有是社会主义现代化的根本要求。单纯的物质富足不是现代化，人的精神层次的提升、对人类文化的重视和自我价值实现的渴望才是中国追求的现代化理想。四是人与自然和谐共生的现代化，以生命大爱的高度，展现了我国致力于生态文明建设的意义。五是走和平发展道路的现代化，体现了中国置身人类文明的思考，传递了中国人民属于世界、与世界同呼吸共命运的渴望。

---

[1] 《展示真实、立体、全面的中国 努力讲好中国故事（有的放矢）》，新华网，2022年11月30日，https://m.gmw.cn/baijia/2022-11/30/36199645.html。

（二）话语层次

聚焦现代化实践的深层问题、重大问题、突出难题，中国式现代化的科学内涵可以从三个层次提炼话语意蕴，从而丰富与发展中国式现代化的传播话语体系。

首先是人的现代化。现代化的本质是人的现代化[①]。生产力的解放、物质的富足都是为人的自由、全面发展而服务的。讲好中国式现代化的故事必须以"人民性"的传播为核心。对客观现实的呈现，要注重挖掘"人口规模巨大"的治理挑战，"全体人民共同富裕"的发展目标，政治、经济、文化、社会等各个方面"以人为本"的制度设计逻辑和协调公平与效率的创造性发展智慧。例如，中国共产党领导的多党合作和政治协商制度、民族区域自治制度、基层群众自治制度等政治制度，以及中国特色社会主义市场经济体制的创新和发展。

其次是人与自然的关系。21世纪以来，中国共产党越来越深入地思考发展的可持续性问题，认清了人与自然和谐共生的本质，并积极做出改变。中国不断坚持"绿色低碳发展""绿水青山就是金山银山""新发展理念""高质量发展"等体现人与自然和谐共生的发展主张，做出了坚决打赢蓝天保卫战、碧水保卫战、净土保卫战的积极实践，制定碳达峰碳中和目标，以实际行动推动生态文明建设，取得了历史性、转折性、全局性的正向变化。讲好中国式现代化的故事要突出人与自然协调发展的理性思考，着重呈现我国在发展过程中对提高碳利用率、推动生态文明建设的探索和对生态环境改善的贡献。

最后是人类部分与整体的关系，即民族与世界的关系。中国式现代化对世界范围内人类文明发展方向的引领启发是全方位的。在这样一种新的发展诉求之下，中国和世界的发展都面临新的可能性。中国走和平发展的现代化

[①] 中共中央文献研究室编《习近平关于社会主义经济建设论述摘编》，中央文献出版社，2017。

道路，渴望融入全球化的怀抱，在和平的历史机遇中实现自我发展。而世界的局部动荡从未停歇，在"百年未有之大变局"的背景下，对国际秩序的维护和对世界和平的珍惜成为人类共同的价值追求。构建人类命运共同体的理念与实践受到越来越多国家和地区人民的认可，成为国际传播中消除民族隔阂和心中芥蒂的重要抓手。

二 讲好中国式现代化故事的传播要求

面向世界讲好中国式现代化故事，要找准中国式现代化在人类文明中的历史方位，以使中国式现代化故事更好地融入全球发展的语境。

（一）着重论证中国式现代化作为世界现代化进程的组成部分

一是追求本源的一致性。中国式现代化不是凭空的想象创造，而是建构在人类社会科学理论基础上的重大理论创新，蕴含着世界历史逻辑中的"文明共性"。对现代化的追求是全人类的共同理想。现代化的本质是走出"马尔萨斯陷阱"，这是中国与西方现代化的共性[1]。二是西方现代化理论对中国式现代化理论的借鉴和启发。现代化理论在各国各民族的实践探索中不断被创造和完善。西方现代化理论起步早，对现代化的共同表征进行了总结，包括经济领域的工业化、市场化，社会领域的世俗化，社会分层的流动化，人民权利的民主化，人口活动场所的都市化等[2]。这些评价维度也被中国式现代化理论所采用。《中国可持续发展战略报告2001》[3]就以"英格尔斯现代化指标体系"为基础设定现代化社会发展的细化指标，建成了"现代化"实现程度的判定体系。三是中国式现代化属于"后发外生型"现代化。作为世界现代化进程的一个组成部分，中国式现代化能够鲜明地定位自

---

[1] 林毅夫等：《读懂中国式现代化——科学内涵与发展路径》，中信出版集团，2022。
[2] 洪晓楠：《中国式现代化理论的系统阐述》，《世界社会主义研究》2022年第11期。
[3] 中国科学院可持续发展研究组：《中国可持续发展战略报告2001》，科学出版社，2001。

身所属的现代化类别。中国与其他发展中国家面临的矛盾与难题大致相同，拥有众多为走向现代化而共同奋斗的伙伴。

（二）不断唤起追求现代化道路的全球性思考，引出中国式现代化的"答卷"

"后发外生型"现代化不能再沿用野蛮掠夺、殖民扩张的手段，而是要求更大的发展智慧。进入21世纪，在近200个发展中经济体里，只有中国台湾和韩国从低收入经济体进入中等收入经济体，再进一步发展成高收入经济体。过去涌现的各种现代化理论并没有将后发国家充满挫折的现代化历程引向成功，而中国很快将成为第3个，而且是唯一实现这一进程的大国[1]。中国作为人口大国，在有限资源的分配上面临更加棘手的现实挑战。中国式现代化理论产生于党和人民发展事业的实践中。中国通过体制机制的改革、科技创新的进步，不断做大发展的"蛋糕"，扎实推进共同富裕的进程。党的十八大以来，中国共产党确立的"创新、协调、绿色、开放、共享"的发展理念，在进一步深化对人类社会发展规律的认识、深刻洞察人类文明的价值旨归的基础上，指出了现代化在新时代的推进方向。中国式现代化理论就是在中国对一个又一个现实问题的深入思考和解决当中发展成熟的。国际传播的要务是在这一过程中不断引发全世界对同类问题的思考，探索解决现实问题，体会中国式现代化的必然性和科学性，从而理解和接纳中国式现代化的话语和理念。

（三）鲜明地指出中国式现代化创造的人类文明新形态

中国式现代化从世界现代化进程中走来，探索了后发国家现代化共同的困境和难题，闯出了一条现代化发展的康庄大道。这是因为中国将解决问题的思维上升到人类整体发展的普遍规律。人的命运与社会、自然相互交融，世界的现代化之路必然是追求三者的辩证统一，追求人类命运共同体，联合

---

[1] 林毅夫等：《读懂中国式现代化——科学内涵与发展路径》，中信出版集团，2022。

国等国际组织也在这一点上做出了相关努力。这种坚持把促进人的全面发展作为价值理想的新的人类文明形态实质是社会主义式的[1]，而中国式现代化就属于社会主义现代化。中国以人民群众的根本利益为出发点提出的求同存异、合作共赢的发展思路超越了既有的"零和博弈"模式，使实现人与人、人与社会、人与自然之间的整体和谐成为可能[2]。党的十八大报告指出，构建人类命运共同体着眼于"在追求本国利益时兼顾他国合理关切，在谋求本国发展中促进各国共同发展，建立更加平等均衡的新型全球发展伙伴关系，同舟共济，权责共担，增进人类共同利益"。中国式现代化的国际传播要融入推动人的全面发展的国际呼声当中，阐述好中国致力于构建人类命运共同体的持续努力，在政策上推进多边合作和加快国际秩序的变革，在经济上积极推动开放发展和自由贸易，在文化上推动非物质文化遗产保护和交流互鉴，将越来越多的仁人志士集聚到实现全球共同价值的道路上来[3]。

三 城市在讲好中国式现代化故事中的重要角色

城市作为人们的主要聚居区，具有特色鲜明的形象以及丰富的文化资源、对外交流人力资源，在承接国际传播任务中具有综合性的优势，成为讲好中国式现代化故事的重要枢纽。

（一）立足微观视角延展故事纵深

中国式现代化从理论到实践，组成了宏大的叙事体系，城市是延展故事纵深的重要场域。国家形象是"对某一国家认知和感受的评估总和，是一个人基于这个国家所有变量因素而形成的总体印象"[4]。政府、企业、行业

---

[1] 王立胜：《中国式现代化道路与人类文明新形态》，江西高校出版社，2022。
[2] 《马克思恩格斯选集》（第一卷），人民出版社，1975。
[3] 周文、李超：《中国共产党推进新型经济全球化的宏大视野、使命担当和核心理念》，《学术研究》2022年第2期。
[4] Seyhmus, B., Ken, W., "A Model of Destination Image Formation," *Annals of Tourism Research* 26 (1999): 868-897.

协会、群团组织、媒体、民众等各种行为体都是对外交往产生国家联想的变量因素,而城市则是这些变量因素的集合场。国家叙事体系需要整合大量微观主体的故事建构。例如,中国企业出口的产品与服务、企业品牌和文化、中小学校之间的文化交流、少年儿童之间的越洋通信、名人"网红"分享的城市景观和饮食游乐等,都是在表达个体在城市中的微观感知和叙事,将个体的独特经验转化为群体的共同经验,强化对城市乃至国家魅力的印象。在这一过程中,城市作为"讲故事"微观主体的孵化器而存在。各种微观主体在城市的引导和组织下参与国际传播能力的建构中,形成从微观、中观到宏观层面的传播行为结构,由点到线、由线到面地铺展中国故事网络,有助于塑造国家形象,在大外宣格局构建中具有特别的意义。

(二)置身具体场域丰富故事图景

讲好中国故事,是提升国家文化软实力和中华文化影响力的重要内容。"好故事"除了具有娱乐受众和陶冶性情的美学功能外,还具有强大的"门廊"价值,可以快速抓住受众注意力,激发受众追踪、理解、认同、记忆和分享的欲望。中国式现代化理论蕴含着人的现代化、人与自然和谐共生的现代化、构建人类命运共同体的目标,与现实生活有相当的距离。讲好中国故事,不仅要从大处着眼,更要从小处入手,讲好中国人民奋斗圆梦的故事、中国各界与世界各地友好交往的故事,使跨文化的传统友谊在新时代发扬光大。城市实践是中国式现代化的论证来源之一,能够作为具体案例发挥重要作用。随着中国城市对外开放向纵深发展,城市实践对国家的传播贡献变得日益重要。"如果我们无法充分认识到城市之于中国、城市之于国家所具有的意义,那我们就无法真正说明当今中国社会变动的逻辑。"[①] 中国式现代化的科学内涵从政治、经济、文化、社会、生态五大维度形成了对现代化的全方位思考,对应的故事主题既要覆盖上述诸多领域,又要彰显中华传统优秀文化和社会主义先进文化的时代魅力。从受众兴趣来看,国外受众对

---

① 陈映芳:《城市中国的逻辑》,生活·读书·新知三联书店,2012。

中国的关注点十分多样，涵盖各地政治、经济、社会、文化、旅游、科技、美图美景等方面①。只有城市这种囊括了人民生活百态的场域才能实现如此具体、巨量的信息供给。不同地域的关注点不同，北京获得关注较多的是其政治中心定位、国际交流活动；上海是金融、创新、国际交通；野生动物方面云南最受关注；宁夏葡萄酒等特色产业也受国际追捧。每个中国城市都具有鲜明的优势和特征，对国家形象的投射日渐显著。一个个城市形象形成一个个"标签"、一个个"品牌"，共同展现我国的大国风采②。

（三）提供丰富素材密织故事脉络

信息超载背景下，在跨文化、跨语言传播中，对外传播需要做到"动之以情"，用真实细腻、生动感人的好故事给人留下深刻印象，这正是地方讲好中国故事的内容优势所在。在全球化趋势下的世界新格局中，国家之间的竞争将会以城市的竞争为出发点，而城市竞争从原来的规模竞争演变成个性魅力、文化软实力的竞争。在习近平总书记提出"讲好中国故事"③的对外传播整体要求后，各地积极开展相关活动，涌现了一大批优秀实践案例。例如，重庆市品牌栏目《百姓故事》选取400多位来自重庆各行各业的小人物进行专题报道；河北省媒体通过图文、视频等多种形式对玉狗梁村瑜伽健身扶贫故事进行传播，以小见大反映中国现实面貌、体现中华民族品格，引发国际传播舆论效应，使故事走红海外；江西吉安推出的人物访谈节目《骄傲吉安人》选取100余位各界优秀吉安人录制访谈，借助社会精英人士的成功故事体现新时代中国的正能量；北京外语广播推出的节目《我看北京这五年——老社长的故事》，从境外媒体驻京机构负责人视角展现中国发展成就，借助外国意见领袖社会声誉与影响力为地方（中国）品牌背书，对于国外受众而言真实性、说服力更强；云南对亚洲象群"北移南归"旅

---

① 徐小丹：《新形势下做好地方国际传播工作的实践与思考》，《对外传播》2022年第10期。
② 潇潇：《新媒体时代的国家形象与城市形象互动》，《新闻传播》2020年第1期。
③ 《「每日一习话」立足中国大地 讲好中国故事》，"央广网"百家号，2022年1月7日，https://baijiahao.baidu.com/s?id=1721247913715518993&wfr=spider&for=pc。

行进行跟踪报道，抓住自然界、野生动物的热点事件诠释中国生态文明建设理念，在全球范围内掀起人与自然和谐共生的大讨论。

（四）集中主题焦点论证故事命题

世界正处于大发展、大变革、大调整时期，文化障碍和信息超载使讲好中国故事面临巨大挑战。中国不乏好故事，也不乏好声音，关键是如何讲好、如何传播好。因历史文化传统及发展环境不同，各个地区所面临的发展问题也不尽相同，国家层面的解决方案并不能完全适用于各个地区。各地在贯彻落实中央精神时，往往能够因地制宜，根据自身的优势及现实能力，制定符合本区域文化传统及发展现状的实践路径。这些丰富的实践成果为全球其他地区发展提供了多种解决问题的思路和途径，使城市传播实践更加自觉地置于国家战略大局中考量。例如，北京提出，对外传播应着眼于北京发展新阶段、新方位、新要求，始终坚持正确的政治方向和舆论导向，以大国首都大外宣、全面立体大样子为定位和目标，以主动服务国家外交外宣战略、突出北京功能定位为主线，多主体、多平台、多渠道、多载体讲好具有北京特色的中国故事[1]。在国家组织重大活动、重大主题理论宣传时，以城市实践案例参与论证，强化城市信息、城市文化的对外传递与分享，有策略地开展人文交流、人际沟通，能够更有力地支撑中国的大国形象。每年文化和旅游部举办的"欢乐春节"全球活动都广泛发动各个省份、城市的文艺精英与关系密切的外国地区对接，做好点对点的交流传播。这些城市特色实践持续论证着中国式现代化重大命题的现实意义。

四 讲好中国式现代化故事的广州国际传播能力建设布局

中国城市众多，经济文化积淀和辐射影响范围不同，在传播中国故

---

[1] 徐和建：《构建中国话语体系和叙事体系的北京思考》，《对外传播》2021年第11期。

事中的支撑能力也千差万别。国家中心城市以其对全球资源配置的强大枢纽能力和对国家战略的综合承载能力而被赋予了代表中国、传递中国声音的更大职责，广州便是其中之一。国家接连赋予广州国家中心城市、综合性门户城市、粤港澳大湾区中心城市等重要战略定位，对广州代表国家在更广阔的国际舞台"施展拳脚"寄予厚望。在中国式现代化的国际传播中，作为代表性城市的广州更要深入思考中国式现代化的科学内涵和传播要义，遵循传播发展规律，从主体融合力、内容感召力、渠道影响力和受众亲和力入手，全面加强国际传播能力建设，形成国际传播的全方位支撑。

（一）主体融合力

在信息时代，人人都能成为传播的主体，每一个个体的对外交往都在无形中塑造着国家形象。国际传播的主体建设要超越传统认知的范畴，由政府或媒体等单一主体转变为由政府、媒体、组织、个人等融合组成的多元主体。广州要用好社会各领域对外交往活跃的优势，在更大范围调动社会力量参与国际传播，形成"一个声音、多个声部"及多元主体"大合唱"的理想状态。首先，政府要发挥顶层设计作用，引导不同国际传播主体之间加强合作，实现优势互补，增强国际传播能力。其次，企业和社会组织要发挥中坚作用，引导跨国企业、非政府组织、高校、智库等单位积极主动地传播中国国家形象。最后，大众要发挥个体作用，树立人人都是故事讲述者、传播者的观念。要激发华人华侨和相关组织的积极性，通过外国媒体、华人华侨、外籍人士等传播当代中国价值观念，使其更易于被国际社会接受。

（二）内容感召力

采用故事化叙事、细节化表达，是提高信息传播效果的重要方式，也是不同国家和地区之间沟通情感、凝聚共识的主要载体。广州是岭南文化的中心地，岭南文化作为在海外传播较广的中华文化之一，更具国际交流的亲和力；广州又是中国对外开放的前沿之一，拥有新时代中国开放创新、拼搏奋进的力量，因而自然而然地成为中国故事的"素材宝库"。立足新时代，加强国际传播能力建设，要讲好中国故事，坚持国家和民族站位，树立全球视野，在明晰自我认知的基础上进行全面、客观、立体的自我描述和自我表达。各个方面、各个领域的中国故事文本要突出中国式现代化的特征议题，展现地方蓬勃发展和人民幸福生活的真实图景，升华中国理论，更加充分、更加鲜明地展现中国故事及其背后的思想力量和精神力量。

（三）渠道影响力

媒体是信息传播的渠道，是信息符号传播的载体。媒体在讲故事方面有着与生俱来的优势。构建大国话语权，讲好中国故事，是当今媒体国际传播的目标和任务。在媒体融合语境下，要顺应新媒体发展趋势，构建立体综合的传播渠道，提升传播影响力。首先，媒体要建设国际化的传播内容平台，拓宽传播范围，辐射周边地区和国家，突破欧美、巩固非洲、挺进拉美，实现全面布局。其次，媒体要提升自身业务能力，利用新媒体技术，以视听结合为特征、以海外新媒体为平台，多样化传播中国故事。最后，媒体要注重科技对传播的赋能，运用智能算法、社交机器人等技术提高传播内容投放的精准性，运用虚拟现实、增强现实等技术提高中国故事的呈现水平和对受众的感官刺激。

（四）受众亲和力

宣传思想工作是做人的工作，要区分对象、精准施策。具体到国际传播能力建设上，就是要从受众的角度出发，根据不同的受众群采取不同的宣传方式，精心构建对外话语体系，创新对外话语表达，增强国际传播亲和力。这就需要熟悉中外话语体系中的不同表达方式，研究国外不同受众的习惯和特点，了解东西方思维与交流模式的不同特点，采用融通中外的概念、范畴、表述，着眼于我国想讲的和国外受众听得明白的主题，掌握对象国与我国不同类型的伙伴关系以及对象国对我国的信息需求、知识渴望等可能进行沟通与互动的领域,在社会群体阶层细分的基础上,以"最大公约数"为立足点,策划好故事,精准地走进对象国民众的心坎。重视持同意、排斥和反对观点的不同群体,争取使中国故事更多为国外受众所认同。

五 中国式现代化的广州故事重点话题设计

广州"世界贸易大港"的形象早已在世界历史中留下浓重的笔墨,使其成为东西方文化交融的中心之一,也具备了成为中国改革开放前沿的骨气。迈进新时代,广州这座千年"老城"不断迸发新的活力。广州在世界主要城市中的排名不断攀升,进入"世界一线城市"行列,城市综合实力越来越受到国际重视。广州要匹配、链接自身资源,创造更鲜明、更丰富、更具传播生命力的中国故事,丰富国家形象的层次。

(一)突出城市治理创新,讲好人口规模巨大的国情故事

作为管理服务人口超过2200万人的超大城市,广州凸显了中国人口规模巨大的特征。超大城市的民主、公平、和谐、包容,考验着城市管理者的智慧。中国超大城市治理在不断探索中前行,从教育、医疗、社保等基本公共服务的大规模供给,到城市设施、设备、文化环境的包容性设计,都是国情故事的重要素材。广州可以突出用好广州国际城市创新奖这个助力讲好超大城市治理故事的素材,注重融入联合国可持续发展目标、《新城市议程》等权威国际组织对人类发展的倡议框架的话语体系,加强为居民创造全面发展机会的探索实践和思考的交流,不断提炼和传播广州超大城市治理创新之路的大小创意。一方面,讲好广州创新治理方法、解决发展疑难问题的故事,如对历史文化街区的"微改造",实现改善老城区居民居住条件和尊重保护文化习俗的平衡;推动电动公共交通工具更替,实现鼓励汽车支柱产业的绿色化转型和改善城市空气质量的双赢。另一方面,讲好广州吸收世界各地城市治理智慧、改善城市管理的故事。例如,广州吸收国际经验开展

"城市体检"项目,每年对城市发展状况进行评价,调整治理方案,展现中国城市对促进人的全面发展的开放态度和坚定决心。

(二)突出城市高质量发展,讲好全体人民共同富裕的故事

现代化奋斗是为了实现全体人民共同富裕,只有高质量发展,才能真正提高人民生活品质,保障人民的美好生活。广州要抓住自身发展优势,通过突出经济高质量发展,讲好居民群众共建共享、幸福感提高的故事。一是打造"创新到广州"国际科技创新中心品牌。面向大众化的社交媒体平台,对以信息技术、人工智能、生物医药为代表的战略性新兴产业高科技产品进行宣传,勾起国际受众了解广州的好奇心。面向创新人才群体,加强国际一流的研究实验基地、大型科学仪器设备设施、科学数据与信息平台、国家标准计量和检测技术体系等重大科学装置和科技基础设施的建设,勾起高端人才对到广州开展创新活动的兴趣。二是打造"兴业在广州"国际一流营商环境品牌。在5轮营商环境改革的基础上,整合广州在自贸试验区制度创新、公司设立、知识产权保护、商事纠纷解决等方面取得的成绩,在财经类国际媒体上加强周期性传播。三是打造"购物找广州"国际消费中心城市品牌。用好中国(广州)国际时尚周、跨境电商平台等线上线下平台,开展时尚大赏、设计大奖等评奖和一系列报道,吸引全球时尚目光,激发消费欲望。四是打造"路路广州通"国际综合性交通枢纽品牌。不仅要加快国际航线复航,彰显国际航空枢纽形象,加强以智慧港口高效运转等国际航运枢纽为主题的故事传播,还要加强对南沙港与广州国际港的海铁联运、对接中欧班列等国际运输新亮点的市场推广传播。

(三)突出人文湾区建设,讲好物质文明和精神文明相协调的故事

在促进高质量发展、体现城市物质文明蓬勃发展形象的同时,要加强文化传承与发展、文化交流传播的故事生产。广州既要打造岭南文化中心和对外文化交流门户,更要传播好文化事业繁荣发展的城市形象。一方面,要推

动文化生产和贸易的高质量发展。在对传统岭南文化精品进行时代性创新改造，扶持动漫、网游、文旅等新兴文化产业发展的基础上，要重视培育中国式现代化理论研究精品，促进国际社会对中国的认知从感性认识向理性认识升华。另一方面，要发挥文化活动品牌效应。发挥海上丝绸之路保护和联合申报世界文化遗产城市联盟牵头作用，抓住"丝路花语—海上丝绸之路申遗文化之旅"的契机，协调各联盟城市共同推进遗产保护与海上丝绸之路申遗。不断挖掘"广州文交会"、"粤港澳大湾区（广州）文化周"、广府庙会、黄埔"波罗诞"千年庙会、广州乞巧文化节等各层次文化活动举办的亮点细节、交流成果，进行短视频传播，勾起国际受众对广州文化的好奇心。

（四）突出世界花城形象，讲好人与自然和谐共生的生态文明建设故事

与西方"先发展、后治理"的现代化道路不同，强调人与自然和谐共生是中国式现代化对世界现代化的一项重要贡献，生态文明和绿色发展更是实现世界可持续发展的必由之路。中国城市在其中的重要角色就是传播中国在推进发展方式绿色转型中的坚定实践和阶段性成就，感染更多政府和社会的有识之士，凝聚全球绿色发展的合力。广州历来享有"花城"的美誉，四季花开成为广州一项重要的城市景观资源，加上岭南园林风格，使城市具有较高的生态形象认可度。2008年，广州成功创建国家森林城市，通过实施青山绿地工程、花城绿城行动等重点生态工程，形成了"森林围城、绿道穿城、绿意满城、四季花城"的城市森林格局。在继续加强生态文明建设的同时，可以进一步打造一系列形态新颖、内容丰富的主题宣传活动，周期性、持续性、全球性地塑造传播花城品牌形象。树立广州园林博览会等花展品牌，积极参与切尔西花展、布鲁塞尔花展等国际知名花展活动，开辟广州与世界城市交流与合作的新领域。推出主题特色鲜明的城市花园群、景观带、建筑物群，以及绘画、文玩、插花、香道等"花文化"的推广产品，通过全球知名社交媒体广泛传播，使广州"花城"形象成为重要品牌符号。

（五）突出国际交往中心形象，讲好中国走和平发展道路的故事

中国坚定地走和平发展的道路，中国故事要着重传递中国爱好和平、共享发展的理念，帮助世界理解中国与世界和平相处、推动人类文明进步的愿景与行动。代表性城市的国际交往在其中发挥着重要的作用。广州有67个国家驻穗领馆，与102个国际城市建立了友好关系，并不断深化与联合国及相关国际组织的交流合作，加入了联合国可持续发展目标地方自愿陈述行动，参与联合国粮农组织"绿色城市"倡议，与世界银行合作开展"中国可持续发展城市降温项目"试点。这些国家、城市及国际组织正是和平发展故事的核心受众和积极性受众。广州要更加注重发展各层次国际友好伙伴关系，推进各领域和平发展成果落地。推广友好城市多边合作，参与更多国际组织的高端国际合作项目，支持民间组织和社会团体广泛开展公共外交和民间友好往来，分享推动共同发展的解决方案，凝聚各个层次和平发展的共识。

参考文献

周庆安、刘勇亮：《多元主体和创新策略：中国式现代化语境下的国际传播叙事体系构建》，《新闻与写作》2022年第12期。

李智、雷跃捷：《从国际话语权视角构建和传播中国式现代化话语体系》，《对外传播》2022年第12期。

钟新、金圣钧：《讲好中国式现代化故事：党的二十大精神国际传播的关键议题》，《对外传播》2022年第12期。

王华、赵雨：《人类文明新形态对外传播话语体系的构建：范畴、逻辑与路径》，《山东师范大学学报》（社会科学版）2022年第6期。

城市评价篇
City Evaluation

B.5
2022年全球城市评价排名分析

胡泓媛　赖丽文*

摘　要： 2022年，世界从新冠疫情中曲折复苏，复苏趋势与一系列严峻的现实挑战继续影响着世界局势，这些因素的交织为全球城市发展带来了巨大的压力，但也随之出现了新的发展机遇。科尔尼公司全球城市系列指数、森纪念财团全球实力城市指数、全球金融中心指数和世界知识产权组织全球创新指数创新集群排名相继更新排名榜单，基础数据反映了全球城市中心的基本情况，也间接地体现了塑造全球大环境的各种深刻变化。全球城市发展复苏在曲折中前进，欧洲城市成为本轮竞跑的领跑者，而中国城市凭借稳定的科技创新表现获得强劲的内驱力支撑。

关键词： 全球城市　城市排名　城市评价

---

* 胡泓媛，广州市社会科学院城市国际化研究所副研究员，研究方向为城市国际化、国际传播、全球城市评价；赖丽文，广东省社会科学院硕士研究生。

随着全球化与信息化的快速推进，全球城市作为城市网络的关键节点逐渐成为国家参与国际竞争的重要力量。全球城市及其网络正在发生巨大转变，精简实效的全球城市评价指标体系对快速掌握全球城市格局变化趋势尤为重要。多个国际知名的城市研究机构长期跟踪全球城市发展，建立了较为成熟的全球城市评价排名体系，成为全球城市研究的重要参考。后疫情时代，全球发展虽然仍面临着严峻的经济挑战和未来前景的不确定性，但是已经显现出持续复苏的迹象。2022年，科尔尼公司全球城市系列指数、森纪念财团全球实力城市指数、全球金融中心指数和世界知识产权组织全球创新指数创新集群排名相继更新了排名榜单。综合各大排名情况并与往年数据进行比较分析，可以更加清晰地揭示全球各大城市不同的复苏轨迹与路径，可以对全球局势进行较为准确的展望。

一 科尔尼公司全球城市系列指数

全球城市系列指数首次发布于2008年，由世界知名咨询公司科尔尼联合国际顶级学者与智库机构发起，基于对130多座城市事实和公开数据的深入分析，旨在对全球各城市的国际竞争力与发展潜力进行系统评估，形成了评价城市当下发展水平的全球城市指数（Global Cities Index，GCI）和评估城市未来10年发展潜力的全球潜力城市指数（Global Cities Outlook，GCO）两大排名。全球城市系列指数始终强调城市发展的重要性，不断纳入新的全球城市作为观察对象，围绕城市集聚的多样化商业活动、人才、知识对城市进行评估和预测，以此反映不断变化的全球环境动态，为城市决策者确立积极的发展计划和转型战略提供了依据，也可以帮助企业识别投资机遇以及布局未来有投资潜力的城市。《2022年全球城市报告》（*2022 Global Cities Report*）榜单保持156座城市不变，聚焦全球互联互通水平最高、影响力最大的城市中心所面临的严峻挑战和不确定性，研究城市发展现状和城市对未来发展的投入及其潜力。

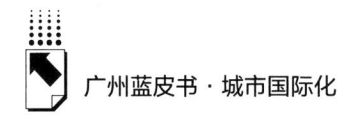

（一）2022年全球城市系列指数：全球城市面临新挑战

《2022年全球城市报告》的焦点从全球新冠疫情后的短暂复苏转移到了疫情后一系列严峻的现实挑战，包括全球通胀高于预期、俄乌冲突带来持续的经济和政治影响、中国经济超预期放缓和中美"硬脱钩"担忧以及气候相关灾害的影响日益加剧等。这些因素的共同影响为城市发展带来了巨大的压力。城市亟须进行积极的调整和变革，确保能继续为企业和居民提供独特的价值。

全球城市本质上是与全球环境密切联系的国际性大都市，所以更容易受到此类挑战的影响。但是，它们也是全球和国家恢复繁荣发展的重要希望。全球城市是活力和创新的强大引擎，其健康发展状况是其居民乃至全人类当前和未来前景的重要晴雨表。全球城市也是世界的缩影，浓缩了塑造世界的各种因素，包括供应链、移民网络、流行文化趋势等。科尔尼公司的全球城市系列指数基于城市中心地位的不可替代性，简要介绍全球领先城市的发展现状，预测其未来发展潜力，并就短期内城市领导者面临的挑战提出了相应的建议。

（二）全球城市发展前景出现新变化

1. 全球城市指数：当前全球城市格局出现新图景

2022年，纽约、伦敦、巴黎与东京继续保持全球城市指数排名前四的位置，进一步展示出它们面对逆境的强大韧性和持续优势。不同的优势促使第5名及以下城市的排名上下浮动，其中北京和芝加哥分别上升1位，分别位列第5和第7，洛杉矶下降1位、位居第6，墨尔本上升4位、位列第8，新加坡稳定在第9名，香港下降3位、位列第10。得益于国际会议数量的增加和成为受学生欢迎的留学目的地，墨尔本的城市排名持续提升。在全球城市指数排名前三十的城市中，布宜诺斯艾利斯与布鲁塞尔的排名分别上升7位和5位，是排名上升最多的两座城市。全球城市都在努力抓住复苏机遇，向新冠疫情前的发展水平靠拢。

表1 2018~2022年全球城市指数排名前十的城市

排名	2018年	2019年	2020年	2021年	2022年
1	纽约	纽约	纽约	纽约	纽约
2	伦敦	伦敦	伦敦	伦敦	伦敦
3	巴黎	巴黎	巴黎	巴黎	巴黎
4	东京	东京	东京	东京	东京
5	香港	香港	北京	洛杉矶	北京
6	洛杉矶	新加坡	香港	北京	洛杉矶
7	新加坡	洛杉矶	洛杉矶	香港	芝加哥
8	芝加哥	芝加哥	芝加哥	芝加哥	墨尔本
9	北京	北京	新加坡	新加坡	新加坡
10	布鲁塞尔	华盛顿	华盛顿	上海	香港

资料来源：A. T. Kearney, *2022 Global Cities Report*。

2022年全球城市指数榜单中亚洲（不含中东）及大洋洲城市62座、欧洲城市30座、中东城市19座、北美洲城市17座、拉丁美洲城市15座、非洲及其他地区城市13座，总体上延续了新兴经济体城市多、欧美城市少的分布格局。从城市表现上看，亚洲及大洋洲、拉丁美洲等新兴经济体城市排名波动较为显著。43.5%的亚洲（不含中东）及大洋洲城市、33.3%的拉丁美洲城市、31.6%的中东城市排名上升，50%的亚洲（不含中东）及大洋洲城市、53.3%的拉丁美洲城市、63.2%的中东城市排名下降。较富裕国家的城市与欠富裕国家的城市在经济复苏速度上表现出明显差异。许多较富裕城市开始快速复苏。低收入地区的许多城市GCI得分下降幅度超过北美或欧洲城市。但有一个地区例外，即非洲地区。该地区许多城市的得分仅略有下降，这与非洲与全球市场相对缺乏联系有较大关联。

2. 全球潜力城市指数：居民幸福感指标贡献较大

全球潜力城市指数根据城市目前的状况和政策，评估了未来10年城市成为全球中心的潜力。与全球城市指数相较而言，全球潜力城市指数表现的

表 2 2022 年全球城市指数各维度榜首城市一览

指标	榜首城市	指标	榜首城市	指标	榜首城市
商业活动维度	纽约	人力资本维度	纽约	文化体验维度	伦敦
财富 500 强企业	北京	非本国出生人口	纽约	博物馆	莫斯科
全球领先服务企业	伦敦、香港	高等学府	波士顿	艺术表演	**波士顿**
资本市场	纽约	高等学历人口	东京	体育活动	**伦敦**
航空货运	香港	留学生数量	墨尔本	国际游客	**伊斯坦布尔**
海运	上海	国际学校数量	香港	美食	伦敦
ICCA 会议	**里斯本**	医学院校数量	伦敦	友好城市	圣彼得堡
独角兽企业数量	旧金山				
信息交流维度	巴黎	政治事务维度	布鲁塞尔		
电视新闻接收率	**柏林、慕尼黑、法兰克福、杜塞尔多夫**	大使馆和领事馆	布鲁塞尔		
新闻机构	纽约	智库	华盛顿		
宽带用户	**巴黎**	国际组织	日内瓦		
言论自由	奥斯陆	政治会议	布鲁塞尔		
电子商务	新加坡	国际性本地机构	巴黎		

注：加粗字体城市为与 2021 年相比的新晋榜首城市。
资料来源：A. T. Kearney, *2022 Global Cities Report*。

波动性明显更大。过去 5 年，全球潜力城市指数前三十城市的变动非常明显。与前三年一样，2022 年伦敦仍然保持榜首，与巴黎和纽约一样是在 GCI 和 GCO 中排名前十的城市。虽然伦敦在治理维度的排名急剧下降，但在居民幸福感和创新维度的排名有所提升。巴黎连续两年位居第2，居民幸福感排名上升14位。卢森堡从第11名上升至第3名，部分得益于其创新维度得分的提高。慕尼黑排名第4，虽然其在创新维度表现强劲且排名上升30位，但其综合排名仍下降1位。斯德哥尔摩排名第5，其居民幸福感维度排名从第44飙升至第17，弥补了经济状况和治理维度排名的小幅下滑。2022年，欧洲城市表现远远好于北美城市，欧洲超过北美地区成为发展前景最好的地区。

表3 2018~2022年全球潜力城市指数排名前十的城市

排名	2018年	2019年	2020年	2021年	2022年
1	旧金山	伦敦	伦敦	伦敦	伦敦
2	纽约	新加坡	多伦多	巴黎	巴黎
3	伦敦	旧金山	新加坡	慕尼黑	卢森堡
4	巴黎	阿姆斯特丹	东京	阿布扎比	慕尼黑
5	新加坡	巴黎	巴黎	都柏林	斯德哥尔摩
6	阿姆斯特丹	东京	慕尼黑	斯德哥尔摩	纽约
7	慕尼黑	波士顿	阿布扎比	东京	都柏林
8	波士顿	慕尼黑	斯德哥尔摩	多伦多	哥本哈根
9	休斯敦	都柏林	阿姆斯特丹	悉尼	阿布扎比
10	墨尔本	斯德哥尔摩	都柏林	新加坡	阿姆斯特丹

资料来源：A. T. Kearney, *2022 Global Cities Report*。

（三）中国城市长期潜力向好

1. 全球城市指数：中国城市排名降幅相对较小

2022年入选全球城市指数榜单的中国城市有31座，北京和香港保持全球前十的地位。中国进入前100名的城市有12座，仅次于美国。2022年，全球大部分城市得分呈现下降趋势。中国进入榜单的31座城市中，大部分与全球其他城市一样得分趋于下降，排名也出现下降，但降幅较小。此外，

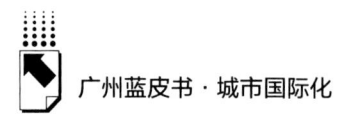

以北京、广州为首的十余座城市排名甚至有小幅上升，表现了强劲的稳增长能力。

表 4　2018~2022 年中国城市在全球城市指数榜单中的排名情况

序号	城市	2018 年	2019 年	2020 年	2021 年	2022 年
1	北京	9	9	5	6	5
2	香港	5	5	6	7	10
3	上海	19	19	12	10	16
4	台北	45	44	44	49	51
5	广州	71	71	63	60	56
6	深圳	79	79	75	72	73
7	杭州	117	91	82	80	79
8	成都	89	89	87	88	83
9	南京	88	86	86	90	91
10	武汉	102	104	93	94	92
11	天津	87	88	94	93	95
12	西安	113	109	100	96	100
13	苏州	115	95	98	92	102
14	长沙	124	113	103	102	103
15	重庆	114	105	102	107	107
16	高雄	—	—	—	109	110
17	青岛	110	110	105	110	116
18	济南	—	—	—	122	118
19	郑州	128	119	121	121	120
20	大连	106	108	118	120	123
21	宁波	123	116	122	126	127
22	哈尔滨	118	114	126	132	128
23	沈阳	120	118	128	131	129
24	昆明	—	—	—	134	135
25	合肥	—	—	—	133	138

续表

序号	城市	2018年	2019年	2020年	2021年	2022年
26	无锡	130	124	138	144	140
27	佛山	131	125	142	148	144
28	烟台	132	127	141	149	147
29	泉州	135	134	144	152	148
30	东莞	133	128	143	150	150
31	唐山	134	130	145	155	151

资料来源：A. T. Kearney, *2022 Global Cities Report*。

2. 全球潜力城市指数：中国城市居民幸福感上升显著

2022年排名上升超过10位的32座城市中，1/3以上位于中国，包括杭州（+24）、沈阳（+24）、郑州（+21）、泉州（+18）、成都（+18）、青岛（+16）、济南（+15）、合肥（+14）、昆明（+13）、武汉（+13）和深圳（+11）。中国城市在全球潜力城市指数排名中仍然表现向好，得分下降趋势缓于全球，进一步缩小了与欧美的差距，且随着中国城市持续加强发展投资，未来的竞争力向上趋势仍然乐观。其中，深圳和广州作为一线重要城市，排名持续攀升，并且在中国城市中保持前列，相比于以往，2022年排名增幅有所收窄，是因为排名越高上升难度越大。

表5 2018~2022年中国城市在全球潜力城市指数榜单中的排名

序号	城市	2018年	2019年	2020年	2021年	2022年
1	台北	38	25	26	24	14
2	深圳	52	49	41	26	15
3	广州	59	65	54	34	26
4	北京	47	39	32	23	27
5	上海	64	51	45	30	30
6	杭州	70	59	68	64	40

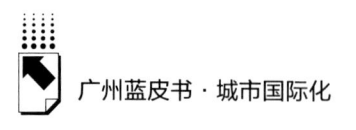

续表

序号	城市	2018年	2019年	2020年	2021年	2022年
7	苏州	55	54	55	45	45
8	泉州	72	67	70	68	50
9	武汉	71	63	69	66	53
10	沈阳	77	70	77	80	56
11	无锡	57	64	63	59	57
12	南京	56	57	60	63	58
13	长沙	67	80	73	71	61
14	合肥	—	—	—	76	62
15	佛山	69	75	72	72	63
16	成都	76	73	82	82	64
17	宁波	62	72	74	74	65
18	天津	65	60	65	67	66
19	郑州	84	74	85	88	67
20	济南	—	—	—	84	69
21	青岛	90	79	83	87	71
22	烟台	73	81	78	81	73
23	重庆	88	78	87	75	74
24	唐山	75	77	81	85	76
25	昆明	—	—	—	90	77
26	高雄	—	—	—	53	80
27	西安	66	61	80	78	81
28	哈尔滨	80	71	79	83	82
29	大连	74	69	76	79	83
30	香港	54	52	62	54	86
31	东莞	81	68	71	69	93

资料来源：A. T. Kearney, *2022 Global Cities Report*。

二 森纪念财团全球实力城市指数

从2008年起,全球实力城市指数(Global Power City Index,GPCI)由日本森纪念财团城市战略研究所每年发布一次。该指数排行榜根据经济、研究、开发、环境等6个维度的70个小项目得分得出,定期跟踪40~50座全球最领先城市的综合竞争力发展状况和吸引世界各地有创造力人士和企业的综合实力。该指数旨在为城市管理者、研究者把握最领先城市的发展态势,并相应制定本市的发展战略提供有益参考。

(一)顶级城市排名稳定,但疫情影响仍然深远

2022年全球实力城市指数显示,尽管顶级城市的排名没有发生重大变化,但旅行限制、活动限制、工作方式和城市环境的改变仍然影响了各项指标,对于全球城市的发展趋势产生了显著的影响。2022年,在全球实力城市指数的经济维度,几乎所有城市的GDP增长率都低于上期;在环境维度,由于社会经济活动的恢复,约65%的城市空气中细颗粒物年平均浓度($PM_{2.5}$)开始上升,许多城市的空气质量再次恶化;在交通维度,许多国家逐渐开始放宽旅行限制,尽管尚未恢复到疫情前的水平,但是超过80%的城市机场到达和离境的人数有所增加。

在经济维度,香港的股市排名从第5跌至第28。在文化交流维度,迪拜和伊斯坦布尔等中东城市显示度增强。环境维度排名前十城市中的大多数来自欧洲。2022年全球实力城市指数排名前五中,伦敦在交通维度的排名连续两年下降,在环境维度,其在对城市清洁的满意度和对气候行动的承诺方面排名上升。纽约的机场到达和离境人数上涨得最多,所以其在交通维度排名上升了2位。文化交流的数量指标中,东京和新加坡的外国游客人数、巴黎的国际会议人数得分下降,降低了它们在这方面的地位。尽管排名前六城市的综合排名没有明显变化,但东京和巴黎、新加坡和阿姆斯特丹之间的得分差距有所缩小。

表6　2018~2022年全球实力城市指数中排名前十的城市

排名	2018年	2019年	2020年	2021年	2022年
1	伦敦	伦敦	伦敦	伦敦	伦敦
2	纽约	纽约	纽约	纽约	纽约
3	东京	东京	东京	东京	东京
4	巴黎	巴黎	巴黎	巴黎	巴黎
5	新加坡	新加坡	新加坡	新加坡	新加坡
6	阿姆斯特丹	阿姆斯特丹	阿姆斯特丹	阿姆斯特丹	阿姆斯特丹
7	首尔	首尔	柏林	柏林	首尔
8	柏林	柏林	首尔	首尔	柏林
9	香港	香港	香港	马德里	墨尔本
10	悉尼	悉尼	上海	上海	上海

资料来源：Institute for Urban Strategies：The Mori Memorial Foundation, *Global Power City Index*, 2017-2022。

（二）全球城市评分呈总体下调趋势，欧洲城市抗跌能力较强

绝大多数城市在2022年全球实力城市指数中的排名波动相对不大。在全球逆境当中，欧洲城市本轮显示出较强的抗跌能力。17座欧洲城市中，有7座实现排名上升，有6座城市排名小幅下调。伦敦得分连续两年下降，但仍守住了第1名的位置。纽约的综合得分有所提高，使其更接近伦敦，并且它在文化活动维度的旅游资源和游客设施指标、环境维度的工作环境指标、交通维度的航空运输能力指标中取得了优异的成绩。墨尔本排名上升2位，首次进入前十，主要由于其宜居性得分较高，得益于其工作方式的灵活性和居民所享有的幸福感、安全感。圣保罗排名上升最多，从第43名上升至第38名，米兰、法兰克福和维也纳的排名均上升4位。

（三）中国城市排名保持稳定，上海稳定在前十

上榜的中国城市表现基本稳定，上海凭借全面的优异表现继续保持全球

前十。近年来，香港受到一系列事件的影响，人员往来、经济发展和文化交流也受到一定的影响，排名下降10位，位列第23。北京、台北的排名则保持稳定。

表7　2018~2022年中国城市在全球实力城市指数中的排名

城市	2018年	2019年	2020年	2021年	2022年
香港	9	9	9	13	23
上海	26	30	10	10	10
北京	23	24	15	17	17
台北	35	39	37	38	36

资料来源：Institute for Urban Strategies：The Mori Memorial Foundation，*Global Power City Index*，2017-2022。

在经济维度，台北的表现有小幅度的改善，而香港的排名从上年的第5大幅下降至第28，北京的排名也下跌1位。在研发维度，过去5年中国城市稳居全球前10~20位，并有排名显著增长的趋势，指数报告对中国城市能否进入世界前十表示重点关注。由于新冠疫情，旅行受到限制，中国城市国际游客数大幅缩减，中国城市外国人访问数指标得分排名下降十分显著，上海在机场进离港旅客数指标得分排名中降为第3，但仍实现机场进离港旅客数的相对高位，保持在交通维度排名全球第1，国内出行需求的贡献不可小觑。上海传统短板居住维度和环境维度的排名正在逐年小幅改善，城市宜居性改造需求上升，推动政府更有力的作为。

表8　中国城市在2022年全球实力城市指数各维度排名中表现及近年波动情况

城市	总排名	经济	研发	文化	居住	环境	交通
香港	23	28	10	25	32	22	24
近1年	-10	-23	/	-1	+1	+2	-11
近5年	-18	-23	+1	-10	-5	+10	-16

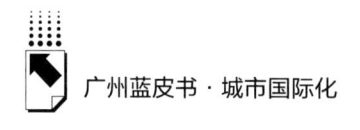

续表

城市	总排名	经济	研发	文化	居住	环境	交通
上海	10	10	13	24	45	34	1
近1年	/	/	+2	+2	-8	+5	/
近5年	+6	+6	+3	-6	-15	+9	+3
北京	17	4	12	20	41	40	19
近1年	-2	-1	/	-1	/	+3	/
近5年	-12	/	+2	-13	-7	+4	+2
台北	36	25	23	44	26	19	29
近1年	-1	+5	/	-1	+9	/	-5
近5年	-2	-2	+4	-3	+12	+5	-6

资料来源：Institute for Urban Strategies：The Mori Memorial Foundation，*Global Power City Index*，2022。

三 全球金融中心指数

全球金融中心指数（Global Financial City Index，GFCI）由英国智库Z/Yen集团与中国（深圳）综合开发研究院共同编制，是对全球范围内各大金融中心竞争力最为专业和权威的评价。从2007年开始，该指数采用主客观相结合的研究方法对国际金融中心城市发展状况进行评价排名，并于每年3月和9月定期更新以显示金融中心竞争力的变化。主要研究方法是通过全球金融从业者对金融中心城市地位的主观评分选择研究对象城市，着重关注各金融中心的人才与商业环境、金融市场灵活度、适应性以及发展潜力等方面，以营商环境、人力资本、基础设施、金融业发展水平及声誉五大维度构建要素评估模型，收集相关发展数据进行客观量化评分，综合得出排名结果。2022年全球金融中心指数如期发布第31、32期报告，有119座城市入选正式榜单，观察城市范围继续小幅扩大。

（一）GFCI 32：疫情对经济影响仍然深刻

全球金融中心指数第31、32期报告中新加入3座城市，全球金融中心数量从116个上升到119个。第32期的平均评分较第31期提高了4.83%，恢复到2020年GFCI 27的水平。在排名前四十的中心城市中，有3座城市排名上升了至少10位，1座城市排名下降了超过10位。排名前四十的所有城市指数评分均有提高，119座城市中只有11座城市的评分下降。这表明，即使在俄乌冲突、经济增长和能源供给不稳定以及通货膨胀的背景下，金融中心本身也有一定的发展信心。纽约仍然居全球金融中心指数排行榜的首位，伦敦位居第2，新加坡和香港继续分别排在第3和第4。巴黎重返排名前十，东京则跌至第16位，这可能反映了新冠疫情后消费复苏相对缓慢对城市金融发展的影响。相比之下，俄罗斯金融中心城市的排名大幅下滑，莫斯科排名下降22位至第73，圣彼得堡排名下降17位至第114。

表9 2018~2022年全球金融中心指数排名前十的城市

排名	2018年		2019年		2020年		2021年		2022年	
	第23期	第24期	第25期	第26期	第27期	第28期	第29期	第30期	第31期	第32期
1	伦敦	纽约	纽约	纽约	纽约	纽约	纽约	纽约	纽约	纽约
2	纽约	伦敦	伦敦	伦敦	伦敦	伦敦	伦敦	伦敦	伦敦	伦敦
3	香港	香港	香港	香港	东京	上海	上海	香港	香港	新加坡
4	新加坡	新加坡	新加坡	新加坡	上海	东京	香港	新加坡	上海	香港
5	东京	上海	上海	上海	新加坡	香港	新加坡	旧金山	洛杉矶	旧金山
6	上海	东京	东京	东京	香港	新加坡	北京	上海	新加坡	上海
7	多伦多	悉尼	多伦多	北京	北京	北京	东京	洛杉矶	旧金山	洛杉矶
8	旧金山	北京	苏黎世	迪拜	旧金山	旧金山	深圳	北京	北京	北京
9	悉尼	苏黎世	北京	深圳	日内瓦	深圳	法兰克福	东京	东京	深圳
10	波士顿	法兰克福	法兰克福	悉尼	洛杉矶	苏黎世	苏黎世	巴黎	深圳	巴黎

资料来源：Z/Yen, China Development Institute (CDI), *The Global Financial Centres Index*, 23st-32nd edition。

（二）北美、西欧金融中心表现相对强劲，亚太金融中心信心回落

从地域上看，北美、西欧的金融中心表现更好，而东欧和中亚、中东、

拉丁美洲地区的金融中心则整体有所退步。北美地区的纽约、旧金山和洛杉矶都跻身世界前十，亚特兰大和圣地亚哥的排名都上升了超过10位。西欧金融中心中，伦敦继续领先，指数得分上升了5分，其他领先的7个西欧中心也取得了进步，排名均上升了10多位。亚太地区金融中心的表现保持平稳，其中一半的金融中心保持或提高排名，一半的金融中心排名下降，亚太地区的主要金融中心比较低级别的金融中心表现更好。新加坡仅超过香港1分，在亚太地区排名第1、全球排名第3。上海、北京和深圳也进入了世界前十，而香港和东京等地的旅行限制则影响它们正常业务水平的发挥。东欧和中亚地区、拉丁美洲地区的大多数金融中心排名下降，一些城市如莫斯科、伊斯坦布尔、阿拉木图、雅典和圣彼得堡的排名均下降了超过10位。

（三）中国金融中心城市金融科技排名位于前列

2022年以来，全球金融活动依然存在从北美和欧洲向亚洲转移的迹象。中国的金融中心地位继续上升，国际影响力急剧上升，香港、上海、北京和深圳目前居全球十大金融中心之列，天津、大连、南京和杭州的排名均较2021年提高了超过10位。深圳在所有竞争力细分领域的地位都有所提高，保险、银行和专业服务行业的表现有所改善，其他行业表现相对稳定。作为中国金融改革开放的领跑者，深圳高度重视金融科技、可持续金融等全球前沿领域的创新。其目标是通过重点构建生态系统、丰富应用场景，以及鼓励金融机构引入创新工具、产品和服务，使城市成为创新产业的金融中心、全球金融科技中心、全球可持续金融中心和国际财富管理中心。

表10 2018~2022年中国城市在全球金融中心指数排行榜中排名变化

城市	2018年		2019年		2020年		2021年		2022年	
	第23期	第24期	第25期	第26期	第27期	第28期	第29期	第30期	第31期	第32期
香港	3	3	3	3	6	5	4	3	3	4
上海	6	5	5	5	4	3	3	6	4	6
北京	11	8	9	7	7	7	6	8	8	8

续表

城市	2018年 第23期	2018年 第24期	2019年 第25期	2019年 第26期	2020年 第27期	2020年 第28期	2021年 第29期	2021年 第30期	2022年 第31期	2022年 第32期
深圳	18	12	14	9	11	9	8	16	10	9
广州	28	19	24	23	19	21	22	32	24	25
成都	82	79	87	73	74	43	35	37	37	34
青岛	33	31	29	33	99	47	42	38	38	36
台北	30	32	34	34	75	42	40	67	66	55
杭州	—	89	99	104	98	109	108	111	93	85
天津	63	78	81	102	100	108	110	112	105	87
大连	96	100	101	101	102	110	111	113	94	80
南京	—	—	—	103	101	89	113	114	107	83
西安	—	—	—	—	—	105	112	115	117	118
武汉	—	—	—	—	—	111	114	116	119	119

资料来源：Z/Yen, China Development Institute（CDI）, *The Global Financial Centres Index*, 21st-32nd edition。

虽然金融业现阶段受打击较大，出现一定的回撤，但国际金融从业者对中国金融中心城市的长期发展前景较为乐观。上海、北京和香港继续入选全球15个"有望进一步提升影响力的金融中心"榜单。

表11 有望进一步提升影响力的金融中心

排名	第25期	第26期	第27期	第28期	第29期	第30期	第31期	第32期
1	上海	青岛	青岛	古吉拉特邦国际金融科技城（GIFT）	古吉拉特邦国际金融科技城（GIFT）	古吉拉特邦国际金融科技城（GIFT）	古吉拉特邦国际金融科技城（GIFT）	首尔
2	青岛	上海	斯图加特	斯图加特	首尔	首尔	首尔	新加坡
3	法兰克福	斯图加特	上海	青岛	斯图加特	新加坡	新加坡	古吉拉特邦国际金融科技城（GIFT）
4	新加坡	香港	北京	上海	上海	上海	上海	香港

续表

排名	第25期	第26期	第27期	第28期	第29期	第30期	第31期	第32期
5	古吉拉特邦国际金融科技城（GIFT）	巴黎	首尔	新加坡	青岛	斯图加特	香港	基加利
6	成都	法兰克福	深圳	首尔	新加坡	北京	纽约	伦敦
7	香港	深圳	广州	北京	北京	香港	基加利	上海
8	巴黎	北京	新加坡	广州	深圳	青岛	北京	纽约
9	卡萨布兰卡	新加坡	香港	深圳	广州	纽约	伦敦	迪拜
10	都柏林	东京	巴黎	香港	香港	广州	迪拜	巴黎
11	斯图加特	伦敦	法兰克福	巴黎	纽约	伦敦	法兰克福	法兰克福
12	深圳	首尔	伦敦	迪拜	巴黎	迪拜	巴黎	阿布扎比
13	北京	努尔苏丹（曾用名：阿斯塔纳）	都柏林	法兰克福	伦敦	基加利	深圳	北京
14	伦敦	都柏林	努尔苏丹（曾用名：阿斯塔纳）	成都	迪拜	深圳	斯图加特	斯图加特
15	阿斯塔纳	苏黎世	东京	纽约	法兰克福	法兰克福	阿布扎比	阿姆斯特丹

资料来源：Z/Yen，China Development Institute（CDI），*The Global Financial Centres Index*，25th-32nd edition。

2022年，中国城市在全球金融科技中心排名中继续表现突出，这反映出它们对技术发展的重视。数字经济时代，金融科技成为中国城市在全球金融中心排名中"弯道超车"的重要抓手，已显现出明显的回报。在全球金融科技中心排名前二十城市中，中国城市占据6席，仅次于美国。中国城市的全球金融科技中心排名普遍高于其全球金融中心指数综合排名，且普遍高出10位以上，对综合排名表现形成有效的拉动。

表12 中国城市在 GFCI 32 全球金融科技中心排名中的表现

城市	金融科技中心排名	综合排名
上海	5	6
北京	6	8
深圳	7	9
香港	10	4
广州	11	25
青岛	20	36
成都	22	34
天津	43	87
大连	44	80
杭州	52	85
南京	67	83
西安	69	118
武汉	73	119
台北	78	55

资料来源：Z/Yen，China Development Institute（CDI），*The Global Financial Centres Index*，32nd edition。

四 全球创新指数创新集群排名

全球创新指数（Global Innovation Index，GII）是世界知识产权组织、康奈尔大学、欧洲工商管理学院于2007年共同创立的年度排名，用于衡量全球120多个经济体在创新能力方面的表现。该指数根据80项指标量化工具对经济体进行排名，包括知识产权申请率、移动应用开发、教育支出、科技出版物等，反映出在全球经济越来越以知识为基础的背景下，创新驱动的经济发展与社会增长之间的联系，有助于全球决策者更好地理解如何激励创新活动，以此推动经济增长和人类发展。创新活动具有地理区位的相对集中性，创新集群对于全球创新能力的贡献尤为突出。2017年起，GII 报告设置创新集群排名，聚焦全球领先的科技创新集群城市发展动态。

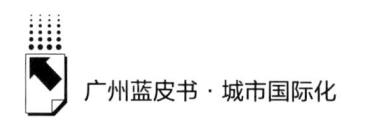

（一）全球创新指数2022：创新投资展现极大弹性

世界知识产权组织《2022年全球创新指数报告》（GII 2022）介绍了全球创新趋势和132个经济体的创新表现，通过对研发支出或获得创新融资等维度的分析，考察全球创新的绩效。报告显示，推动全球创新活动的研发和其他投资在2021年继续蓬勃发展，但在将创新投资转化为影响力方面出现了种种挑战，目前的技术进步和应用都有放缓的迹象。全球顶级企业的研发支出增加近10%，达9000多亿美元。其中ICT硬件和电气设备、软件和ICT服务、制药和生物技术，以及建筑和工业金属四大行业均有不同程度的增长。从大区域分布来看，欧洲拥有数量最多的创新领先者，共计15个国家跻身榜单前二十五；东南亚、东亚和大洋洲地区有7个国家跻身前二十五；北非和西亚地区有1个国家在前二十五。2021年，风险投资交易激增46%，与20世纪90年代末互联网繁荣时期的水平不相上下。拉丁美洲和加勒比地区以及非洲地区的风险投资增长最为强劲。不过，2022年的风险投资前景更加明确，紧缩的货币政策将使风险投资减速。

（二）创新集群格局悄然变化

新的科技集群正在形成，其中大部分集中在少数国家。入选全球前十的创新集群与2021年基本一致，上海和苏州联合形成的新集群超过大阪—神户—京都和波士顿—剑桥，位居第6。排名上升最多的3个集群全部位于中国：郑州（+15）、青岛（+12）和厦门（+12）。

表13　2018~2022年排名前十的创新集群

排名	2018年	2019年	2020年	2021年	2022年
1	东京—横滨	东京—横滨	东京—横滨	东京—横滨	东京—横滨
2	深圳—香港	深圳—香港	深圳—香港—广州	深圳—香港—广州	深圳—香港—广州
3	首尔	首尔	首尔	北京	北京

续表

排名	2018年	2019年	2020年	2021年	2022年
4	加利福尼亚州圣何塞—旧金山	北京	北京	首尔	首尔
5	北京	加利福尼亚州圣何塞—旧金山	加利福尼亚州圣何塞—旧金山	加利福尼亚州圣何塞—旧金山	加利福尼亚州圣何塞—旧金山
6	大阪—神户—京都	大阪—神户—京都	大阪—神户—京都	大阪—神户—京都	上海—苏州
7	波士顿—剑桥	波士顿—剑桥	波士顿—剑桥	波士顿—剑桥	大阪—神户—京都
8	纽约	纽约	纽约	上海	波士顿—剑桥
9	巴黎	巴黎	上海	纽约	纽约
10	加利福尼亚州圣地亚哥	加利福尼亚州圣地亚哥	巴黎	巴黎	巴黎

资料来源：世界知识产权组织《全球创新指数报告》，2018~2022。

中国首次拥有和美国数量一样的创新集群（21个），德国（10个）紧随其后，其中科隆和慕尼黑是最大的两个集群。日本有5个创新集群，东京—横滨和大阪—神户—京都保持前十。中国创新集群的科技产出增幅最大，增幅中位数达到13.9%，其中青岛（+25.2%）和武汉（+21.9%）增长最快。除中国以外的其他中等收入经济体创新集群也有强劲的增长，如土耳其的伊斯坦布尔（+7.3%）、印度的金奈（+7.1%）和德里（+5.2%）。高收入经济体创新集群的整体增长速度低于中等收入经济体，表现亮眼的创新集群有新晋的瑞士巴塞尔（+10.5%）、德国慕尼黑（+8.6%）（正在缩小与科隆的差距），以及日本金泽（+8.1%）。

（三）中国创新发展水平再创新高

以中国为首的部分中等收入经济体正在悄然改变创新格局。GII2022中，中国创新能力综合排名第11，较2021年上升1位，排名连续10年稳步提升，位居36个中等收入经济体之首，是世界上进步最快的国家之一。创新投入方面，中国的国内市场规模、提供正规培训的公司占比等细分指标排名第1。创新产出方面，中国的本国人专利申请量、本国人实用新型申请量、劳动力产值增长、本国人商标申请量、创意产品出口量等细分指标排名第1。中国品牌总价值达1.9万亿美元，同比增长7%，全球排名第18。此外，高新技术产品出口值达7577亿美元，同比增长6%，全球排名第4；知识产权收入达89亿美元，同比增长34%。

中国创新集群领先优势不断强化。本期新增了郑州、厦门、兰州，上榜的中国创新集群达23个，与美国集群数量持平。深圳—香港—广州集群继续稳居全球第2、国内第1。全球前十当中，苏州加入上海集群形成上海—苏州集群，进一步实现排名提升，巩固了中国的创新领先地位。郑州、青岛和厦门包揽了全球排名上升幅度最大的前3名，分别上升15位、12位、12位。

表14　2018~2022年中国创新集群在世界创新集群中的排名情况

序号	集群名称	2018年	2019年	2020年	2021年	2022年
1	深圳—香港—广州	2（广州32）	2（广州21）	2	2	2
2	北京	5	4	4	3	3
3	上海—苏州	12（上海）	11（上海）	9（上海）	8（上海）	6
4	南京	27	25	21	18	13
5	杭州	41	30	25	21	14
6	武汉	43	38	29	25	16
7	西安	52	47	40	33	22
8	台北—新竹	40（台北）	43（台北）	27	28	26
9	成都	56	52	47	39	29
10	天津	67	60	56	52	37
11	长沙	68	67	66	59	41
12	青岛	—	80	69	53	34
13	苏州	100	81	72	63	—
14	重庆	—	88	77	69	49
15	合肥	97	90	79	73	55

续表

序号	集群名称	2018年	2019年	2020年	2021年	2022年
16	哈尔滨	93	87	80	75	56
17	济南	99	89	82	76	61
18	长春	95	93	87	81	63
19	沈阳	—	—	—	90	68
20	大连	—	—	—	97	72
21	郑州	—	—	—	—	83
22	厦门	—	—	—	—	91
23	兰州	—	—	—	—	100

资料来源：世界知识产权组织《全球创新指数报告》，2018~2022。

五 全球城市发展的启示

全球经历了疫情反复、俄乌冲突、能源危机、货币紧缩等多重挑战，政治、经济、文化发展的重大变化深刻影响着全球城市格局，开启了一个新的机遇时代。短暂的疫情冲击考验的是城市韧性，而长久的可持续发展在于把握"以人为本"的城市公平均衡发展理念，促进城市间人口、产品、文化、信息等联系的流动和升级。

（一）全球发展复苏在曲折中前进

全球城市逐渐适应疫情对人文交流和社会关系的改变，进入了复苏发展的通道。国际货币基金组织（IMF）数据显示，与2020年全球经济4.4%的收缩相比，2021年全球经济增速达到6.1%，从新冠疫情危机中强劲复苏，但2022年全球经济增速降至3.4%。国际展览联盟（UFI）的调查显示，全球展览业已基本恢复正常，98%的展览可以像2020年以前那样正常举办。世界旅游组织数据显示，2022年，全球约有9.2亿名游客出境旅游，是

2021年的2倍左右，并相当于2019年水平的63%。但短期过猛的复苏势头也埋下了深刻的隐患。经济通胀愈演愈烈，带来新的民生和金融问题。大国博弈使全球化深入推进的难度加大，跨国产业链将由于更关注安全逐步转向区域性、分散化布局，以区域化促进全球化发展的特征将更加明显。俄乌冲突带来的能源供给危机为各国经济绿色化发展敲响了警钟。全球城市发展复苏需共同努力深化国际合作，加强国际协作是世界经济走上良性发展道路的关键，包括携手推进重要医疗资源的公平分配和应急物资的供应及调度保障，应对全球供需错配和成本飙升危机，促进绿色、有韧性和包容性发展等。

（二）欧洲城市领衔全球复苏

欧洲城市不约而同地在2022年各大全球城市评价排名中表现最为亮眼。欧洲城市整体排名多年位于北美、亚洲（尤其是东亚、东南亚）城市之后，如今迎来了"高光时刻"。在全球潜力城市指数中，欧洲城市的具体表现远远好于北美城市，欧洲超过北美地区成为前景最好的地区，同时欧洲城市在全球实力城市指数中显示出了较强的抗跌能力。本轮欧洲城市的"出圈"主要受益于两个因素的共同作用。一是地区医疗健康资源的配套完善。欧洲城市医疗水平高、人口总量小，人均医疗资源较有保障。欧盟大力推动联盟国家共同购买新冠疫苗，最早保证了地区居民的疫苗接种率，也使欧洲有底气较早结束疫情出行管制政策，为经济复苏赢得先机。这使欧洲城市个人幸福感类得分普遍较高，对整体排名形成有力支撑。二是转危为机的经济复苏政策。欧盟大胆地抓住实施疫后经济刺激计划的机会，提出了"以经济转型替代维持经济"的发展目标，推出了主要关注绿色和数字化产业的"下一代欧盟"发展计划。欧洲央行行长拉加德表示，欧盟计划到2030年，每年投资约3300亿欧元以实现欧洲的气候和能源目标，其中约1250亿欧元用于实施数字化转型。数字化转型实际上是建立在欧盟长期以来构建的绿色投资优势地位基础上的。欧洲是全球绿色债券发行的首选地点，2020年全球发行的所有绿色高级无担保债券中约有60%来自欧洲。欧洲城市已经长期走在可持续发展、创新发展的道路上，其政策一贯性和稳健的发展节奏值得其他地区城市借鉴。

（三）中国城市科技内驱力支撑强劲

在主要全球城市评价排名中，中国城市无一例外地在科技创新相关维度表现突出。创新驱动发展战略在中国的坚定实施，使中国城市发展保持了强劲的内驱力支撑。虽然近年来受到疫情和各种外部冲击的挑战，但是中国城市发展势头没有明显减弱，而是与欧洲城市类似，抓住了经济社会转型机遇，大力实施科技应用创新，尤其是发展数字经济和新能源产业，助推城市的稳定高质量发展，也为未来的发展积蓄了力量。中国作为全球第二大经济体，将科技创新与国内大循环结合，拉动新的内需增长，走出了经济稳定发展的"中国路径"。数字基础设施已经在中国主要城市全面覆盖，5G和新型数字化技术已具备国际领先优势，为工业数字化发展奠定了技术基础并积累了丰富的市场经验。工业物联网等数字化转型拉动下的生产效率提升手段将成为中国提升全球产业链竞争地位的关键。科技创新对绿色经济发展的贡献同样不容忽视，以新能源汽车为代表的中国新能源产品在国际市场的占有率大幅攀升。2022年能源危机加速了全球绿色经济转型的预期，我国在践行"碳达峰""碳中和"目标的同时，借助绿色经济发展推动一批战略性新兴产业发展。数字经济和绿色经济两大业态在迅速发展之下，还将持续带动一大批科技创新成果实现市场化转化，作为科技创新中心的中国城市还将获得持续的发展动力。

参考文献

伍庆、胡泓媛等：《全球城市评价与广州发展战略》，中国社会科学出版社，2018。

世界知识产权组织：《全球创新指数报告》，2018~2022。

A. T. Kearney, *Global Cities Report*, 2008-2022.

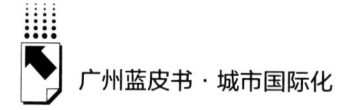

Institute for Urban Strategies: The Mori Memorial Foundation, *Global Power City Index*, 2008-2022.

Z/Yen, China Development Institute (CDI), *The Global Financial Centres Index*, 19th-32nd edition.

B.6 广州城市全球联系度变化趋势与提升策略

——基于GaWC全球城市排名的对比分析

邹小华 覃剑 本·德拉德 王芹娟*

摘　要： 全球化和信息化背景下，全球联系在城市竞争力和能级提升方面发挥了重要作用。通过对高端生产性服务业全球分支网络的分析发现，2022年广州全球城市联系度居全球主要城市第33位，较2020年提升1个位次，已由边缘的全球城市稳步进入一线全球城市行列。受新冠疫情影响，广州对外联系的全球化程度有所下降，向亚太地区转移比较明显，且更多依赖国内和粤港澳大湾区。不同行业对广州全球联系度的贡献有所不同，金融联系度较高，法律咨询和管理咨询联系度较低。未来，广州应充分发挥国际交通枢纽和综合性门户城市优势，加快提升高端生产性服务业对外开放水平和国际化招商引资力度，更好地融入全球生产和服务网络，实现全球联系度持续跃升。

关键词： 全球城市　城市网络　联系度　高端生产性服务业

---

* 邹小华，博士，广州市社会科学院副研究员，研究方向为城市全球化与区域发展；覃剑，博士，广州市社会科学院区域发展研究所所长、研究员，研究方向为城市与区域经济；本·德拉德，博士，比利时鲁汶大学，教授，研究方向为全球城市与城市网络；王芹娟，广东省省情调查研究中心助理研究员，研究方向为营商环境、城市发展。

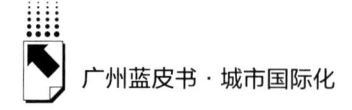

随着全球化、国际化和信息化的推进，城市全球联系度已成为城市提升全球竞争力的关键因素。综观纽约、伦敦、东京、上海等当前主要全球城市，其无不具备广泛、强大的全球影响力。全球联系能够提升城市外部流量，给城市带来更多国际交易，并为城市创造新的价值，在城市竞争力和能级提升方面发挥重要作用。2020年以来，新冠病毒在世界各国（地区）不同程度的传播，给全球经济和社会带来了一系列连锁反应，减弱了全球流动性，破坏了全球供应链的完整性与安全性，给全球城市联系网络带来了挑战。当前，新冠疫情的影响正在减小，全球经贸投资和要素流动进一步加快复苏。在此背景下，能够更快捷地通达全球、联系全球资源和市场的城市就会赢得发展的先机，发展就会更有动力和活力。

广州作为重要的区域性中心城市和中国经济对外联系的重要门户城市，长期以来在全球经济联系网络中占据重要位置。尤其是改革开放后，广州凭借在全球制造和商贸网络中发挥的重要功能，全球经济联系不断增强。21世纪以来，广州金融业和高端商务服务业的快速发展，为广州全球经济联系度的提升做出了重要贡献。广州城市高质量发展正处在强信心、稳预期、聚力量的关键时期，面对新形势、新机遇、新挑战，必须想方设法扬优势、补短板，在服务构建新发展格局中提升城市核心竞争力和能级。加强广州在全球高端生产性服务网络中的联系，有助于提升广州在全球城市体系中的能级，助力广州国际大都市建设，也能为广州建设先进制造业强市和现代服务业强市提供有力支撑。本报告通过对当前全球城市网络研究权威机构全球化与世界城市研究网络（GaWC）基于高端生产性服务经济网络的全球城市联系度排名变化进行分析，对广州的全球联系度变化进行系统分析和比较，并就广州未来进一步提升全球高端生产性服务经济全球联系度提出相关对策建议。

一 全球联系度评估与测度方法

GaWC 是由英国的彼得·泰勒等一批国际知名城市的研究学者于1999

年发起成立，旨在号召和联合全球范围内的研究力量，深入、定量研究城市之间的联系对城市发展、全球化和世界经济发展的影响。GaWC于2000年第一次发布了基于全球联系度的全球城市排名，截至2022年已发布了9期，成为当前全球主要城市衡量自身融入全球经济网络程度的重要参考。为更好地展示2000年以来广州全球联系度变化特征，特别是疫情对广州全球联系度的影响，本报告选取2000年、2010年、2018年、2020年和2022年5个年份的结果进行重点分析。包括金融、会计、广告、法律咨询和管理咨询等高端生产性服务业行业在内的全球化公司，作为全球化经济的润滑剂以及城市经济发展的重要支撑力量，将全球城市塑造为全球经济中生产性服务业知识生产和创新的关键场所。基于此，GaWC主要利用相关行业企业内部分支机构网络来分析城市在全球城市网络中的定位。根据其方法，企业 j 在城市 i 中存在的基本度量是服务价值 v_{ij}，较大的 v_{ij} 值指向更重要的办公室，得分范围为0~5，这些值共同组成服务值矩阵 V。网络模型的关键是根据矩阵 V 中包含的信息为企业 j 定义城市 a 和城市 i 之间的联系值 CDC_{a-i}。

$$CDC_{a-i} = \sum_{j=1}^{m} v_{aj} \times v_{ij}, a \neq i \tag{1}$$

其中，CDC_{a-i} 为城市 a 与城市 i 之间的联系值，v_{aj} 和 v_{ij} 分别表示企业 j 在城市 a 和城市 i 的得分，一个办公室越重要，其与公司网络中其他办公室的联系就越紧密。一个城市的全球联系度可以通过加总其所有联系值来计算：

$$GNC_a = \sum_{i=1}^{n} CDC_{a-i}, a \neq i \tag{2}$$

其中，GNC_a 为城市 a 的全球联系度，CDC_{a-i} 为城市 a 与城市 i 之间的联系值。为增强GNC指标的可解释性，其可以表达为与联系度最高的城市的百分比（联系度最高的伦敦为100%）。通过分析一座城市与世界领先城市联系的相对强度，即"全球性"，可以了解一座城市联系的全球化程度。全球性可以通过一座城市与全球 10 座联系最紧密的城市之间联系的相对强度进行计算，计算公式为：

$$\text{Globalism}_a = 100 \times \left(\frac{\sum_{i=1}^{\text{top}10} CDC_{a-i}}{\sum_{i=1}^{n} CDC_{a-i}} - \frac{\sum_{i=1}^{\text{top}10} GNC_i}{\sum_{i=1}^{n} GNC_i} \right) \tag{3}$$

Globalism$_a$ 为城市 a 的全球性，全球性的正值（负值）意味着城市 a 与全球 top 10 城市间的联系平均相对较强（较弱）。

研究数据方面，首先选取 175 家全球领先的高端生产性服务公司，其中金融业 75 家，会计、广告、法律咨询和管理咨询四个行业各 25 家。[①]

在此基础上收集各企业在全球范围内的办公机构空间分布及其重要性等关键信息，作为判定城市间办公机构联系强度的基础。同时，结合城市规模、是否为国家首都、是否拥有相应公司的办公机构等标准，选取 689 个样本城市作为分析对象，建立 689×175 的数据矩阵。

[①] 这 175 家公司包括：埃森哲互动、中国农业银行、安利国际律师事务所、拉赫杰银行、安迈企业咨询、安诺析思国际咨询、澳新银行、理特管理顾问、贝恩咨询、贝克·麦坚时律师事务所、天职国际、美国银行、中国银行、交通银行、江苏银行、宁波银行、巴克莱银行、天联广告、毕尔巴鄂比斯开银行、立信会计师事务所、蓝色光标、蒙特利尔银行、法国巴黎银行、纽约梅隆银行、博思艾伦咨询、波士顿咨询集团、凯克萨银行、第一资本投资国际集团、查尔斯·里弗顾问公司、嘉信理财集团、摩根大通银行、中信银行、中国建设银行、光大银行、招商银行、中国民生银行、加拿大帝国商业银行、花旗银行、中信证券、清视医疗保健咨询、高伟绅律师事务所、西姆斯法律服务、澳大利亚联邦银行、科律律师事务所、基石研究咨询、法国农业信贷银行、法国国民互助信贷银行、瑞信银行、瑞华会计师事务所、达维律师事务所、大信国际会计联盟、星展银行、国恒信传媒集团、德勤会计师事务所、德勤数字咨询、大同律师事务所、电通国际、电通日本网络公司、发现金融服务集团、欧华律师事务所、伊格尔希尔咨询公司、信维合富会计师事务所、埃普西隆营销集团、ETL 国际律师联盟、安永会计师事务所、安永—博智隆咨询、博达大桥广告、富而德律师事务所、ghSMART 管理咨询、吉布森律师事务所、高盛集团、致同会计师事务所、Greenberg Traurig 律师事务所、博报堂广告公司、哈瓦斯创意集团、印度 HDFC 银行、浩信国际会计网络、霍金路伟国际律师事务所、汇丰银行、华夏银行、中国工商银行等。

二 广州在2022年全球城市网络中的地位

（一）全球排名相对稳定，受新冠疫情影响较小

2022年，广州的全球相对联系度从43.4提高到43.6，全球排名也从第34位上升到第33位（见表1）。2020~2022年，广州全球联系度的绝对值下降10.8%，但下降幅度低于全球平均值（23.4%），也低于伦敦（11.0%），下降幅度相对较小。

表1 2020年与2022年全球联系度前40位城市

排名	城市	2020年联系度 绝对值	2020年联系度 相对值	城市	2022年联系度 绝对值	2022年联系度 相对值
1	伦敦	113344	100.0	伦敦	100825	100.0
2	纽约	97551	86.1	纽约	91187	90.4
3	香港	79705	70.3	香港	73124	72.5
4	新加坡	74080	65.4	北京	72652	72.1
5	上海	73359	64.7	上海	71057	70.5
6	北京	72655	64.1	迪拜	70135	69.6
7	迪拜	72087	63.6	新加坡	69137	68.6
8	巴黎	68654	60.6	巴黎	68284	67.7
9	东京	68403	60.3	东京	63354	62.8
10	悉尼	64897	57.3	米兰	60486	60.0
11	洛杉矶	62467	55.1	悉尼	59589	59.1
12	多伦多	62022	54.7	洛杉矶	56643	56.2
13	孟买	61450	54.2	圣保罗	55465	55.0
14	阿姆斯特丹	61133	53.9	孟买	55178	54.7
15	米兰	59789	52.8	芝加哥	54556	54.1
16	法兰克福	59207	52.2	法兰克福	53772	53.3
17	芝加哥	56685	50.0	马德里	53419	53.0
18	圣保罗	55810	49.2	华沙	52761	52.3
19	吉隆坡	55672	49.1	多伦多	52717	52.3
20	墨西哥城	55636	49.1	墨西哥城	52157	51.7

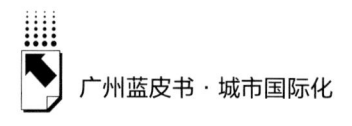

续表

排名	城市	2020年联系度 绝对值	2020年联系度 相对值	城市	2022年联系度 绝对值	2022年联系度 相对值
21	马德里	55282	48.8	吉隆坡	51905	51.5
22	莫斯科	55200	48.7	雅加达	49626	49.2
23	雅加达	54950	48.5	伊斯坦布尔	49529	49.1
24	布鲁塞尔	54296	47.9	首尔	48937	48.5
25	华沙	52491	46.3	卢森堡	48830	48.4
26	首尔	52320	46.2	布鲁塞尔	48434	48.0
27	约翰内斯堡	51220	45.2	布宜诺斯艾利斯	47141	46.8
28	苏黎世	51081	45.1	阿姆斯特丹	46956	46.6
29	墨尔本	50792	44.8	台北	46215	45.8
30	伊斯坦布尔	50382	44.5	约翰内斯堡	45782	45.4
31	曼谷	50175	44.3	波哥大	44492	44.1
32	斯德哥尔摩	49384	43.6	斯德哥尔摩	44136	43.8
33	维也纳	49372	43.6	广州	43936	43.6
34	广州	49232	43.4	苏黎世	43882	43.5
35	都柏林	49143	43.4	墨尔本	43754	43.4
36	旧金山	49012	43.2	维也纳	42960	42.6
37	台北	48174	42.5	里斯本	42287	41.9
38	布宜诺斯艾利斯	48044	42.4	雅加达	42287	41.9
39	慕尼黑	47676	42.1	曼谷	42143	41.8
40	卢森堡	47623	42.0	都柏林	41604	41.3

资料来源：作者计算得出。

（二）与国际城市联系减弱，与国内城市联系增强

2022年，国内主要城市全球联系度普遍提升，但联系的全球化程度值均有不同程度下降。广州对外联系的全球化程度值从2020年的0.8下降到2022年的0.5（见表2），但与国内城市之间的联系进一步增强。产生这一现象的主要原因在于：一方面是在新冠疫情影响下，全球各个地区市场和要

素联系整体减弱；另一方面是我国加快构建新发展格局，国内大循环得到进一步畅通，国内各城市和地区之间联系更加紧密。

表2　2020年与2022年中国全球联系度及全球化程度前10位城市

排名	2020年			2022年		
	城市	联系度	全球性	城市	联系度	全球性
1	香港	70.3	2.8	香港	72.5	2.4
2	上海	64.7	2.4	北京	72.1	1.1
3	北京	64.1	1.9	上海	70.5	1.8
4	广州	43.4	0.8	台北	45.8	1.6
5	台北	42.5	1.8	广州	43.6	0.5
6	深圳	40.4	0.3	深圳	41.3	0.0
7	成都	35.9	-0.5	成都	34.2	-0.8
8	天津	33.2	-0.1	杭州	33.5	-0.5
9	南京	30.6	-0.7	天津	32.6	-0.2
10	杭州	30.1	-0.1	南京	30.8	-1.0

资料来源：作者计算得出。

三　广州在全球城市网络中的位置变化

（一）全球一线城市地位基本稳固

广州在全球城市网络中的地位演变大致经历了三个阶段。第一个阶段是2000年以前，城市全球联系度排在全球主要城市100名之后，处于全球城市网络的边缘地带。第二个阶段是2000~2018年，城市全球联系度排名快速提升，并在2018年成为"阿尔法等级"全球城市，正式迈入"一线"全球城市行列。第三个阶段是2018年以来，虽然城市全球联系度排名出现小幅波动，但基本稳定在"阿尔法等级"全球城市行列，在全球城市网络中的地位基本稳固（见表3）。

表3 与中国城市全球联系度排名变化比较

城市	2000年	2010年	2018年	2020年	2022年
香港	3(Alpha+)	3(Alpha+)	3(Alpha+)	3(Alpha+)	3(Alpha+)
北京	36(Beta+)	12(Alpha)	4(Alpha+)	6(Alpha+)	4(Alpha+)
上海	31(Alpha-)	7(Alpha+)	6(Alpha+)	5(Alpha+)	5(Alpha+)
台北	20(Alpha-)	43(Alpha-)	26(Alpha)	37(Alpha-)	29(Alpha-)
广州	109(Gamma-)	67(Beta)	27(Alpha)	34(Alpha-)	33(Alpha-)
深圳	200(Sufficiency)	106(Beta-)	55(Alpha-)	46(Alpha-)	41(Alpha-)
成都	—	252(Sufficiency)	71(Beta+)	59(Beta+)	71(Beta+)
杭州	—	262(Sufficiency)	75(Beta+)	91(Beta)	73(Beta)
天津	259(-)	188(High Sufficiency)	86(Beta)	77(Beta)	74(Beta)
南京	298(-)	245(Sufficiency)	94(Beta)	87(Beta)	84(Beta)

注：表中括号内为各城市在全球城市网络中的等级。根据城市全球联系度，将所有城市划分为Alpha、Beta、Gamma和Sufficiency 4个层级、12个亚级，其中Alpha级分为Alpha++、Alpha+、Alpha和Alpha-4个亚级，Beta级分为Beta+、Beta和Beta-3个亚级，Gamma级分为Gamma+、Gamma和Gamma-3个亚级，Sufficiency级分为High Sufficiency和Sufficiency 2个亚级。

资料来源：作者计算得出。

（二）与全球联系向亚太地区转移

在全球城市网络体系中，伦敦、纽约、香港的全球联系度位居前三，广州与其联系一直较为紧密。但是，随着国内城市全球联系度的普遍提高，广州与国内城市的联系水平加快提升。2022年，广州与北京、上海、香港的联系度分别位居城市间联系度的第一、第三、第五。与此同时，虽然广州与纽约、伦敦、巴黎等欧美核心全球城市之间的联系度在提升，但总体来看，相较于广州与北京、上海、香港、东京、新加坡、悉尼等亚太城市在联系度上的快速上升，广州与欧美城市之间的联系度有所下降（见表4），这也与全球经济发展重心向亚太地区转移的趋势较为一致。

表4 广州与主要全球城市联系度变化

排名	2000年 城市	联系度	2010年 城市	联系度	2018年 城市	联系度	2020年 城市	联系度	2022年 城市	联系度
1	伦敦	223	伦敦	512	北京	467	伦敦	447	北京	467
2	纽约	223	纽约	472	伦敦	464	北京	425	伦敦	433
3	东京	199	香港	424	纽约	445	香港	403	上海	421
4	香港	192	上海	391	香港	431	纽约	397	纽约	411
5	新加坡	166	新加坡	385	上海	422	上海	396	香港	388
6	巴黎	163	北京	379	新加坡	407	新加坡	366	新加坡	358
7	阿姆斯特丹	149	东京	353	悉尼	317	多伦多	303	迪拜	314
8	台北	144	巴黎	348	东京	303	迪拜	302	巴黎	304
9	法兰克福	141	悉尼	330	巴黎	300	巴黎	294	东京	304
10	上海	139	多伦多	318	迪拜	291	悉尼	285	悉尼	289

资料来源：作者计算得出。

（三）与国内中心城市联系度快速提升

随着经济社会的发展，广州与国内中心城市的联系度均大幅提升。北京、上海和香港是广州在国内3个最重要的联系城市。香港在2010年前是广州在国内最重要的联系城市，虽然2010年后逐渐被北京和上海替代，但在2022年仍排第3位。2018年以来，深圳稳定成为广州在国内的第四大联系城市（见表5）。

表5 广州与中国主要城市联系度变化

排名	2000年 城市	联系度	2010年 城市	联系度	2018年 城市	联系度	2020年 城市	联系度	2022年 城市	联系度
1	香港	192	香港	424	北京	467	北京	425	北京	467
2	台北	144	上海	391	香港	431	香港	403	上海	421
3	上海	139	北京	379	上海	422	上海	396	香港	388
4	北京	134	台北	226	深圳	290	深圳	284	深圳	288
5	天津	34	深圳	182	台北	273	成都	244	台北	249
6	南京	18	天津	127	杭州	254	天津	237	天津	248

续表

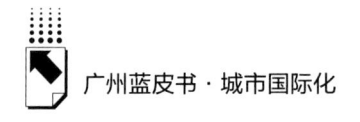

排名	2000年		2010年		2018年		2020年		2022年	
	城市	联系度	城市	联系度	城市	联系度	城市	联系度	城市	联系度
7	深圳	—	成都	95	成都	251	杭州	232	成都	247
8	成都	—	南京	87	天津	235	台北	228	杭州	247
9	重庆	—	杭州	84	重庆	220	南京	222	南京	221
10	杭州	—	重庆	71	南京	210	重庆	220	重庆	220
11	济南	—	济南	42	济南	192	济南	193	济南	220

资料来源：作者计算得出。

（四）与大湾区内其他城市全球职能各有分工

虽然粤港澳大湾区同时拥有香港、广州、深圳和澳门等多个重要的全球城市，但各城市在全球城市网络中的地位及职能分工各有不同。香港作为重要的国际金融中心和亚太地区的门户性全球城市，金融业和各专业商务服务业发展较为完备，发挥了中国与全球经济交流的平台和窗口的功能。深圳则依托深圳证券交易所，其资本市场和投资性金融业务较为发达，经济全球联系的特色性较强。广州作为中国华南地区的区域性金融中心和发展中的全球城市，国际化的现代金融服务和高端生产性服务体系虽然不及香港，但较深圳、澳门等城市发展更加均衡和完备。

四 不同行业对广州全球联系度的贡献变化

（一）金融业全球联系度排名最高，但全球控制力仍有待加强

尽管广州面临与粤港澳大湾区内香港和深圳两个重要的国际金融中心的竞争，但仍然在全球金融联系网络中占据重要地位，2022年全球排名为第15位，与法兰克福、孟买和多伦多等主要国际金融中心的联系度相近（见

表6)。2022年,金融业对广州全球联系度的贡献达到37.9%(见图1)。可见,全球和中国主要的金融服务公司已发展成为广州提高整体联系度的关键驱动力。但是,广州主要通过吸引全球金融机构设立分支机构,以此吸引和配置全球金融资源,并强化其在全球金融网络中的地位,金融总部全球控制能力还有待提升。2000~2022年,总部位于广州的银行无一家进入全球前75强。

表6 2022年广州不同生产性服务业全球联系度排名及其与排名相近城市比较

所有公司	排名	28	29	30	31	32	33	34	35	36	37	38
	城市	阿姆斯特丹	台北	约翰内斯堡	波哥大	斯德哥尔摩	广州	苏黎世	墨尔本	维也纳	里斯本	利雅得
	联系度	46.6	45.8	45.4	44.1	43.8	43.6	43.5	43.4	42.6	41.9	41.9
金融业	排名	10	11	12	13	14	15	16	17	18	19	20
	城市	迪拜	卢森堡	深圳	法兰克福	孟买	广州	天津	多伦多	圣保罗	吉隆坡	雅加达
	联系度	61.4	60.4	59.5	58.3	57.9	57.7	53.5	49.8	49.1	48.4	48.4
会计业	排名	61	62	63	64	65	66	67	68	69	70	71
	城市	布里斯班	拉各斯	达卡	波尔多	圣地亚哥	广州	马尼拉	加拉加斯	贝尔格莱德	河内	索非亚
	联系度	45.0	44.7	44.3	44.1	43.9	43.5	43.3	43.0	42.9	42.8	42.7
广告业	排名	56	57	58	59	60	61	62	63	64	65	66
	城市	索非亚	圣胡安	慕尼黑	维也纳	亚特兰大	广州	胡志明市	法兰克福	萨格勒布	底特律	利马
	联系度	33.1	32.6	32.0	31.7	31.4	31.1	30.2	30.1	29.9	29.8	29.7
法律咨询业	排名	119	120	121	122	123	124	125	126	127	128	129
	城市	重庆	辛辛那提	大连	福州	乔治敦	广州	危地马拉城	贵阳	海口	杭州	哈尔滨
	联系度	9.4	9.4	9.4	9.4	9.4	9.4	9.4	9.4	9.4	9.4	9.4
管理咨询业	排名	305	306	307	308	309	310	311	312	313	314	315
	城市	乔治敦	戈亚尼亚	高阳	格勒诺布尔	瓜达拉哈拉	广州	危地马拉城	瓜亚基尔	桂林	贵阳	古杰兰瓦拉
	联系度	0	0	0	0	0	0	0	0	0	0	0

资料来源:作者计算得出。

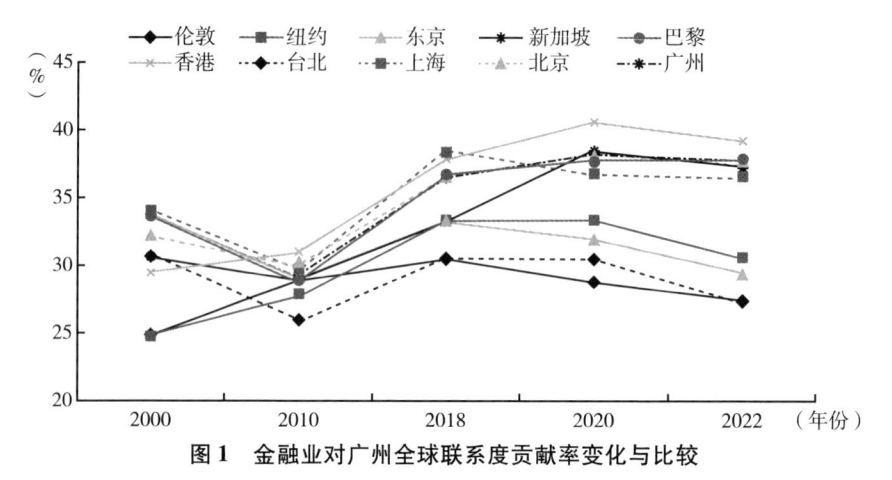

图1 金融业对广州全球联系度贡献率变化与比较

资料来源：作者计算得出。

（二）会计业全球网络发达，对广州全球联系度贡献大

广州的会计业全球联系度尽管无法与金融业媲美，排在第66位，低于其综合排名。但是，会计业广泛的分支机构网络使其对广州的全球联系度有重要贡献。2022年，会计业对广州全球联系度贡献率达到50.9%（见图2），在所有行业中最高，高于纽约、香港、北京、上海等领先的全球城市。当前，

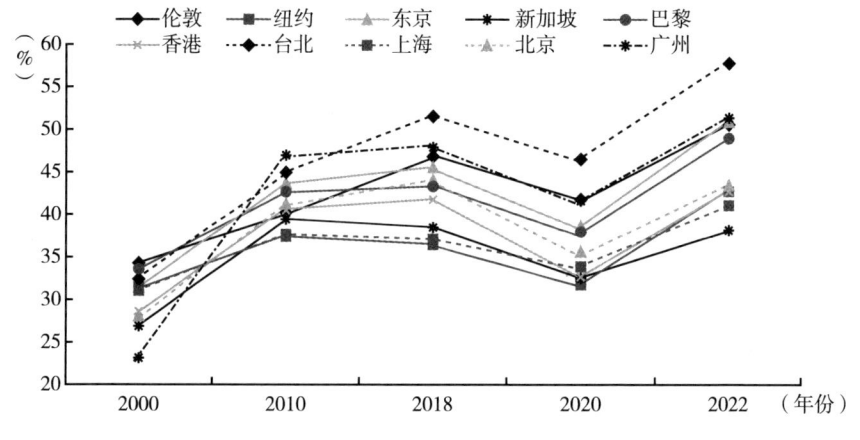

图2 会计业对广州全球联系度贡献率变化与比较

资料来源：作者计算得出。

全球知名的会计师事务所大多数在广州设有分支机构，考虑到我国消费市场规模巨大，其对广州全球联系度的贡献率进一步提升。

（三）广告业全球网络基础好，但对全球联系度贡献有所回落

广州的广告业拥有坚实的发展基础，本土的分众传媒公司2018年前跻身全球前25强，在全球广告联系网络中发挥了重要作用。得益于此，2000年，广告业对广州全球联系度贡献率达到30.5%。但是随着时间的推移，广州广告业全球联系度贡献率持续下降，2022年仅为9.7%（见图3）。虽然这一下降趋势在全球主要城市和中国城市中较为普遍，但广州表现得尤为明显，值得关注。

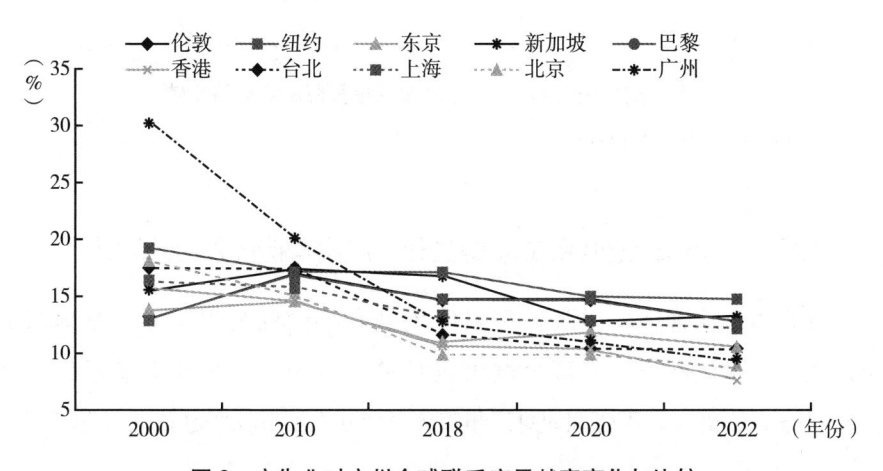

图3 广告业对广州全球联系度贡献率变化与比较

资料来源：作者计算得出。

（四）法律咨询业全球联系相对较弱，发展短板有待补齐

2022年，广州法律咨询业全球联系度排名为第124位，远低于全球联系度整体排名。无论是绝对值还是与其他主要全球城市相比，法律咨询业对广州全球联系度的贡献率都很小（见图4）。全球律师事务所网络的低联系度（低于10.0%）在一定程度上受到法律的"政治属性"影响，即法律机构选址往往偏向于首都城市，如美国的华盛顿特区、欧盟的布鲁塞尔、中国

的北京等。尽管如此，随着市场化法律服务的需求增加，法律服务市场化进程加快，对法律联系度的贡献率也需更加关注。

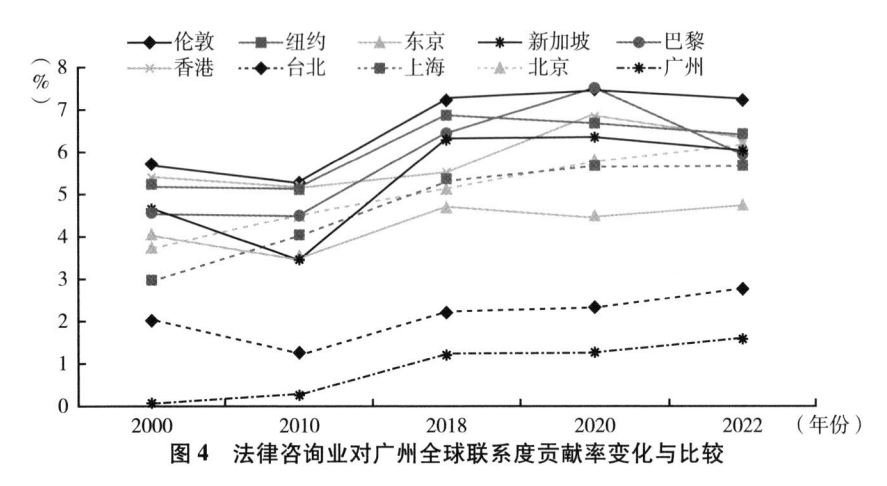

图 4 法律咨询业对广州全球联系度贡献率变化与比较

资料来源：作者计算得出。

（五）管理咨询业联系由欧美主导，广州有待接入全球网络

高端的全球管理咨询服务历来由美国和德国的公司主导，全球只有少数城市连入该网络，大部分城市很难参与其中，广州亦未能很好地连接该网络。因此，管理咨询业对广州整体全球联度贡献率也较低（见图5）。

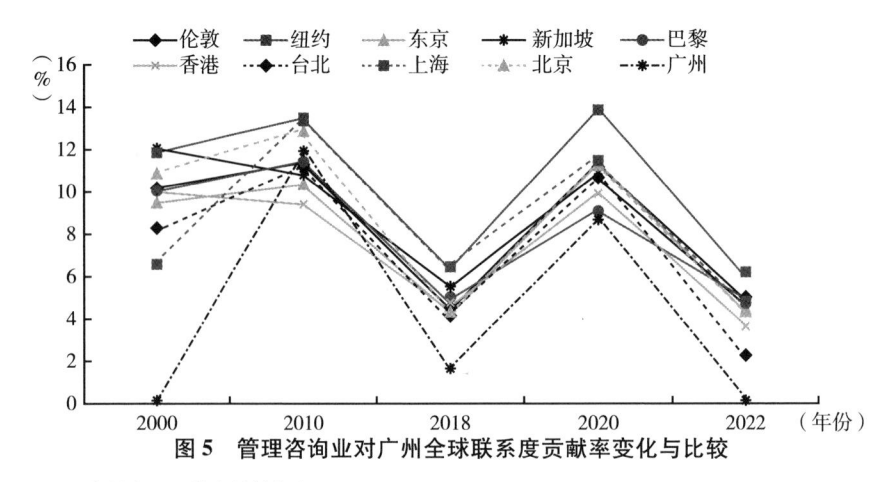

图 5 管理咨询业对广州全球联系度贡献率变化与比较

资料来源：作者计算得出。

但是，管理咨询业可以被视为高科技和创新产业知识密集型服务的重要提供者，对于城市经济发展有着重要支撑作用，亦不可忽视。

五 提升广州全球联系度的建议

（一）因行业施策，推动高端生产性服务业国际化水平提升

不断强化金融业全球联系优势。加快推动《广州市服务业扩大开放综合试点总体方案》落实落地，吸引符合条件的外资机构到广州设立或参股证券公司、基金管理公司、期货公司，扩大外资金融机构经营范围。支持本地金融企业做大规模，走向全球，力争在银行、证券、保险、基金、信托、融资租赁等领域打造具有全球影响力的本土金融机构。支持金融机构和大型企业集团通过资源整合和市场运作发展为具有重要影响力的金融控股集团，并进行国际化经营布局。

提升会计业与广告业全球联系能级。推动全球大型会计师事务所和广告公司在广州所设分支机构等级提升。加强和提升本土注册会计师和广告从业人员国际业务培训和水平，在行业标准和专业化水平上与国际接轨。鼓励和支持本土大型会计师事务所和广告公司扩大规模，并通过自主设立分支机构、并购和开展国际合作等多种方式，主动走向全球。

补齐法律咨询业全球联系短板。在加大涉外律师培训力度、壮大自身法律服务国际化力量的基础上，鼓励更多本地律师事务所"走出去"。鼓励设立穗港澳合伙联营律师事务所，创新联营律师事务所的执业模式，进一步吸引境外律师事务机构，特别是港澳律师事务所入驻。抓住《广州南沙深化面向世界的粤港澳全面合作总体方案》出台的契机，加快推进广州中央法务区南沙国际片区、"一带一路"域外法律查明（广州）中心、南沙国际仲裁中心等建设，通过国际化平台吸引全球知名律师事务所来此集聚。

（二）实施差异化的全球联系空间拓展策略

一是将"一带一路"沿线城市作为全球联系拓展的重点区域。加快推动"一带一路"重要枢纽城市建设，鼓励和支持广州本土大型金融机构和高端生产性服务企业向以"一带一路"沿线城市为重点的海外市场扩张。

二是进一步拓展和强化与欧美发达国家核心枢纽城市之间的联系。加大对世界500强中专业服务企业，以及各专业服务行业中龙头企业的引进力度，补齐法律咨询业、管理咨询业等高端专业服务业发展短板。在此过程中，重点关注在全球范围内和国内拥有广泛的分支机构网络但在广州仍未布局的企业，积极吸引其来广州开设分支机构。

三是加强与大湾区内城市间的互补协作。发挥港澳在金融业、法律咨询业、会计业、管理咨询业等专业服务业方面的优势，深化粤港澳三地高端专业服务规则"软联通"。在现有的港澳律师事务所与广州律师事务所联营政策的基础上，积极争取联营律师事务所联营条件放宽，进一步深化和落实港澳律师来穗执业支持政策，加深穗港澳律师事务所的进一步合作。

（三）建立高端生产性服务业发展监测机制

一是开展高端生产性服务经济全球联系的监测工作。针对同时在广州和其他主要城市设立分支机构的重点高端生产性服务企业，建立相应的信息数据库，动态监测其在穗的机构变动情况。可将管理咨询业、法律咨询业和会计业等发展水平低于预期但未来发展潜力较大的行业，纳入重点监测对象行列。

二是对高端生产性服务经济发展状况进行系统评估。对广州高端生产性服务产业和市场的发展情况、高端生产性服务企业的迁入或迁出、扩张或萎缩进行重点分析研判，并就其变化对广州城市全球联系的影响进行系统评估。

参考文献

程玉鸿、陈利静:《城市网络视角的城市竞争力解构》,《经济学家》2012 年第 8 期。

程玉鸿、汪良伟:《城市群内城市间竞争合作关系研究及实证测度——以粤港澳大湾区为例》,《港澳研究》2018 年第 1 期。

刘江会、吴仲:《上海在全球金融网络体系中的地位分析——基于复杂网络中心度测算模型》,《当代财经》2015 年第 10 期。

欧阳杰、李家慧:《世界级城市群及其中心城市的枢纽能级分析——基于国际航空网络结构的研究》,《城市问题》2020 年第 11 期。

姚永玲、董月、王韫涵:《北京和首尔全球城市网络联系能级及其动力因素比较》,《经济地理》2012 年第 8 期。

叶南客、王聪:《长三角区域中心城市能级:内涵、测度与评价》,《中共南京市委党校学报》2019 年第 5 期。

周振华:《论城市能级水平与现代服务业》,《社会科学》2005 年第 9 期。

B. Derudder, P. Taylor, "Change in the World City Network, 2000–2012," *The Professional Geographer* 68 (2016).

B. Derudder, P. J. Taylor, "Central Flow Theory: Comparative Connectivities in the World-city Network," *Regional Studies* 52 (2018).

S. Sassen, *The Global City: New York, London, Tokyo* (NJ: Princeton University Press, 2001).

P. J. Taylor, G. Catalano, D. R. F. Walker, "Measurement of the World City Network," *Urban Studies* 39 (2001).

B.7 《机遇之城2022》广州排名分析及工作建议

广州市人民政府研究室课题组[*]

摘　要： 由普华永道与中国发展研究基金会共同发布的《机遇之城2022》从全球的视角对我国47座城市进行了全面翔实的评估和评价。该报告聚焦城市高质量发展，涵盖经济增长、社会民生、城市基础设施、自然环境、人口、城市治理、影响力等多个方面，维度全面、内容翔实。本报告通过对广州与北京、上海、深圳等城市得分与排名的横向比较和纵向比较，综合分析广州的发展优势和挑战，总结出广州的城市特征和未来增长潜力，并进一步提出广州增强国内国际竞争力的战略规划和工作建议。广州需要高度重视"机遇城市"和"活力城市"建设，坚定发展信心，保持战略定力，固优势、增强项、补短板，蹄疾步稳推进城市高质量发展。

关键词： 机遇之城　城市活力　城市竞争力　广州

2022年9月，普华永道与中国发展研究基金会共同发布了《机遇之城2022》，该报告聚焦城市高质量发展，从10个维度50个变量对47座城市进

---

[*] 课题组组长：陈容秋，广州市人民政府研究室主任，研究方向为产业经济、区域经济；课题组副组长：李文新，广州市人民政府研究室副主任，研究方向为产业经济；执笔人：潘其胜，广州市发展与改革研究中心主任，研究方向为产业经济和科技创新；蒋国学，广州市发展与改革研究中心一级调研员，研究方向为社会发展；曹鹏，博士，韶关学院智能工程学院，研究方向为低碳经济、数字经济。

行观察分析并进行评价排名,维度较全面,数据较翔实。纵向比较 2020~2022 年 3 期《机遇之城》报告,横向比较广州与北京、上海、深圳等"超一线"城市和杭州、南京等"新一线"城市的指标情况,发现广州的优势在于得分均衡,部分维度持续领先,排名与北京、上海、深圳同处第一方阵,但部分维度和变量积分排名有所下降,与北京、上海、深圳等"标兵"城市差距拉大,与杭州、南京等"追兵"城市差距缩小。

"机遇城市"与"活力城市"的本质都指向城市高质量发展。针对《机遇之城 2022》反映的城市间激烈竞争态势,广州应全面贯彻党的二十大精神,着力推动高质量发展,固优势、增强项、补短板,增强国内国际竞争力,高质量实现老城市新活力、"四个出新出彩"。

一 广州得分与排名情况分析

纵向比较近 3 年得分排名,广州 4 个维度表现突出,3 个排名第二,1 个排名第三;4 个维度表现良好,1 个排名第六,2 个排名第八,1 个排名第十;2 个维度得分偏低,1 个排名第十九,1 个排名第四十七(见表1)。

表 1 2022 年广州与北上深杭宁等城市变量积分与排名比较

单位:分

		广州	北京	上海	深圳	杭州	南京
《机遇之城 2022》							
	总积分	1705	1822	1799	1756	1688	1640
	总排名	4	1	2	3	5	6
一级指标							
智力资本							
	积分	210	211	199	175	179	184
	排名	2	1	4	9	7	5
技术与创新							
	积分	220	218	215	231	211	189
	排名	2	3	4	1	5	6

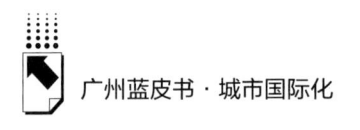

续表

	广州	北京	上海	深圳	杭州	南京
区域重要城市						
积分	222	204	228	196	190	178
排名	2	4	1	5	7	8
韧性城市						
积分	176	205	196	187	181	159
排名	8	2	3	5	7	13
交通和城市规划						
积分	127	157	87	138	155	173
排名	19	6	42	12	9	1
可持续发展						
积分	148	129	163	161	138	149
排名	8	21	3	4	13	7
文化与生活						
积分	212	227	229	210	205	199
排名	3	2	1	4	5	6
经济影响力						
积分	188	218	221	201	196	183
排名	6	3	2	4	5	7
成本						
积分	31	51	45	36	35	52
排名	47	41	43	45	46	40
宜商环境						
积分	171	202	216	221	198	174
排名	10	4	2	1	5	8

资料来源：普华永道《机遇之城2022》。

（一）"智力资本""技术与创新""区域重要城市"表现突出，排名靠前

1. "智力资本"储备充足

"智力资本"维度包括"企业R&D经费"（原为"专任教师变动率"）、"高等教育规模"、"国家重点实验室"、"科技支出"、"文化程

度"5个变量。广州该维度优势明显,连续3年排名第二。其中"高等教育规模"连续3年排名第一;"国家重点实验室""企业R&D经费"排名第五;"文化程度""科技支出"排名较2021年略有下降。广州在"高等教育规模"上具有绝对优势,在建设和利用国家重大平台、国家重点实验室方面进步明显。

2. "技术与创新"优势明显

"技术与创新"维度包含"专利授权""高新技术企业""新能源汽车普及率""移动互联""数字城市"5个变量。广州该维度连续4年排名第二,5个变量排名靠前。"数字城市"排名第二,比2021年提高3位;"专利授权"排名第五,比2021年提高2位;"移动互联""高新技术企业""新能源汽车普及率"分别排名第三、第四、第六,比2021年略有提升。广州在"技术与创新"方面的优势不断增强,而且对粤港澳大湾区其他城市溢出效应明显。

3. "区域重要城市"地位明显

"区域重要城市"维度包含"星级酒店""飞机起降航班""客运总量""货运总量""会展经济"5个变量,删除了"国际游客"变量。广州该维度连续3年排名第二,5个变量表现良好。其中,"货运总量"排名第三;"客运总量""会展经济"排名稳步上升;"飞机起降航班""星级酒店"与前两年排名一致,名次靠前。以上说明广州作为国家综合交通枢纽的功能不断增强,尤其是"客运总量""货运总量"远超深圳,区域中心城市地位日益提升。

(二)"文化与生活""经济影响力"综合优势明显

1. "文化与生活"底蕴深厚

"文化与生活"维度包含"居民收入""文化产业从业人员""电影院""公共藏书""消费活力"5个变量。广州该维度排名第三,连续3年排名上升。"公共藏书""消费活力"排名逐年提升;"居民收入""文化产业从业人员"排名不变,分别为第六、第七;"电影院"排名第六,略有下降。

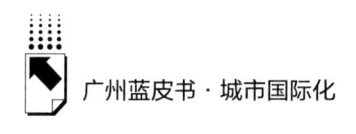

以上表明广州作为岭南文化中心，文化底蕴深厚，城市文化发展水平和市民物质生活水平稳步提升。

2."经济影响力"稳步提升

"经济影响力"维度包含"知名企业""外商投资""金融机构存贷款""地区生产总值""人均地区生产总值"5个变量。删除了"三产比重""地区生产总值增速"2个变量，且调整了3个变量的数据统计时间。广州该维度排名第六，其中"地区生产总值"排名上升，为第四；"金融机构存贷款""知名企业"排名不变，分别为第五、第六；"人均地区生产总值""外商投资"排名有所下降。以上说明广州产业发展较为成熟，各变量具备较大优势，经济发展和经济影响力稳步提升。

（三）"韧性城市""可持续发展""宜商环境"水平有待提高

1."韧性城市"建设有待加强

"韧性城市"维度包含"医疗资源"、"卫生健康"、"养老保险"、"公共安全"、"灾害防治及应急管理"（由"生产安全""灾害防治及应急管理"合并而成）5个变量。广州"韧性城市"维度排名第八，连续3年下降，其中"灾害防治及应急管理"排名第十三，与头部城市差距较大；"养老保险"排名第二十四，排名靠后；"医疗资源""卫生健康""公共安全"3个变量与先进城市存在差距。该维度排名下降的主要原因是"养老保险"变量的衡量指标"基本养老保险覆盖率"远远低于北京、上海和深圳等城市，在得分上与北京相差23分。

2."可持续发展"后劲不足

"可持续发展"维度包含"水资源"、"城市环保"（由"垃圾焚烧量占比"和"污水处理"合并而成）、"空气质量"（由"空气质量"和"空气质量优化"合并而成）、"人口流动"、"劳动力"5个变量，删除了"人口情况""人口密度"2个变量。广州该维度排名第八，逐年下降，比2021年下降2位，比2020年下降6位。3个变量较2021年排名下降明显，"水资源"下降12位，"城市环保"下降8位，"空气质量"下降11位。该维度不仅能反映城市生态环境的现状，也能反映城市环境的持续改善情况，广州生态环境基础较好，所以环境优化空间比较有限。

3. "宜商环境"相对优势下降

"宜商环境"维度包含"创业活力""外贸依存度""快递物流""收支平衡""营商环境"5个变量。广州该维度排名第十，提升1位，但积分与最优城市分差不断拉大。2020~2022年，分差分别为32分、41分、50分。"创业活力""快递物流""营商环境"优势明显，其中"快递物流"排名第一。但"外贸依存度""收支平衡"排名靠后，影响了该维度的整体表现，前者排名靠后与广州的税收结构和财政留存比例有关，后者排名靠后的原因是广州对市场采购贸易不再补贴，导致进出口总额下降明显。

（四）"成本""交通和城市规划"存在明显短板

1. "成本"维度亟须改善

"成本"维度选取"物价指数""出行成本""住房租金""写字楼租金""平均工资"5个变量。广州该维度的排名比2021年下降4位，排名垫底。"出行成本""住房租金""写字楼租金""平均工资"排名不变，"物价指数"排名下降5位，排名倒数第二，仅优于物价涨幅最高的海口。参考历年报告可知，"超一线"城市的"成本"维度均存在明显不足，且可弥补的措施不多。

2. "交通和城市规划"方面下滑明显

"交通和城市规划"维度包含"道路资源"、"公交出行"（由"汽车出行"变更而来）、"轨道交通"、"交通效率"、"绿化"5个变量，删除了"城镇化"变量。广州该维度排名第十九，比2021年下降了16位。其中"绿化""轨道交通""公交出行"3个变量排名下降，但积分不低，处于中上水平；"交通效率""道路资源"2个变量积分低，排名靠后，仅积4分和7分。该维度积分排名大幅度下降的原因是，2022年删除了"汽车出行"和"城镇化"2个30多分的优势变量，引入积7分的弱势变量"道路资源"。

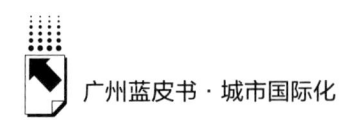

二 广州与北京、上海、深圳、杭州、南京等城市比较分析

《机遇之城2022》报告显示，广州与北京、上海、深圳仍位居同一方阵，杭州、南京紧随其后。

（一）与"标兵"城市比较

1. 与北京相比，广州17个变量积分高，33个变量积分低

广州在"物价指数""养老保险""收支平衡""空气质量""道路资源""外贸依存度""外商投资"7个变量上与北京存在差距（低10分以上，下同）。2022年广州优势维度与北京的差距在缩小甚至被北京反超，如2021年在"智力资本"维度上，广州领先北京17分，2022年被北京反超1分；在"技术与创新"维度上，由领先北京7分减少到2分。广州弱势维度与北京的差距进一步拉大，如在"韧性城市"维度上，广州与北京的分差由15分扩大到29分；在"经济影响力"维度上，与北京的分差由9分扩大到30分；在"成本"维度上，与北京的分差由6分扩大到20分。综上，2022年广州与北京总体分差扩大了70分。

2. 与上海相比，广州15个变量积分高，35个变量积分低

广州在"物价指数""收支平衡""空气质量""外贸依存度""外商投资""养老保险"6个变量上与上海存在较大差距。与北京类似，2022年广州优势维度与上海的差距在缩小甚至被反超。在"智力资本"维度上，广州由领先上海32分减少到11分；在"成本"维度上，2021年广州优于上海8分，2022年被反超14分。广州弱势维度与上海的差距进一步拉大。在"经济影响力"维度上，广州与上海的分差由10分扩大到33分；在"可持续发展"维度上，广州与上海的分差由7分扩大到15分。综上，2022年广州与上海的总体分差扩大了62分。

3. 与深圳相比，广州20个变量积分高，1个变量积分相同，29个变量积分低

广州在"空气质量""收支平衡""城市环保""外贸依存度""道路资源""养老保险"6个变量上与深圳存在明显差距。2022年广州的优势维度积分有所降低，如在"区域重要城市"维度上，广州由领先深圳40分减少到26分；在"经济影响力"维度上，2021年广州优于深圳9分，2022年被反超13分。2022年广州与深圳的总体分差增加了25分。

（二）与"追兵"城市比较

1. 与杭州相比，广州33个变量积分高，17个变量积分低

广州在"收支平衡""道路资源""交通效率""养老保险""外商投资""水资源"6个变量上与杭州存在明显差距。2022年杭州绝大多数维度积分上升速度快过广州，缩小了与广州的差距。如在"智力资本"维度上，杭州与广州的分差由52分减少至31分；在"区域重要城市"维度上，杭州与广州的分差由55分减少至32分；在"韧性城市"维度上，2021年广州优于杭州21分，2022年被反超5分；在"交通和城市规划"维度上，2021年广州优于杭州14分，2022年被反超28分。综上，2022年杭州与广州总体分差减少了150分。

2. 与南京相比，广州33个变量积分高，1个变量积分相同，16个变量积分低

广州在"道路资源""收支平衡""城市环保""交通效率""出行成本"5个变量上与南京存在差距。2022年南京各个维度均衡发展，上升势头明显。在"交通和城市规划"维度上，2021年广州领先南京6分，2022年被反超46分；在"韧性城市"维度上，广州由领先南京46分减少至17分；在"区域重要城市"维度上，广州由领先南京67分减少至44分；在"技术与创新"维度上，广州由领先南京42分减少至31分。其他维度的分差也有一定程度的缩小。综上，2022年南京与广州总体分差减少了105分。

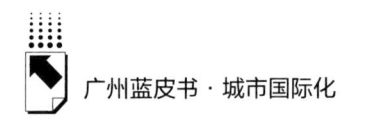

三　广州得分和排名的特点

（一）各个维度得分比较均衡，综合实力较强

《机遇之城2022》显示，广州与北京、上海、深圳依然是发展程度较高和综合实力较强的4座城市。广州总体保持领先优势的原因在于各个维度得分比较均衡，这与广州重视均衡发展、重视提升居民生活质量密切相关。在47座样本城市中，广州在绝大多数维度上排名靠前，在"智力资本""技术与创新""区域重要城市"3个维度上排名第二，其中在"智力资本"维度上仅比最优的城市北京低1分；在"文化与生活"维度上排名第三；在"经济影响力"维度上排名第六；在"韧性城市""可持续发展"维度上排名第八；在"宜商环境"维度上排名第十；在"交通和城市规划"维度上排名第十九。在各个维度下设的50个变量中，有29个变量积分在40分以上。虽然有个别维度排名靠后，但总体而言，广州得分均衡，排名稳定，并连续多年跻身一线城市的行列。

（二）部分维度分值降低与评价指标调整有关

综合分析《机遇之城2022》发现，个别维度分值变化与指标设定、数据来源相关。比如，在"可持续发展"维度上，"水资源"变量往年采用的是"人均日生活用水量"统计数据，2022年采用的是"水资源总量"，因此排名比2021年下降12位；"空气质量"变量将2021年的"空气质量""空气质量优化"合并计算，广州空气质量总体较好，优化空间有限，综合导致排名下降11位；"城市环保"在"污水处理"的基础上，引入"垃圾焚烧量占比"，排名由此下降8位；另外，删除了广州优势变量"人口情况"。又如，在"交通和城市规划"维度上，2022年删除了"汽车出行"（2021年33分）、"城镇化"（2021年37分）2个广州的优势变量，引入弱势变量"道路资源"（7分），指标调整导致数十分分差产生；且将"公交出行"中的"接待外国人入境游客总人次"调整为"人均公共汽（电）车客运总量"，导致该变量排名下降了9位。再如，在"智力资本"维度上，"文化程度"变量2022年首次采用"七普"数据，这也对广州排名有影响。

（三）相对优势减弱，需引起重视

报告显示，广州与北京、上海、深圳仍处于同一方阵，杭州、南京紧随其后。对比分析广州与北上深杭宁在2020~2022年三期报告分差变化发现，广州与"标兵城市"北京、上海、深圳的分差在拉大，2022年广州比三个城市分别低117分、94分、51分（2021年分别低47分、32分、26分），分差分别扩大了70分、62分、25分；与"追兵"城市杭州、南京的分差在缩小，2022年广州比两个城市分别高17分、65分（2021年分别高167分、170分），分差分别减少了150分、105分（见表2）。以上说明广州相对优势减弱，尤其是广州仅仅领先杭州17分，极易被反超，亟须引起重视，多方发力巩固"超一线"城市地位。

表2　2021~2022年广州与北上深杭宁等城市分差变化

单位：分

维度	城市比较				
	广州—北京	广州—上海	广州—深圳	广州—杭州	广州—南京
智力资本	-18	-21	2	-21	15
技术与创新	-5	-5	5	-9	-11
区域重要城市	-3	1	-14	-23	-23
韧性城市	-14	1	9	-26	-29
交通和城市规划	-10	20	6	-42	-52
可持续发展	18	-8	1	-6	1
文化与生活	0	-1	0	-4	-3
经济影响力	-21	-23	-22	-8	-6
成本	-14	-22	-4	-10	-5
宜商环境	-3	-4	-11	-1	8
合计	-70	-62	-25	-150	-105

资料来源：普华永道《机遇之城2021》《机遇之城2022》。

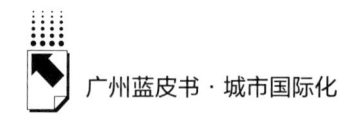

（四）优势维度和弱势维度出现两极分化

"智力资本""技术与创新""区域重要城市""文化与生活"是广州优势维度。"高等教育规模""快递物流"等变量排名第一。同时，广州的弱势维度比较明显，如"成本""交通和城市规划"2个维度排名靠后，其中"成本"维度排名垫底，其内含的5个变量均排名末端。"交通效率""道路资源""城市环保""空气质量""收支平衡""外贸依存度""外商投资""养老保险""水资源"9个变量分值较低，排名靠后，并且呈连续下降趋势，亟须认真分析，加以改进。其中，个别变量与城市规模和区位因素有关，比如，北上深广等城市"成本"维度排名普遍靠后，但广州"成本"最高，排名垫底。

（五）少数维度排名连续下降，需要特别关注

纵向比较2020~2022年的报告发现，广州10个维度中，有1个维度的排名逐年上升；有2个维度的排名不变；有4个维度的排名下降（其中3个逐年下降，1个先稳后降）；有3个维度的排名有升有降。广州需要特别关注排名连续下降的3个维度。其中"韧性城市"维度排名第八，连续两年均下降2位；"可持续发展"维度排名第八，两年分别下降2位和4位；"成本"维度排名偏低，2022年排名倒数第一。广州需要特别关注排名逐年下降的变量。如"外贸依存度""空气质量""物价指数"排名靠后（分别为第24、第32、第46位），而且连续3年下降，亟须对其加以关注。此外，"交通和城市规划"维度中的"公交出行""轨道交通""绿化"3个变量排名连续3年下降，导致"交通和城市规划"维度排名出现断崖式下降。

四 广州增强城市国内国际竞争力的工作建议

《机遇之城》系列报告为科学制定城市发展战略提供参考，但也要认识到变量和指标的选择具有适配性，不必将其作为衡量城市国内竞争力和国际化水平的唯一或全部依据，应始终秉持客观理性态度，坚定发展信心，保持

战略定力，蹄疾步稳推进城市高质量发展。下一步，广州要以党的二十大精神为指引，以实现老城市新活力、"四个出新出彩"为工作总纲，借鉴兄弟城市的发展经验，深化细化"广州活力城市指标体系"和工作任务，全面提升城市综合竞争力和影响力。

（一）对照指标体系细化工作任务

各部门要加强沟通协作，调整优化措施，固优势、增强项、补短板，继续保持竞争优势。关注评价指标变化，对照维度和变量调整以及评价角度、数据来源的变化，制定方案，精准拆解，明确分工，细化任务，完善工作措施。关注维度排名，巩固优势变量，发展上升变量，补齐弱势变量短板，关注下滑变量，尤其是对于连续下降的变量，采取"一量一策"，分类研究，逐项补齐，整体推进，巩固均衡发展优势，综合提升城市能级。关注重点城市，密切关注北京、上海、深圳等"标兵"城市和杭州、南京等"追兵"城市情况，对标对表先进城市，找准提升指标水平的"小切口"，以"小切口"推动大提升，巩固城市地位，确保近期内不与北京、上海、深圳拉开差距，不被杭州和南京反超。

（二）依托传统优势拴心留人

广州科教资源优势明显，要把广州科教人才资源优势转化为创新发展胜势，塑造发展新动能、新优势。以"智力资本"优势构建"才源广进"的工作格局。发挥"高等教育规模"优势，实施"广聚英才"工程，构建高层次人才选拔体系。打造"广为人知"人才文化品牌，提升对人才的吸引力和集聚力。依托广州实验室、华南国家植物园等重大平台，吸引集聚一流科技领军人才和创新团队、青年科技人才。以"技术与创新"优势，建立"才尽其用"的体制机制。健全知识型人才、技术型人才、管理型人才评价体系，开辟优秀人才职称评定绿色通道，实行"揭榜挂帅""赛马"制度，激发科技创新活力；加快建设南沙国际化人才特区、中新广州知识城国际人才自由港，促进区域内创意、创新、创造、创业的灵感碰撞。以"文化与

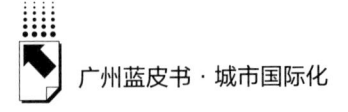

生活"优势强化"才得其所"的支持保障。实施人才综合服务保障政策，解决人才在穗工作、生活的后顾之忧。落实大湾区个人所得税优惠政策，优化人才绿卡，提供教育医疗、住房保障等组合式服务。

（三）畅通经济循环，稳定增长预期

依托商贸物流方面的优势变量，激发有效投资，拓展经贸合作，以"快循环""大循环"增强经济发展内生动力。以"快递物流""货运总量"优势畅通内联外通"双循环"。依托广州货运物流优势，加快培育建设国际消费中心城市，增强国际商贸中心影响力和辐射力；供需两端协同、内外双向发力，构筑内畅外联的基础设施网、产业链、贸易桥，塑造高质量发展新优势。以优化"外商投资""外贸依存度"为重点打好"五外联动"组合拳。深入推进国家服务业扩大开放综合试点、服务贸易创新发展试点建设，持续改善宜商环境。探索"广州+"等联合招商，形成"招大商、大招商"的招商格局。开展稳外贸行动，发展外贸新业态，推动外贸扩规模优结构、外资扩增量提质量。持续打好外贸、外资、外包、外经、外智"五外联动"组合拳，激发高质量发展活力。

（四）补齐发展短板、提升发展质量

针对"物价指数""交通效率"养老保险"等弱势变量，精准施策，切实在发展中保障和改善民生。稳定"物价指数"的波动，激发消费需求。建立以实物储备为主，兼顾产能、渠道等能力储备，探索储用结合的应急物资储备机制，做好重要民生商品的保价稳价工作，提升消费信心，提振消费市场，激发消费活力。打通"交通效率"的堵点，提升城市枢纽能级。精准分析拥堵原因，大力发展轨道交通，推动楼宇间空中、地下通道建设，促进人车分流，畅通市区交通"毛细血管"；发挥"区域重要城市"地位明显优势，以落实《广州南沙深化面向世界的粤港澳全面合作总体方案》为契机，打通珠三角城市间"交通梗阻"，助力资源要素自由流动；构建数字赋能的城市生态体系，完善基于大数据赋能的城市规划、建设管理、拥堵治理体系，提升城市枢纽能级。拓宽"养老保险"覆盖面，完善社会保障体系。发展多层次、多支柱的养老保险体系，提升居家社区养老服务品质，提高城市基本养老公共服务发展水平。

（五）建设韧性城市，统筹发展安全

广州"韧性城市""可持续发展"等维度积分偏低、排名靠后，亟须加强韧性城市建设，激发城市活力。坚持系统思维，做细公共韧性。建立党的领导、多元参与、协同运作、共建共治的应急体系，保障城市秩序正常运转。加快转变超大城市治理方式，以城中村综合治理改造为突破，全面提升城市治理水平。强化数字赋能，做实治理韧性。强化数字"新基建"建设，打通数据壁垒，为优化治理提供数据支撑；深入推进"穗智管""穗好办"建设，加快打造数字孪生城市，增强城市治理韧性。坚持绿色发展，做优环境韧性。以建设华南国家植物园体系为统领，实施绿化美化和生态建设"八大工程"，以更高标准打好蓝天、碧水、净土保卫战。

（六）依托专业机构提升影响力

众多国际机构开展的城市发展研究以及评估、排名，对广州发展具有重要的参考意义，如普华永道的《机遇之城》、世界银行的《营（宜）商环境》系列报告等。一是加强与专业机构、权威智库的常态化联系，积极拓展相关领域的合作研究，在全球城市排名中彰显广州高质量发展的成果与实力，如合作制定"广州城市活力指标体系"，定期发布"广州城市活力报告"等。二是及时掌握专业机构系列报告和排名的最新动态，获得评价指标体系结构、指标得分数据来源以及计法，加强对排名变化和原因的跟踪研究，有效提升细分领域指标水平，提高系列报告排名位次。三是研究知名世界城市排名中的城市地位升降总体规律，总结城市地位变迁规律及影响因素，优化广州城市评价体系，增强城市发展表现力和竞争力。

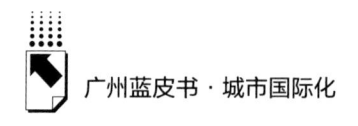

参考文献

张振刚、余传鹏、李云健：《主动性人格、知识分享与员工创新行为关系研究》，《管理评论》2016年第4期。

江小涓、孟丽君：《内循环为主、外循环赋能与更高水平双循环——国际经验与中国实践》，《管理世界》2021年第1期。

蓝庆新、童家琛：《我国外贸新业态新模式可持续发展研究》，《国际经济合作》2022年第2期。

雷晓康：《数字赋能第三支柱养老保险发展探析》，《中国高校社会科学》2023年第1期。

B.8
以城市体检为抓手持续推进城市高质量发展的实践与启示

黄成军 程晟亚 王 皓*

摘 要： 本报告阐述在新时代开展我国城市体检工作的重要意义，对国际上具有较强影响力的城市评估方法进行分类研究，并以广州市2022年城市体检工作开展情况为基础，结合北京、上海、重庆、成都、长沙等其他样本城市在指标体系设计、社会满意度调查、信息平台建设、城市更新联动等方面的先进经验，对进一步做好广州城市体检工作提出增加广州特色城市体检指标、促进城市体检与城市更新融合、优化社会满意度调查工作等对策建议，以期推动城市高质量发展，为实现老城市新活力、"四个出新出彩"提供更加坚实的保障。

关键词： 城市体检 老城市新活力 高质量发展

城市体检就是对城市人居环境状态、城市规划建设管理工作的成效进行定期分析、评估、监测和反馈，准确把握城市发展状态，发现城市病和城市问题，开展相应的治理工作，促进城市高质量发展。为了将党的二十大精神贯彻到全面深化改革各项工作任务中，进一步做好城市体检工作，为实现老

---

* 黄成军，广州市住房和城乡建设局副局长、党组成员，研究方向为城市规划、建设与管理；程晟亚，广州市住房和城乡建设局综合项目处四级调研员，研究方向为城市体检与城市更新、制度设计；王皓，广州市城市规划勘测设计研究院主创设计师，研究方向为城市规划与设计、城市体检与治理。

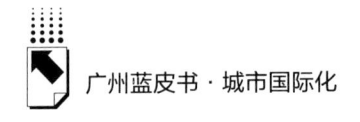

城市新活力、"四个出新出彩"提供更加坚实的保障,广州市市城检办(设在市住房和城乡建设局)调研组开展城市体检专题"深调研",并形成以下报告成果。

一 城市体检的主要国际国内标准体系

随着全球城镇化不断向前推进,尤其是工业革命中后期,伴随着城市发展,各类城市问题接踵而至,对城市健康乃至人的健康产生重大影响。为了使城市在有限的时间内,朝着良性方向发展,需要对其内在状态进行定期监测和分析。在我国2019年开展城市体检试点之前,国际上已有不少针对城市发展状况的监测评估方法,对我国构建和完善城市体检体系具有十分重要的借鉴意义。总体来说,目前国际上均通过建立以城市要素为基础的多维度评估指标体系,描述并判断城市综合发展状况或专项发展状况,评估指标体系的设计与具有特定价值引导的城市发展目标高度一致。在技术方法上通过建立评估目标与城市各类要素之间的对应关系,进而构建评估指标体系的层级框架及具体指标项,通过实践试验后进行优化。

(一)联合国可持续发展目标评估体系

联合国可持续发展目标(Sustainable Development Goals,SDGs),是联合国《2030年可持续发展议程》的组成部分,于2015年9月由联合国各成员国一致通过,呼吁在全世界范围内共同采取行动,促进消除贫困、保护地球、改善全人类的生活和未来。联合国可持续发展目标评估的重要举措包括利用统计和地理信息进行可持续发展的动态评估与监测。其围绕三大问题设定17个大目标(见图1),每一个目标又由若干二级、三级指标进行评估,并且评估逐年进行,一直到计划实施的目标年。

SDGs评估属于目标导向型评估,对城市体检的借鉴表现在以下几点:一要建立城市发展的目标,并具有清晰完整的细分目标体系和问题治理导向;二要在总体目标不变的前提下,及时根据实际情况更新可持续发展目标

以城市体检为抓手持续推进城市高质量发展的实践与启示

图 1　可持续发展目标框架

资料来源：联合国可持续发展目标网站，https://www.un.org/sustainabledevelopment/zh。

框架；三要建立强有力的多层次治理机构，并利用统计和地理信息进行可持续发展进展评估监测；四要持续监测和评估，通过多年积累的数据可以找到各城市成为健康城市的途径。

（二）联合国人居环境奖

联合国人居环境奖围绕可持续发展目标中的第十一条"保障城市人类居住环境安全稳定、多元包容、韧性发展与可持续"主题，层层分解，每年依据当前世界发展趋势，动态调整更新评估体系，以使构建的指标体系尽可能多地涵盖人居环境的方方面面。

联合国人居环境奖注重目标导向和治理导向相结合，所建立的从目标到指标的评估体系和"初评—评审团审—终评"三级评估工作模式值得城市体检工作借鉴，引入第三方学术专家团，采取多方面、多层级评估方式来保障评估的客观性和全面性。同时，该奖项通过奖励的方式推动相关问题的治理，建立了评估与治理之间的反馈机制，卓有成效。

（三）全球竞争力指数

全球竞争力指数由世界经济论坛（又称达沃斯论坛组织）发布，其基于经济学研究，以评估城市竞争力为根本目标，依据"维度—支柱—子项—指标"的多层级总体思路搭建专门针对经济体竞争力的评估体系，是衡量全球经济体促进社会生产力发展和经济发达程度的重要依据，不仅对世界137个经济体竞争力指数进行排名，还依据多年数据积累对全球经济发展趋势和动态做出研判与分析，如全球银行业稳健性、全球劳动力市场灵活性演变等。在进行指标计算与评估的过程中，综合考虑全球经济体发展阶段参差不齐、每个因素对各类经济体的重要性不一等情况，赋予各指标不同的权重，采用打分排名制度对每个指标的表现进行评估。

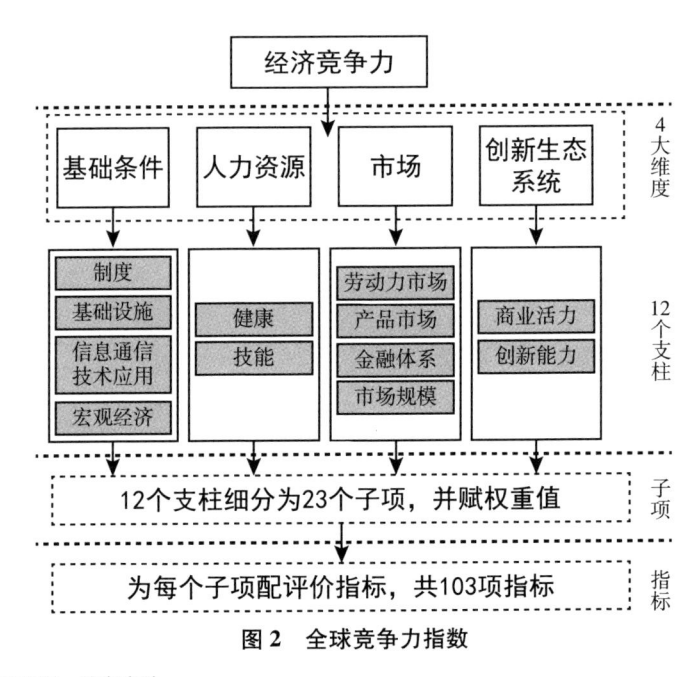

图2 全球竞争力指数

资料来源：笔者自绘。

全球竞争力指数更加强调目标导向。城市体检作为一项长期工作，在每年对城市发展情况进行评估的同时，采用排名的方式来直观反映各城市的健康状况，以起到督促各地进行治理的作用；多年累积的数据可以为研判城市发展趋势提供很好的参考，为城市未来发展方向和目标的制定提供基础支撑，同时引导未来政策和策略调整。

（四）宜商环境评估体系

世界银行于2022年4月发布了宜商环境评估体系（Business Enabling Environment，BEE），从私营企业发展的角度评估商业环境，致力于推动经济改革，改善营商环境，降低制度性交易成本。BEE考察范围包含各国私营企业开业、运营、关闭全生命周期的外部环境条件，含企业准入、获得经营场所、劳动力、公用服务连接、金融服务、国际贸易、纳税、争端解决、市场竞争、破产共10个方面，从监管框架、公共服务、总体成效三个维度对上述内容进行评估，评估方式包括资料数据分析、企业调查、专家咨询等，并辅以量化方式进行表达。

宜商环境评估注重结果导向，除了建立明确的目标体系和排名机制外，还通过对专业人士进行问卷访谈更加清晰地掌握城市问题。城市体检工作是面向全国多个城市开展的评估工作，可以借鉴宜商环境评估获取数据和分析的方法。

（五）我国城市体检工作体系

自2019年起，我国建立并逐步完善了城市体检工作体系。基于已有相关方法和国际经验，住房和城乡建设部逐步建立了"城市自体检+第三方城市体检+社会满意度调查"三位一体的城市体检工作体系。其中城市自体检是城市体检的基本方式，由各城市政府组织，聘请相关技术单位开展。主要包括建立符合城市发展要求的指标体系，组织政府相关职能部门收集、整理各类官方数据，并开展统计分析，诊断城市在规划、建设和管理中的城市病和城市问题，制定相应的治理目标、策略和措施，并形成制度措施，最终推动城市绿色、健康、可持续发展。第三方城市体检主要是由住房和城乡建设部聘请的相关科研机构，以第三方视角开展城市病和城市问题的诊断。具体来看，可使用人工智能、地理信息系统、遥感、物联网等技术，辅以政府统计数据，搭建体系独立的数据采集系统，完成第三方城市体检报告。社会满意度调查主要是根据"以人民为中心"的理念要求，通过问卷调查、街头访问、聘请"城市体检观察员"和开展"城市体检进社区"等方式，获取城市居民对居住地的满意度评价数据，为城市发展现状把脉。

二 2022年广州城市体检分析

城市体检创新了城市治理的理念与方法，将城市与治理的关系生动形象地视同生命体与治疗的关系，对生态系统、空间系统、交通系统、产业系统、支撑系统等城市功能构成要素的运行状况进行监测分析，评估城市健康状况，诊断存在的城市病，制定治理方案，以实现城市的健康发展。2022年广州城市体检指标评估结果显示[①]：广州市在健康舒适、整洁有序、创新活力方面表现优异，在生态宜居、安全韧性、风貌特色、多元包容、交通便捷方面表现良好，评价为很好或较好的指标共计83项。市民对风貌特色、安全韧性评价较高。2022年广州城市体检社会满意度调查结果如图3所示。

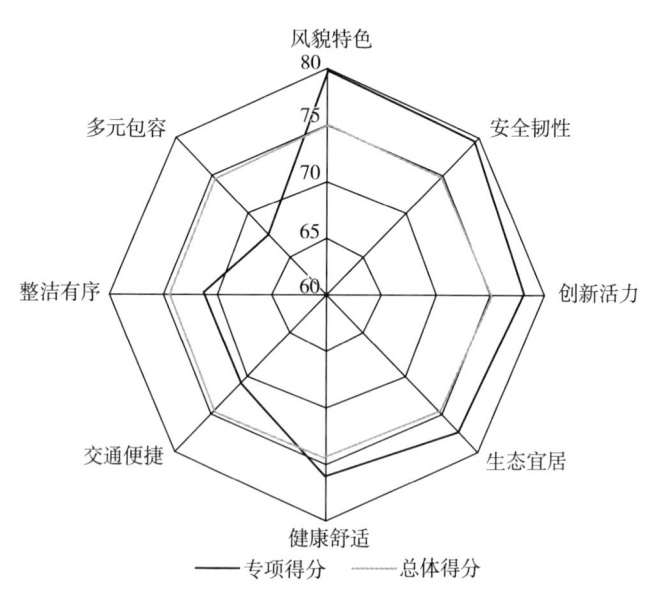

图3 2022年广州城市体检社会满意度调查结果

资料来源：笔者自绘。

---

① 2022年城市体检指标数据采集时间截至2021年12月底，市民满意度调查时间为2022年第三季度。

（一）广州城市体检工作现状

2019年，广州被住房和城乡建设部列为全国第一批城市体检试点城市，2020~2022年连续被选为城市体检样本城市。广州城市体检的有关做法多次受到上级肯定、推广，其中包括：成立由市长任组长的城市体检工作领导小组，编制《广州市城市体检工作技术指南》，推动城市体检市区联动，打造全市综合性城市体检服务信息平台，印发《广州市城市体检评估工作规定》，采取"六维"指标分析法（"六维"包括国家和地方标准规范、国际标准、标杆城市指标、城市发展目标、历史数据、社会满意度调查），招募广州市"城市体检观察员"，开展"城市体检进社区"活动等。

广州市城检办依托城市体检结论，从优化布局、完善功能、提升品质、底线管控、提高效能、转变方式六个方面出发，推动城市补短板、强弱项。市城检办会同各区、各部门采取清单化城市体检综合治理行动、措施、项目库建议，设定治理优先级和重点治理区域，由各部门依照职能分工开展交通拥堵、停车难、城中村整治、消防救援、历史风貌保护、住房体系优化等方面的治理工作，建立城市体检工作台账，定期跟踪各项城市问题治理进展情况，不断提升城市人居环境，增强居民的安全感、获得感、幸福感，推动城市高质量发展。

（二）城市发展突出优势

一是城市环境品质持续改善。截至2021年底，全市$PM_{2.5}$平均浓度为22微克/米^3，近年来屡创新低，保持国家中心城市最优。16个国考、省考断面水质全部达标，纳入国家监管的147条黑臭水体全部消除黑臭；城市绿道服务半径覆盖率为72.88%，公园绿化活动场地服务半径覆盖率为92.40%。资源循环利用水平不断提升，生活污水集中收集率、再生水利用率持续提升。绿色建筑事业不断发展，新建建筑中绿色建筑占比为88.18%，新建建筑中装配式建筑占比为34.87%。

二是社区设施和居住环境不断提升。社区便民商业服务设施覆盖率为

91.35%，基本形成"15分钟社区居家养老服务圈"。城镇居民家庭住房成套率呈现逐年增长趋势；老旧小区改造工作稳步推进，共完成老旧小区改造123个。加装电梯工作成效显著，全市审批电梯总数和建成电梯总数居全国各大城市首位，惠及逾100万名居民。

三是安全韧性取得明显成效。城市年自然灾害和安全事故死亡率、刑事案件发生率均呈现逐年下降趋势。基本消除严重影响生产生活秩序的易涝积水点。避难场所人均有效避难面积达到2.13米^2。深入开展自建房安全整治专项工作，自建房排查基本完成。做好常态化疫情防控，高效完成集中隔离房间储备工作，首创"国际健康驿站"模式。

四是公共交通出行便捷程度高。地铁里程数、公交站点500米覆盖率居全国超大城市前列。公交都市建设成效显著，为实现"双碳"目标打下坚实基础。电动自行车等绿色出行方式日趋增加，以便捷、经济、个性化的特点受到市民青睐。

五是历史文化遗产保护颇具特色。拥有26处历史文化街区、815处历史建筑、443处文物保护单位、116项非物质文化遗产、9955棵古树名木等众多历史文化资源，历史文化遗产挂牌保护、古树名木智能化管理基本实现全覆盖。剧院、文化馆、图书馆等万人建筑面积均有上升，文化建筑类型丰富多样。

六是市容环境卫生管理成效显著。城市市容环境责任区制度履约率达到95%，签订2021年版告知书超25万份。全市纳入管理的窨井盖总数提升至246.02万个，整治问题井盖3万余个，窨井盖完好率达到99.6%。中心城区内每平方公里最多布局5.72座公厕；城市街道立杆、空中线路规整性和停车有序性总体维持在较好水平。

七是无障碍环境和住房保障工作不断推进。完成28条道路建设（改造）任务。针对人行天桥、人行隧道等重点区域进行无障碍设施升级改造，邀请残障人士到现场参与项目试用和验收。持续推动应元路、长腰岭村、北山村梦享社区、凤和村、省农垦集团等不同类型保障性租赁住房项目，缓解新市民、青年人住房困难问题。

八是创新生态环境明显优化。研发投入占GDP比重达3.12%，2021年比2016年提高0.78个百分点。科技成果转移转化提速，专利授权量比2016年增长2.9倍。高新技术企业突破1.2万家，比2016年增长1.6倍。国家级孵化器从2012年的8家增长至54家，2019~2021年新增认定数量均居全国第一。全市认定国家级、省级、市级"专精特新"中小企业数量达752家。

（三）城市发展短板弱项

一是人口分布不均衡问题仍然存在。中心城区人口相对集聚，人口疏解工作有待继续推进。外围地区人口密度偏低，对人口的吸引力有待进一步提高。

二是交通出行体验亟须改善。交通拥堵问题长期存在，停车泊位供给与汽车保有量增幅不匹配，专用自行车道建设不足，电动自行车交通秩序亟须改善。

三是社区设施配套建设有待完善。社区托育服务设施、社区低碳能源设施、体育场地等设施供给不足，且覆盖不均，中心城区与外围城区差异较大。

四是防灾减灾工作仍需关注。二级及以上医院空间分布不均衡现象比较明显；消防救援力量不足的情况仍未缓解，城市标准消防站及小型普通消防站建设还需完善。

五是"住有宜居"水平有待提升。房价总体保持平稳，但越秀、海珠、天河等老城区居民房价收入比因供需关系长期处于较高水平，居民对房价接受度低；城中村数量较多，超过500万人居住在内，居住人口占比较高，居住环境有待提升。

六是创新活力水平还需提升。科技创新支撑引领高质量发展的作用有待进一步提升，创新链、产业链、资金链、人才链融合深度不够，技术研发机构和智力资源与产业的对接联动仍然不足，创新型领军企业还不够多，风投创投尚未形成规模优势。

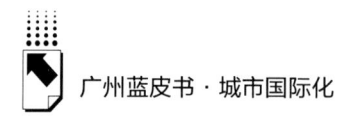

三 国内其他城市开展体检的经验做法

（一）城市体检指标体系纵横深化

各样本城市陆续形成了"基础指标+特色指标"的横向指标结构和"市—区—街道"的纵向指标体系，指标体系设计重点考虑城市定位、发展目标、区域特色、市民诉求等多个维度。其中，上海市注重完善城市体检指标体系，在研究全球头部城市战略规划和各级各类"十四五"规划的基础上，2021年提出200多个备选指标。在住房和城乡建设部提出的指标基础上，建立健全了99项市级、区级特色指标并对指标项进行再分解。重庆市突出本地特色，构建了"基本+特色+补充"的指标体系，共93项指标，同步设计配套的评估标准，突出重庆发展目标和特色。珠海市2022年新增产业园区公交覆盖率、城市公共停车位增长率等5项指标，形成80项体检指标。提出"A（优秀）、B（良好）、C（较好）、D（一般）、E（预警）、F（问题）"六个指标评估档次，更精细地呈现城市问题。景德镇市城市体检指标坚持多元开放、全面采集的原则。通过8类50项城市体检基础指标，加上反映景德镇战略定位要求的12项城市特色指标，全方位评估人居环境，与国际创意城市对标。

（二）城市体检与城市更新联动

各样本城市结合市、区、重点片区等多个层次的体检结论，策划生成不同类型的专项规划、行动计划、建设项目等成果，指导和实施城市更新行动，着力打造宜居、韧性、智慧城市。其中，上海市将城市体检作为超大城市治理的重要抓手，结合城市体检发现的问题和对标目标之间的差距，梳理形成了26个行动建议128个项目。重庆市提出以城市体检推进城市更新工作，强化城市体检成果在城市治理中的应用，将相关治理项目建议落实到城市更新提升"十四五"行动计划中。成都市将城市体检工作成果作为实施

"幸福美好生活十大工程"的重要依据。专门增加特色指标，打造公园城市示范区体检项目。长沙市探索以城市体检推动全生命周期更新，通过开展重点片区城市体检，对区一级提出精细化整改要求，层层落实，并将整改效果反馈至牵头的人居环境局。同时，上海、重庆、长沙等地均将城市体检写入城市更新的相关条例、办法和指导意见。

（三）创新改进社会满意度调查方式

各样本城市结合实际创新社会满意度调查的方式方法，加强信息技术应用，线上线下相结合建立公众参与常态化平台。其中，北京市通过政府服务热线、街道和社区网格调查员获取城市体检相关数据。上海市依托"一网统管"平台，面向社会发放问卷，开展社会满意度调查，并形成《上海城市人居环境社会满意度调查报告》。重庆市线上线下相结合开展社会满意度调查，借助区级、街道级动员会和培训会，建立起"市级统筹、区级安排、街道分配、社区执行"的组织与执行机制。东莞市独立开发社会满意度调查小程序，面向市民开展线上问卷调查和宣传，获得好评。

（四）建设信息平台拓展应用场景

各样本城市逐步建立城市体检信息平台并投入使用，与城市信息模型（CIM）、城市综合管理平台等实现互联互通，不断拓展城市体检应用场景。其中，重庆市建立"部门联动、公众参与"的城市体检综合治理平台，探索建立"元数据—指标计算—指标分析—问题诊断—治理预案—集成展示"多功能动态监测评估与治理提升平台，加快城市治理能力现代化。成都市结合新型城市基础设施建设，逐步探索囊括数据采集、指标计算、指标分析、问题诊断、整治预案、集成展示等功能的城市体检信息化平台，并与城市信息模型、建筑信息模型（BIM）等技术模型进行充分融合，深度挖掘"城市体检+场景"的实践应用。长沙市坚持"以人民为中心"，系统构建"智慧人居"信息平台，无缝对接长沙市地理空间系统，围绕人居环境领域核心

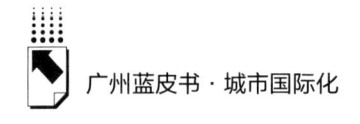

指标建立大数据模型，定期跟踪测度指标健康状况，结合"微改造"项目，建立城市体检应用场景，从城市体检问题诊断，逐步实现全市优化人居环境项目实时监控、动态评估。

四 以城市体检为抓手推进城市高质量发展的对策建议

结合其他城市体检样本城市的做法和工作实际，广州城市体检工作可从以下五个方面进一步深化。

（一）因地制宜，增加广州特色城市体检指标

紧扣市委、市政府中心工作和人民群众关心关切的问题，增加具有广州特色的城市体检指标，完善评估指标体系，体现高质量发展理念。如在绿色发展、历史文化保护、科技创新、住房保障等方面可增加的特色指标包括但不限于：邻里花园数量、城市应急快速响应覆盖率、社区充电设施配建率、老旧小区电梯加装比例、户均（居住类）停车泊位数量、招商引资累计签约项目数、碳排放权交易成交金额、森林覆盖率、碧道覆盖率、公交站点覆盖率、公厕设置密度、港口货物吞吐量年增长率、城乡居民收入比、乡村旅游年接待量、累计筹建保障房住房套数等。

（二）加强应用，促进城市体检与城市更新融合

近年来，住房和城乡建设部对城市体检增加了与城市更新行动联动的要求，有关样本城市也结合自身实际开展了相关的探索。广州市结合工作实际，积极探索市区联动，2022年11月已建立了首批4个城市体检示范区（市级）。下一步可以加强调查研究，多维度探索城市体检与城市更新融合的广州模式。持续跟进示范区建设与城市更新联动的治理情况，并适时推广先进经验。进一步对城市体检示范区内的更新项目探索全流程体检模式，改

造前结合城市更新改造意愿征集情况,科学区分城市体检示范区治理项目类型,定制化治理。在城市体检社会满意度调查中,增加对城市更新改造成效的调查内容,定期跟踪群众诉求。改造中和改造后对比城市体检示范区治理任务目标,通过城市体检评估反映城市更新的进展与成效。

(三)多管齐下,优化社会满意度调查工作

当前满意度调查的问卷覆盖率和科学性仍可提升,从管理和科技等方面多管齐下来优化社会满意度调查工作。如完善广州特色"城市体检观察员"制度,加强"城市体检观察员"的后续管理,为优秀志愿者颁发荣誉证书或表扬信。在数据源方面,参考北京做法,通过政府服务热线、网格调查员等多渠道获取城市体检相关数据。学习东莞市的做法,独立开发社会满意度调查小程序,以及继续开展群众喜闻乐见的进社区活动等。

(四)持续探索,开展小尺度和专项城市体检

探索通过专项体检、街道体检、社区体检等诊断问题、发现问题并解决问题。不断提高城市体检的深度、精度和广度,切实找准城市病和城市问题的病灶、病根。结合各区和街道、社区的具体情况,与各职能部门进一步加强沟通,跟进治理存在的问题及成效,持续开展系统化的城市问题治理。

(五)科技加持,持续打造智慧化城市体检

持续建设市、区城市体检信息评估平台,探索构建多来源、多尺度、多时相的城市体检数据资源体系,推进数据互为补充、互相校核、实时分析。加强自体检和第三方体检的对比分析,结合爬虫、遥感等技术,搭建城市自体检数据自动采集机制,推进部门统计数据和社会大数据的互相验证。利用信息化手段,进一步提高数据采集的效率,探索城市体检多场景应用等。

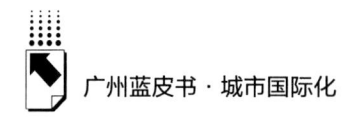

参考文献

王凯:《开展城市体检评估工作　建设没有"城市病"的城市》,《城乡建设》2021年第21期。

赵哲毅等:《上海市城市体检特色、方法与思考》,《建设科技》2022年第13期。

全国市长研修学院系列培训教材编委会编写《城市体检:推动城市健康发展》,中国建筑工业出版社,2022。

国际经贸篇

International Economics and Trade

B.9
广州增强粤港澳大湾区核心引擎功能的战略要求与创新举措

白国强[*]

摘　要： 本报告梳理了广州增强粤港澳大湾区核心引擎功能需要响应和实现的战略要求，分析了广州核心引擎功能建设的进展情况，并基于"对标杆补短板""强机制增活力"的思路，从城市全域空间高质化、门户功能节点网络化、经济实体高端化、商贸中心功能枢纽化、教育科技文化聚合化诸方面构建了广州增强粤港澳大湾区核心引擎功能的新空间，进而提出了共建现代化国际化营商环境策源地、设立粤港澳大湾区战略合作功能区、打造国际创新要素集聚区等方面的创新性举措和机制。广州可着力引入效率更高、竞争力更强的高端要素，聚焦高附加值、高收益的核心及高端环节，弥补存量结构缺陷，增强产业带动功能，巩固和增强城

---

[*] 白国强，博士，广州市社会科学院马克思主义研究所所长、研究员，研究方向为区域与城市经济、马克思主义理论。

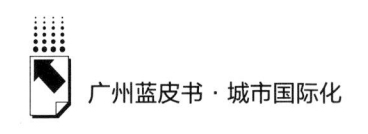

市枢纽性功能,并利用城市自身的特殊性和差异性,创设更多具有变革意义的改革事项。

关键词: 核心引擎功能 城市治理 粤港澳大湾区

《粤港澳大湾区发展规划纲要》(以下简称《纲要》)明确了广州作为粤港澳大湾区区域发展核心引擎之一的定位。这既是党中央决策部署的要求,也是广州自身发展的现实需要。中国共产党广州市第十二次代表大会确立了"粤港澳大湾区核心引擎作用不断彰显"的目标任务。增强广州的粤港澳大湾区核心引擎功能,事关广州实现老城市新活力、"四个出新出彩",事关广州的城市核心竞争力及未来城市地位。遵循"三新一高"① 的发展要求,广州应进一步研究及凝练主攻方向,以更多具有突破意义的创新策略举措,逐步集聚高端资源,抢占发展的制高点,赢取发展的核心竞争力。

一 广州增强粤港澳大湾区核心引擎功能的战略要求

《纲要》将广深港澳四大中心城市定位为核心引擎,要求广州等中心城市"继续发挥比较优势做优做强,增强对周边区域发展的辐射带动作用"。遵循《纲要》要求,广州应充分发挥粤港澳大湾区核心引擎功能,努力承担以下方面的战略任务。

(一)携领支撑五大战略定位

从战略布局看,粤港澳大湾区发展的蓝图就是要建成国际一流湾区和世界级城市群。这是区域顶层的战略目标,也是共性的战略要求。从细分战略

---

① "三新一高"是指立足新发展阶段、贯彻新发展理念、构建新发展格局,推进高质量发展。

目标看，一是"建设充满活力的世界级城市群"，这是顺应粤港澳大湾区进入城市化中后期、形成新的城市发展形态的趋势要求，也是新的更高层次的城市空间形态；二是建设"具有全球影响力的国际科技创新中心"，使本区域走在世界科技和产业发展的前沿，建成全球科技创新高地和新兴产业重要策源地；三是成为"'一带一路'建设的重要支撑"，要更好地发挥港澳优势，提升开放型经济水平，在更高层次参与国际经济合作和竞争；四是成为"内地与港澳深度合作示范区"，旨在依托粤港澳良好合作基础，充分发挥重大合作平台作用，探索协同高质量发展新模式，深化珠三角九市与港澳全面务实合作，为内地与港澳更紧密合作提供示范；五是成为"宜居宜业宜游的优质生活圈"，深入践行生态文明理念，优先发展民生工程，提高粤港澳大湾区民众生活便利水平，建设生态安全、环境优美、社会安定、文化繁荣的美丽湾区。作为粤港澳大湾区核心引擎之一，广州要从自身的条件出发，携领港澳和珠三角城市，支撑五大战略定位，努力当好世界级城市群的核心城市，成为国际科技创新中心的内核、深度参与"一带一路"建设的对外开放门户枢纽、粤港澳深度合作示范区和优质生活圈示范区的标杆。

（二）突出增强"两城三中心"功能

在粤港澳大湾区的四个经济中心城市和核心引擎、三个发展极点中，广州具有独特的优势和作用。《纲要》要求广州"充分发挥国家中心城市和综合性门户城市引领作用，全面增强国际商贸中心、综合交通枢纽功能，培育提升科技教育文化中心功能，着力建设国际大都市"，即发挥广州"两城三中心"的引领作用和优势功能，这是推进实现五大战略定位的重要着力点和落脚点。"国家中心城市"的城市地位要求广州在国家发展中发挥中心城市的辐射带动作用，代表国家参与国际竞争，引领带动区域发展。"综合性门户城市"侧重对外的交流交往，也隐含着复合型发展要求。国际商贸中心、综合交通枢纽和科技教育文化中心虽是专项职能，但也需要综合条件的支持。这三者与国家中心城市、综合性门户城市的功能，既相对独立，又相辅相成，既支撑城市自身发展，又延伸辐射城市周边区域发展，是城市核心引擎功能的关键支撑。

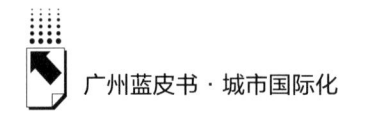

（三）辐射引领周边地区发展

发挥核心引擎功能的自然逻辑要求就是广州须辐射引领周边地区发展。在粤港澳大湾区范围内，要合作推动广深"双核联动、双轮驱动"，推进中新广州知识城、南沙庆盛科技创新产业基地建设，共同推进"广州—深圳—香港—澳门"科技创新走廊建设，等等。同时，《纲要》要求辐射带动泛珠三角区域发展，引领带动广东"一核一带一区"建设，发挥粤港澳大湾区辐射引领作用，统筹珠三角九市与粤东西北地区生产力布局，带动周边地区加快发展。

（四）共同打造高质量发展典范

建设粤港澳大湾区是一个多层次的综合战略。《纲要》的指导思想和基本原则明确指出，按照新发展理念和"一国两制"的要求，依从"创新驱动，改革引领；协调发展，统筹兼顾；绿色发展，保护生态；开放合作，互利共赢；共享发展，改善民生；'一国两制'，依法办事"的基本原则，将粤港澳大湾区建设成为"高质量发展的典范"，促进粤港澳优势互补，实现共同发展。

综上，广州增强粤港澳大湾区核心引擎功能的战略要求就是在强化"两城三中心"功能建设的基础上，携手粤港澳大湾区城市实现粤港澳大湾区建设的战略目标定位。

二 广州的粤港澳大湾区核心引擎功能建设分析

自《纲要》颁布实施以来，广州大力增强核心引擎功能，核心城市和国际商贸中心地位基本稳固，门户城市功能更为突出，教育科技文化建设亮点纷呈，较好地发挥了粤港澳大湾区核心城市、省会城市和国家中心城市的作用。

（一）核心城市地位基本稳固

尽管受疫情影响，广州国家中心城市地位和综合性门户城市地位还是依然持续巩固。自2018年以来，广州深入推进了营商环境1.0~4.0改革，5.0改革正在有序有力推进，政策创新迭代升级，营商环境持续优化。经济总量在粤港澳大湾区排名第二，占比有所上升（见表1）。形成智能网联与新能源汽车、数字经济核心产业、绿色石化和新材料、生物医药与健康、高端装备制造、现代都市消费工业6个产值超千亿元的先进制造业集群，批发零售、房地产、金融、信息服务、交通运输、租赁和商务服务6个增加值超千亿元的服务行业，战略性新兴产业增加值占GDP比重突破30%。

表1 2018~2021年粤港澳大湾区经济总量

单位：亿元，%

类别		2018年	2019年	2020年	2021年
广州		22859.4	23628.6	25019.1	28232.0
深圳		24222.0	26927.1	27670.2	30664.9
佛山		9935.9	10751.0	10816.5	12156.5
东莞		8278.6	9482.5	9650.2	10855.4
珠海		2914.7	3435.9	3481.9	3881.8
中山		3632.7	3101.1	3151.6	3566.2
江门		2900.4	3146.6	3201.0	3601.3
惠州		4103.1	4177.4	4221.8	4221.8
肇庆		2201.8	2248.8	2311.7	2650.3
香港	亿港元	28351.0	28657.0	26757.1	28696.8
	折人民币	23916.9	25224.8	23801.5	23819.5
澳门	亿澳门元	4446.7	4451.2	1944.0	2394.1
	折人民币	3653.9	3807.7	1677.7	1928.5
粤港澳大湾区		108619.3	115931.5	115003.2	125577.7
广州在大湾区中的占比		21.0	20.4	21.8	22.5

注：2018年1澳门元=0.82017元人民币，2019年1澳门元=0.85544元人民币，2020年1澳门元=0.86303元人民币，2021年1澳门元=0.80554元人民币；2018年1港元=0.8436元人民币，2019年1港元=0.88023元人民币，2020年1港元=0.88954元人民币，2021年1港元=0.83004元人民币。

资料来源：根据《广东统计年鉴（2021）》、香港特别行政区政府网站、澳门特别行政区政府网站、2022年珠三角各市国民经济和社会发展统计公报整理而得。数据采用当年价格。

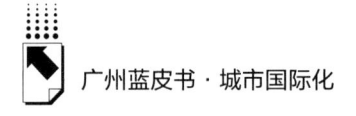

（二）枢纽门户地位更为突出

综合性门户城市功能与城市综合交通枢纽有着直接而本质的关联。综合性门户城市是广州城市定位的战略要求，也是形象和品牌；综合交通枢纽是实现综合性门户城市功能的途径和手段，是综合性门户城市的支撑。一直以来，广州在综合交通枢纽和对外开放方面都走在全国前列，是全国唯一涵盖海上、陆上、内河、空中等多种交通方式的综合性交通枢纽，是全国三大综合交通枢纽之一，兼具国际航空枢纽、国际航运枢纽和国际铁路枢纽地位，也是华南地区最大的公路主枢纽。近年来，广州综合交通枢纽建设加快推进，机场、港口、高铁、地铁等重大项目建设取得新进展，交通枢纽的承载力不断增强。白云机场第二航站楼、商务航空服务基地建成使用，白云机场空中航线网络覆盖全球230多个通航点，与东南亚和全球分别形成了"4小时航空交通圈"和"12小时航空交通圈"，旅客吞吐量居全球前列。南沙港区三期、广州港深水航道拓宽工程、南沙国际邮轮母港投入使用，新开外贸航线20条，累计开通134条外贸航线，与全球100多个国家和地区的400多个港口有航运往来，货物、集装箱吞吐量分别提升到全球第4位和第5位。广石铁路、广深港高铁等建成通车，高铁班次、广州南站客流量均居全国第一。城市地铁和跨市地铁建设有序推进，地铁总里程达590公里，轨道交通达611.5公里。在主要交通发展指标上，近年来广州一直居于粤港澳大湾区城市前列，继续大幅领先。如2021年全市客运量为22004.2万人次、客运周转量为1149.2亿人公里（见表2）、货运量为98175.3万吨、货运周转量为21881.5亿吨公里（见表3）；而居于第二名的深圳，相应的各项指标分别是客运量13371.2万人次、客运周转量747.5亿人公里、货运量43930.4万吨和货运周转量2196.6亿吨公里，广州多个指标几乎相当于深圳的两倍，这反映出广州在交通运输领域具有显著优势。随着综合交通枢纽的快速发展，综合性门户城市功能得到凸显，广州从天上到地下、从陆地到海洋，形成了立体的对外开放门户。尤其以"空中丝绸之路"协同"海上丝绸之路"，国际交往中心功能更加凸显，外国驻穗总领事馆新增11家，达66家；新增国际友城37个，如期完成"百城计划";国际友好港新增16个,达54个。广州在不同层面的对外交往交流更加频繁,正以更快速度走向世界、更高水平扩大开放。

表2 2018~2021年珠三角各市客运量和客运周转量

类别	客运量(万人次)				客运周转量(亿人公里)			
	2018年	2019年	2020年	2021年	2018年	2019年	2020年	2021年
广州	25780.0	25658.0	18063.0	22004.2	265.5	263.2	180.7	1149.2
深圳	6654.0	6907.0	5266.0	13371.2	129.0	134.9	60.1	747.5
珠海	3191.0	3121.0	1406.0	2600.7	48.6	47.9	22.6	46.9
佛山	5057.0	4359.0	1448.0	2000.2	65.2	57.9	16.5	18.8
惠州	6616.0	4686.0	926.0	—	55.9	40.8	10.0	8.9
东莞	3383.0	3276.0	831.0	899.1	45.6	42.3	11.5	9.5
中山	1401.0	1488.0	523.0	624.0	23.0	23.4	8.8	5.6
江门	9417.0	8935.0	5127.0	1360.0	61.3	58.5	33.1	9.9
肇庆	2893.0	2722.0	1245.0	813.5	13.4	12.7	6.4	7.4
不分地区	46658.0	52144.0	31487.0	—	3370.1	3662.3	2056.7	—
全省	154682.0	155770.0	87777.0	62126.0	4502.0	4765.0	2617.2	2352.2
广州占全省比重(%)	16.7	16.5	20.6	35.4	5.9	5.5	6.9	48.9

注:分市数据仅含公路和水路运输,铁路和民航运输在"不分地区"反映。2021年因客运数据统计口径调整,与往年数据不可比。

资料来源:根据《广东统计年鉴(2021)》、香港特别行政区政府网站、澳门特别行政区政府网站、2022年珠三角各市国民经济和社会发展统计公报整理而得。

表3 2018~2021年珠三角各市货运量和货运周转量

类别	货运量(万吨)				货运周转量(亿吨公里)			
	2018年	2019年	2020年	2021年	2018年	2019年	2020年	2021年
广州	124641.0	132922.0	89191.0	98175.3	21398.5	21737.2	21525.3	21881.5
深圳	32586.0	33982.0	41150.0	43930.4	2156.3	2174.0	1987.1	2196.6
珠海	12541.0	12883.0	7575.0	8886.0	206.5	237.6	442.4	475.7
佛山	32165.0	33311.0	23779.0	27127.8	323.8	336.5	239.0	295.9
惠州	26080.0	27853.0	21387.0	—	481.5	505.4	375.6	409.4
东莞	17272.0	17653.0	17139.0	17449.5	527.3	535.4	528.8	507.0
中山	16640.0	11529.0	10666.0	11138.0	139.0	98.8	74.6	96.4
江门	15893.0	16901.0	17921.0	18568.0	168.4	178.2	158.2	157.2

续表

类别	货运量（万吨）				货运周转量（亿吨公里）			
	2018年	2019年	2020年	2021年	2018年	2019年	2020年	2021年
肇庆	7847.0	8509.0	8096.0	9705.0	81.2	85.0	67.7	80.9
不分地区	17901.0	18368.0	21291.0	—	577.0	609.0	646.2	—
全省	424996.0	446018.0	356221.0	398514.0	28644.8	29230.9	27575.2	22881.5
广州占全省比重（%）	29.4	29.8	25.0	24.6	74.7	74.4	78.1	9.6

注：分市数据仅含公路和水路运输，铁路和民航运输在"不分地区"反映。
资料来源：根据《广东统计年鉴（2021）》、香港特别行政区政府网站、澳门特别行政区政府网站、2022年珠三角各市国民经济和社会发展统计公报整理而得。

（三）国际商贸中心建设特色初现

受疫情影响，加之国际贸易保护主义盛行，产业链、供应链稳定性深受影响，对广州国际商贸活动影响明显。多届广交会线下活动因深度受阻而改为线上办展，对在地化的商贸活动带来冲击，广交会的国际商贸功能和经济带动效应受到重创。尽管如此，广州2021年办展数量和面积均稳居全国第二，第130届广交会成为疫情下全球最大规模的线下线上融合展会。与此相关联，具有结构性补偿效应的是：广州跨境电商迅速壮大，跨境电商进口额连续8年居全国之首；获批率先建设国际消费中心城市，有利于深化广州国际商贸功能。北京路成功创建全国示范步行街，也有利于广州营造良好的商贸活动氛围，塑造高质量的商贸品牌。在诸多因素制约的背景下，相关经济指标仍然给广州商贸业的发展带来信心。2021年进出口逆势增长，超越了疫情前的增长水平，其中出口6312.2亿元，进口4513.7亿元（见表4）；社会消费品零售总额在波动中创出新高，达到10122.6亿元（见表5）。总体上，广州商贸在粤港澳大湾区的地位保持了稳中有升的势头。

表4 2018~2021年粤港澳大湾区各市进出口额

类别	出口额				进口额			
	2018年	2019年	2020年	2021年	2018年	2019年	2020年	2021年
广州(亿元)	5607.5	5258.5	5423.4	6312.2	4204.1	4745.0	4108.6	4513.7
深圳(亿元)	16295.2	16715.5	16973.9	19263.4	13702.1	13065.1	13534.8	16172.2
珠海(亿元)	1887.0	1654.6	1608.5	1886.1	1360.7	1254.0	1124.4	1434.0
佛山(亿元)	3527.3	3727.7	4131.1	5007.4	1071.8	1100.7	929.3	1153.3
惠州(亿元)	2208.8	1821.6	1687.8	1688.1	1125.8	888.0	800.6	801.0
东莞(亿元)	7955.6	8658.7	8280.9	9559.8	5464.3	5175.6	5022.7	5687.2
中山(亿元)	1801.7	1929.1	1815.0	2231.6	539.9	458.2	393.9	463.3
江门(亿元)	1123.0	1136.1	1125.7	1465.6	349.2	289.3	303.3	323.8
肇庆(亿元)	237.6	271.7	299.8	272.0	152.2	132.7	113.3	133.4
全省(亿元)	42744.1	43416.0	43493.1	50528.7	28901.7	28068.4	27369.6	32151.6
广州占全省比重(%)	13.1	12.1	12.5	12.5	14.6	16.9	15.0	14.0
香港(亿港元)	47214.0	44154.4	39275.2	49607.0	47214.0	44154.4	42697.5	53078.0
澳门(亿澳门元)	10.4	11.0	12.1	10.3	79.8	89.5	120.1	146.8

资料来源：根据《广东统计年鉴（2021）》、香港特别行政区政府网站、澳门特别行政区政府网站、2022年珠三角各市国民经济和社会发展统计公报整理而得。

表5 2018~2021年粤港澳大湾区各市社会消费品零售总额

类别	2018年	2019年	2020年	2021年
广州(亿元)	8810.9	9551.6	9218.7	10122.6
深圳(亿元)	8519.5	9144.5	8664.8	9498.1
珠海(亿元)	932.1	996.9	921.3	1048.2
佛山(亿元)	3425.4	3685.3	3289.1	3556.7
惠州(亿元)	1769.1	1924.6	1746.1	1746.1
东莞(亿元)	3637.4	4003.9	3740.1	4239.2
中山(亿元)	1560.4	1617.1	1407.2	1530.1
江门(亿元)	1110.9	1207.0	1162.6	1278.1
肇庆(亿元)	1031.1	1107.5	1062.2	1160.8

续表

类别	2018年	2019年	2020年	2021年
全省(亿元)	39767.1	42951.8	40207.9	44187.7
广州占全省比重(%)	22.2	22.2	22.9	22.9
香港(亿港元)	4852.0	4312.0	3265.0	3529.0
澳门(亿澳门元)	19.9	20.8	18.2	18.6

资料来源：根据《广东统计年鉴（2021）》、香港特别行政区政府网站、澳门特别行政区政府网站、2022年珠三角各市国民经济和社会发展统计公报整理而得。

（四）科技教育文化中心建设亮点纷呈

广州拥有在全省占有主要地位的科技教育文化资源，拥有80多所普通本专科院校，其中包括中山大学、华南理工大学两所一流大学建设高校和暨南大学、华南师范大学、广州中医药大学、华南农业大学等一流学科建设高校，在校大学生数量超过100万人，居全国前列。为增强广州科教功能，中国科学院大学广州学院、广州交通大学、香港科技大学广州校区、华南理工大学广州国际校区等正在新建、筹建或筹备开学。香港科技大学（广州）的"枢纽""学域"学术架构改革探索，对发展前沿学科和新兴学科将大有裨益。科技创新的载体平台建设取得新进展，高水平建设国家新一代人工智能创新发展试验区、人工智能创新应用先导区，广州实验室、粤港澳大湾区国家技术创新中心等科技创新平台建设成效初显。南沙科学城作为粤港澳大湾区综合性国家科学中心主要承载区，其建设得到稳步推进。2020年广州与国内先进城市相比，在科技创新相关指标上初步显示了自身的进步（见表6）。2021年广州分别拥有国家、省重点实验室21家和256家，在穗工作两院院士50人；研发投入占GDP比重达3.14%，成功创建首批国家知识产权强市，专利、发明专利授权量分别比2016年增长2.8倍和2.1倍；技术市场成交合同额达2256.5亿元。

表 6　2020 年广州与国内重要城市科技创新指标比较

城市	每十万人高等学校在校生数（人）	研发人员数量（万人）	万人专利授权量（件）	研究与开发机构有效发明专利数（件）	技术市场成交合同额（亿元）	规模以上工业企业R&D人员投入全时当量（万人年）	高技术产品总产值(亿元)
广州	6975.2	23.9	83.2	71342.0	2256.5	7.8	9499.3
北京	2696.8	47.3	74.4	55261.0	6316.2	4.6	5128.9
上海	2172.9	32.0	56.2	62147.0	1583.2	8.8	7721.9
天津	4126.6	13.6	54.4	24945.0	1089.6	4.5	6122.5
重庆	3112.1	16.6	17.3	20650.0	117.8	7.0	9064.5
深圳	772.3	42.9	126.1	160046.0	1036.3	28.3	27849.1

资料来源：根据相关各市统计年鉴（2021）、相关各市国民经济和社会发展统计公报（2021）整理而得。

总体而言，广州作为粤港澳大湾区核心引擎推动的"两城三中心"功能建设，承袭和巩固了广州的传统优势，并在原来基础上增加了一些新功能元素。在诸多不稳定不确定因素制约之下，粤港澳大湾区核心引擎功能得到较好的巩固，凸显了广州长期以来的传统优势。当然，随着经济发展转型及商业模式变化，显然经济上"结构性减速""产业不强""创新较弱"和商贸上"大进大出""门店经济"等方面的挑战不容忽视，"标兵渐远""追兵渐近"的紧迫感愈加强烈。

三　广州增强粤港澳大湾区核心引擎功能的新空间

广州增强粤港澳大湾区核心引擎功能，是一种更高质量、更高层次的城市综合发展要求。为此，要从"对标杆补短板"的思路出发，树立世界眼光，增强战略思维，对标先进，紧紧抓住能够吸引高端要素、实现高附加值、带来高收益的核心环节和高端环节，建设效率更高、竞争力更强的增量功能要素。同时，要正视短板弱项，弥补存量上的结构缺陷，实现存量优化。

（一）城市全域空间高质化

1. 打造高质量增长空间

从与国内先进城市建成区的对比情况来看，广州建成区面积不小，2020年广州建成区面积为1350.4平方公里，而上海建成区面积为1237.85平方公里，深圳市建成区面积为955.68平方公里，都小于广州，但经济密度、经济和人口集聚规模都比广州大。其中一个重要原因是广州低质量的城中村及破旧的老城区仍占据不小的空间。广州需要通过推动城市空间结构优化，整体性地改善城市空间质量，增加城市经济和人口容量，形成新的多节点城市发展轴，打造更多规模体量堪比国际一流水平的CBD或RBD，以轨道交通枢纽的合理布局联络全市各大枢纽节点，"聚点成线、连线成面"，打造形成更大范围的高质量增长空间。同时，要塑造更大经济体量的改革开放先行区。2021年上海单浦东新区GDP就达15352.99亿元，深圳GDP最大的南山区GDP达7630.59亿元，广州市GDP最大的天河区GDP为6012.20亿元，而作为广州改革开放创新重点区域的南沙区GDP刚刚突破2000亿元。因此，如何塑造经济体量更大的带有改革开放创新性质的先行区，着实是广州城市发展的一个重大议题。

2. 推动区域协同开放合作

要处理好"全域广州"与"城区的广州"的关系，拓展开放合作深度，深化区域协同发展，汇聚推动高质量发展新力量新动能；积极培育新的成本相对较低、增长潜力大的发展空间，谋划在广州东部黄埔或增城与莞惠交接地带，携手港澳及莞惠建设规模化的粤港澳大湾区特别合作试验区；配合广州城市空间拓展方向，谋划推进穗莞同城化进程。积极化解城市更新中的难题和矛盾，保持合理的产业用地与居民用地配比，避免过度商品房化的改造，努力提升城市品质。强化与粤港澳大湾区各市的航道合作、港口合作、滨海地区合作和空域合作。

（二）门户功能节点网络化

1."城市门户"品牌化

综合性门户城市功能的实现取决于"城市门户"的品质。广州对外开放、交往交流的关键节点在于城市综合交通的节点性区域，如机场区、港航区、高铁站等。因此，提升城市机场区、港航区、高铁站及其相关的城市廊道的建设品质，是树立"城市门户"品牌的关键。目前对白云机场区、广州东站、广州站、广州南站及与其直接相关的廊道进行品牌化的形象改造，显得十分必要。

2.枢纽节点网络化

广州有70多个大大小小的交通枢纽节点，这些枢纽节点承担着优化城市空间品质、搭建立体化交通系统、激活站点片区城市活力等功能。为此，要用好这些交通枢纽节点及其周边的城市空间，科学配置轨道交通站点，促进地面交通与地下轨道便捷连通，实现城市交通枢纽节点的网络化，带动盘活城市全域发展。

3.设施运作协同化

广州作为门户城市，有着强大的基础设施容量。但基础设施要充分发挥作用，必须与外部的区域进行协同。要强化国际合作，加多加密搭建"空中丝路"航线和外贸集装箱班轮航线，提升门户枢纽的国际竞争力。要完善内河航道与疏港铁路、公路等跨市的集疏运网络，形成海铁联运的港口综合交通网络；充分利用香港的华南货物分销中心和主要的转运枢纽，强化港口之间的合作；在航空方面，要促进粤港澳大湾区机场之间的空域协调，拓展直升机等形式的通用航空服务，提升机场容量和航线效率。

4.国际交流活动常态化

综合性门户城市功能的发挥也具体体现在国际交往交流上。以往形成的一些国际交往交流活动，如"读懂中国"国际会议、从都国际论坛、世界律师大会、世界超高清视频产业大会、中国创新创业成果交易会、国际金融论坛、官洲国际生物论坛等可以继续创新形式和内容，促进相关国际交流活

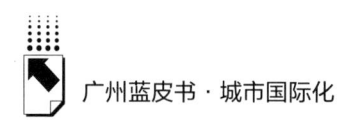

动稳定持续开展；还要考虑对标世界一流会议会展场所，选择适宜的滨水靠山地域建设国际一流的会议会展中心，消弭会议会展中心建设质次不高、布局零散印象。

（三）经济实体高端化

1. 提升经济实体发展能级

经济实体高端化就是要集聚足够的高增值企业、行业或环节，而不是笼统地强调发展高端产业。广州要实现国家中心城市功能，必须在商贸、金融、航空航运、制造、文化等领域集聚和培育更多高能级的企业（机构），创造更多高端产品和集聚更多高增值环节，在发展能级、引领效应、技术含量和附加值方面不断提升，有效集成对区域生产力布局、运营管理、商务活动、创新活动的管控功能。

2. 集聚龙头企业和高端环节

在制造领域，要集聚更多领袖型、旗舰型、创新型的企业主体，集聚高端制造、智能制造环节。当然，制造业的发展要符合其自身的规律，没有一定数量的一般产业集聚，就难以集聚足够的高端环节。要优化生产制造和产业组织方式，提升产业链、供应链稳定水平，积极嵌入全球价值链战略环节和关键环节，全面提升智能化制造能力，逐步培育具有全球影响力、拥有自主知识产权和核心技术产品的创新型企业。在航空领域更多提升国际中转功能，发展高增值的飞机维修、零部件供给等环节；在航运领域，增强航运金融、航运保险、航运电商等高端航运服务功能，提升航运服务水平。在商贸领域，集聚相关企业的综合性总部、营运中心、采购中心、研发中心和结算中心等。在金融领域，努力集聚全球财富管理、金融资本、金融市场的控制和领导的中心环节，探索建设人民币离岸交易、定价和清算中心，形成定价合理、产品丰富的人民币产品交易市场。

（四）商贸中心功能枢纽化

国际商贸中心功能的巩固和作用发挥，是一个以企业为主体，文商旅有机融合的过程。

1. 以文旅聚商贸

加快文旅赋能高质量发展，挖掘和提升城市历史文化内涵，塑造岭南文化、海丝文化及其他多元文化特色，搭建国际文化交流平台，构建全方位开放文化格局，形成具有国际影响力的城市文化品牌，提升广州城市文化的全球吸引力和影响力。借助"海上丝路""千年商都""花城""食在广州""珠江画廊""革命之都"等文化遗产资源优势，以文旅促进商贸发展，提升广州作为国际旅游目的地的吸引力、知名度和美誉度。

2. 以品牌引商贸

要打响广州智能网联与新能源汽车、绿色石化和新材料、生物医药与健康、高端装备制造、现代都市消费工业等产业集群的产品的知名度，吸引国内外客商规模化采购。同时，要借助粤港澳大湾区已形成的消费电子、汽车装备、服装服饰、家具家电、生物医药、健康食品等万亿级产业集群和一大批知名品牌的影响力，打造粤港澳大湾区知名品牌新形象，促进广州商贸中心功能的巩固和提升。

3. 以名企控商贸

要积极吸引国内外中高端消费品牌运营商、代理商、跨国连锁经营企业等名店、名企进入广州，设立全球总部、地区总部及功能型总部，发挥其货物贸易营运、大宗商品定价和服务贸易管控功能，努力争取生产要素定价权、信息发布权、技术标准和规则制定权，提升市场引领能力。

（五）教育科技文化聚合化

广州要发挥教育科技文化中心功能，基础在教育和文化，重心在科技创新，教育、科技、文化三者要聚合一体、相互支撑，共同服务粤港澳大湾区发展。

1. 成为粤港澳大湾区高质素创新型人才生成高地

广州必须以企业及市场需求为导向，以全面提升科学素养为抓手，培养具有科技创新创造能力、技能精湛的各类型各层次人才，服务粤港澳大湾区

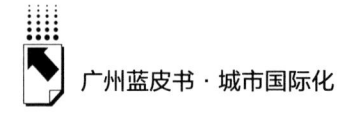

产业发展。

2. 提升城市的科技策源能力

以产业、企业技术创新为主体，发挥高校、科研机构、研发平台的创新功能，实施开放式创新，集聚全球创新要素资源，努力提升城市的科技策源能力，成为粤港澳大湾区追踪前沿科学发展、生成原创技术、孕育高新科技产业的策源地和扩散地。

3. 成为人文湾区的中心地

粤港澳三地文脉相亲、语言相通、地缘相近，粤语、粤剧、龙舟、醒狮、南派武术、凉茶是粤港澳大湾区共同的精神传承和文化资产，积淀了厚重的文化底蕴；同时，兼容吸收了一些世界各地先进的文化元素，成为世界多元文化汇集交流的重要区域。广州要积极借助这种资源和优势，为海丝文化、经典音乐戏曲等各种文化形式和资源提供充分展示、融合、创新和交易的平台，积极培育创新文化、时尚文化，推动文化交往交流，成为人文湾区的中心地。

总之，增强广州的粤港澳大湾区核心引擎功能，需要多元中心功能的综合化和复合化，需要在"对标杆补短板"中寻找新空间，从而在高效协同和循环增值中实现更为强大的核心引擎功能，提升城市的吸引力、辐射力和竞争力。

四 强机制增活力：广州增强粤港澳大湾区核心引擎功能的策略建议

城市核心引擎功能更多地体现为外向的功能，需要经过城市能级生成、媒介传递和辐射带动对象收受等过程，这一过程受到要素禀赋、制度环境、区间合作、经济体量等多种因素制约，其中起关键作用的是制度机制。

（一）完善广州增强粤港澳大湾区核心引擎功能的战略架构

1. 健全推动广州枢纽建设战略部署

要全力争取国家和省级部门单位的支持，围绕建设广州国际航运中心、国际航空枢纽和国际创新枢纽的战略部署，在重大交通设施布局中，如机场、高速公路、高速铁路、城际轨道交通等交通基础设施建设中，争取更大力度的支持，推动广州成为国际一流的综合交通枢纽，进一步巩固和提升广州枢纽地位。在重大信息基础设施、大型会议会展中心、重大关键性支柱产业落地上，重点考虑广州作为粤港澳大湾区核心引擎的战略需求。同时，进一步完善区域合作机制，建立广州与周边区域、港澳、珠江—西江经济带和高铁经济带之间的城市合作交流机制，形成常态化的持续联系，促进广州与其直接腹地的合作发展。

2. 积极争取国家级改革试点权

广州作为超大城市，有着许多城市所没有的特殊性和差异性，这种特殊性和差异性往往是争取成为国家试点的重要理由。在实现老城市新活力、"四个出新出彩"过程中，广州可以有更多的改革试点，如广州老城区的空间较大，可以获得更多城市更新的政策试点支持；"广州服务"也声名远播，可以在服务业标准化和扩大开放方面进行改革试点；在"一带一路"建设的推进中，广州作为"海上丝绸之路"的起点之一，可以争取国家授权进行更大程度的金融开放和贸易便利化等方面的改革试点；还可以在争取国家综合授权的情况下，获得更多与国家中心城市地位相适应的经济社会管理权限或计划单列市权限，推动政府事权与财力相匹配的改革，更好地发挥国家中心城市的作用。

3. 谋划推动自贸区南沙片区的扩区策略

自贸区扩区要考虑相关区域的产业特点，适当向生产服务业比较成熟的区域扩展，以最大限度发挥自贸区的政策效能。同时，借助自贸区的优势，着力打造外资集聚先行区和境外并购回归产业园。广州可凭借自身的土地空间优势，借鉴有关地区的经验，以更大创新力度，携手粤港澳大湾区城市打造建设高质量外资集聚先行区和境外并购回归产业园。

4. 设立粤港澳大湾区战略合作功能区

携手港澳，与惠州、东莞、中山等周边地区联合，可以考虑以知识城所在的九龙镇及周边钟落潭、花东、太平、中新四镇为主要范围，建立较大规模的粤港澳大湾区战略合作功能区。通过建立新的区域合作协同运行机制，有效整合粤港澳科技资源，集聚高水平的科研机构和高新技术产业实体，针对珠三角支柱性战略性产业集群的产业链供应链的共性技术、"卡脖子"技术和基础产业薄弱环节，开展核心技术研发和创新产品的设计、试验及产业化，以此促进制造产业技术的育成，并发挥其集聚和示范效应，助推"广州—深圳—香港—澳门"科技创新走廊建设，共同推动实现建设具有全球影响力的国际科技创新中心的战略任务。

（二）营造更具吸引力的要素集聚机制

广州需要在营造更具吸引力的产业资源集聚机制和更低门槛的智力吸引机制上下功夫，这将是形成城市发展基础动力的关键一环。

1. 努力降低智力资源进入广州的门槛

建立和完善低门槛、低成本的智力吸引机制，从个人所得免税、住房专项补贴、水电煤气、公共服务等多方面入手，降低生活成本，重点吸聚科技创新人群、大学理工科实习生、网红、艺术工作者等进入广州。

2. 充分利用港澳因素引入国际化创新资源

按照党的二十大报告提出的"加快建设世界重要人才中心和创新高地"的要求，结合广州实际，创新外籍高端人才认定、来华工作许可、工作类居留许可、签证便利化以及综合服务管理等方面的政策和管理措施；适当采用"候鸟型"人才引进和使用机制，着力提升广州参与人才国际竞争的比较优势；打破人力资源流动制度性区域樊篱，借助港澳因素及渠道，有效吸引全球优质创新资源，打造国际性创新要素集聚区和国际创新合作平台。试行按劳分配和按技术贡献分配相结合的分配方式，鼓励科研人员以科技成果参与分配。

3. 形成降低市场主体运营成本的策略机制

综合推进土地、公用设施配套、财税金融、空间布局、产业发展等领域改革，有效降低市场主体的运营成本，减少产业进入的成本性障碍，有针对性地吸聚特定产业资源进入广州；营造良好的产业生态，减少对企业发展的规模性挤出、规制性挤出和生态缺失性挤出，以滋养和培育更多适应市场能力强、发展前景广阔的引领型、骨干型企业。

（三）深化超大城市治理机制创新

1. 强化城市更新综合治理机制的建设

系统梳理城市更新议事规则、城市规划变更、新产业导入、利益补偿协调、矛盾纠纷的处置、城市更新的风险预判等一系列与城市更新相关的体制机制，形成规范的城市更新综合治理机制，为各类城市更新提供明确的工作指引，为实现老城市新活力提供长效化工作机制。

2. 推动粤港澳大湾区城市生态治理机制创新

借鉴深圳经验，探索建立生态产品价值（GEP）核算平台，实施环境污染强制责任保险制度。深入贯彻落实"绿水青山就是金山银山"的理念，根据自然资源内在属性创新多种产权（所有权、承包权、经营权及其他权能等）有效价值实现形式，探索资源、资产、资本一体化的价值实现机制和路径，推进自然资源的资产化和资本化，更好地实现自然资源资产的价值回馈。

3. 以数字赋能协同深化推进智慧城市软件改革

在提升城市管理硬件智能化水平的基础上，携手粤港澳大湾区城市，深化改革智慧城市制度政策环境，为智慧城市的建设提供优越的软环境。在粤港澳大湾区内地城市间完善市、区、镇（街）综合性政务大厅集中服务模式，推动政务服务全城通办、就近能办、异地可办，提升粤港澳大湾区城市的综合治理效能。

（四）深化广州与粤港澳大湾区机制对接与合作

1. 提高人员往来的便利度

根据实际情况，进一步放宽高频出入人员多次往返签证；在人员通关方面，充分利用人脸识别等现代化信息技术，推广"一地两检"查验模式或"合作查验，一次放行"通关模式；在数据联通方面，充分利用现代科学技术手段，推动查验信息、检验认证认可互联互通，实现监管程序、数据申报和业务流程的再造和改革，促进贸易便利化。

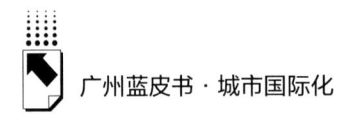

2. 深化多层次多侧面的粤港澳大湾区区域合作机制

在健全以《深化粤港澳合作 推进大湾区建设框架协议》为主框架的区域合作机制的基础上，完善成本分摊机制、利益分享机制和经验学习机制，更多地形成行业、领域、产业链的实体合作机制，促进粤港澳大湾区城市形成更为紧密的区域合作关系。

3. 建立高等院校、科研机构与市场主体融合的技术创新体制

面向经济主战场，携手粤港澳大湾区城市，针对"卡脖子"技术，共同搭建企业与高等院校、科研机构对接合作平台，并建立合理的成本分摊机制和利益分配机制，解决科技创新与市场结合不足问题，推动技术产业化。

4. 建立借助港澳促进自身金融开放的机制

在金融领域，积极在金融市场的广度、深度、开放度以及金融创新能力等方面实现突破，充分借助港澳的金融优势，加快构建与国际通行规则相衔接的制度体系和监管模式，推动境内外金融市场高水平双向开放，达到以金融领域的先行先试促进广州高水平制度型开放。在广州期货市场正式起步运营的情况下，为增加广州期货交易容量和提升广州商品期货价格与国际市场同步性，可考虑与港澳共同建立"期货通"机制。同时，探索香港、澳门和广州三地基金的互认互联和可交易机制，增加香港、澳门居民投资广州的机会，激发广州金融发展活力。

5. 协同形成粤港澳大湾区城市共同打造"一带一路"建设合作平台机制

在对外开放方面，广州要树立"组团出海"理念，借助港澳突出的渠道优势，依靠粤港澳大湾区规模化的力量，携手粤港澳大湾区城市加快形成"一带一路"建设合作平台机制，选择"一带一路"有市场潜力及国际环境较好的国家和区域，打造新型的境外产业园区或贸易区，推动共建"一带一路"高质量发展。

（五）携手港澳共建现代化国际化营商环境策源机制

1. 共同打造全国营商环境制度创新"策源地"

港澳地区市场化程度较高，在与国际化、法治化营商环境的接轨方面也比较成熟。广州可以不断突破对营商环境的固有认知，进一步拓宽营商环境改革视野，借鉴港澳在市场环境建设、市场监管模式、市场法治建设以及政务环境建设等方面的经验，进而协同内地珠三角九个城市共同打造全国营商环境制度创新"策源地"。

2. 协同跟进世界营商规则和营商环境评估变化

共同探索与国际贸易投资新规则的衔接，密切关注未来国际经济规则和营商环境变化的动向，在贸易便利化、投资保障、知识产权保护、环境标准和劳工标准等领域争取率先寻求突破，特别是探索不同司法管辖区环境保护标准一体化问题，并力争取得机制上的新突破。同时，动态跟进世界银行宜商环境评估体系的指标及相应数据采集要求，不断调整优化广州营商环境改革事项和任务。

参考文献

白国强、葛志专：《广州市全面深化改革的重大成就、突破方向与策略选择》，载广州改革发展报告编写组编《广州改革发展报告（2017）》，广东人民出版社，2017。

徐迪威、张颖、卢琰：《科技资源支撑粤港澳大湾区创新发展的研究》，《科技管理研究》2019年第18期。

康达华：《为推进粤港澳大湾区建设注入广州新活力》，《探求》2019年第3期。

B.10
2022年企业对广州优化营商环境改革成效满意度调查报告

朱泯静　简荣*

摘　要： 2022年广州正式启动营商环境5.0改革，更为聚焦市场主体关切。本报告基于市场评价为第一标准的思路，采用问卷调查方式，研判企业对广州营商环境市场化、法治化、国际化、便利化、数字化改革的看法。结果显示，受访企业整体处于"比较满意"水平。较之2021年，接近五成受访企业认为2022年营商环境有改善，并对便利化、数字化满意度较高，对市场化满意度较低。小微企业获得感有待提升。受访企业认可广州在深化政务服务便利化、数字赋能涉企业务、创新法治服务举措、深化规则衔接机制对接、夯实市场经济基础性制度等方面的做法，同时提出进一步提升涉企业务的便利化水平、降低企业经营成本、强化国际经贸规则对接合作等诉求。为持续优化营商环境，广州应加强数字赋能政务服务，提高涉企办事质效，建设全国统一大市场，促进要素自由流动，完善涉外规则对接，提升对外开放水平。

关键词： 营商环境　改革成效　满意度　企业调查

营商环境直接影响市场主体的兴衰、生产要素的聚散和发展动力的强

---

* 朱泯静，博士，广州市社会科学院社会研究所副所长，副研究员，研究方向为管理理论、营商环境、企业创新等；简荣，广州市社会科学院社会研究所助理研究员，研究方向为公共服务、社会政策。

弱，优化营商环境是实现高质量发展的重要保障。2023年广州市《政府工作报告》强调将持续优化营商环境，深化国家营商环境创新试点，以企业和市民感受为第一标准，推动新一轮营商环境改革。鉴于此，评价营商环境改革成效应回归营商环境改革初衷和旨归，遵循市场主体是营商环境的最佳评价者、满意度是营商环境评估的基本标准和方向，从市场主体感受出发摸清营商环境改革的现状，找出存在的问题及关键制约因素，有针对性地进行政策干预，促进营商环境的改善优化。本报告沿用这一思路，采用企业问卷调查方式，研判企业对广州营商环境改革成效满意度状况。

一 企业对营商环境改革成效满意度的评估框架

2020年7月21日，习近平总书记在企业家座谈会上强调："要推进简政放权，全面实施市场准入负面清单制度，支持企业更好参与市场合作和竞争。""持续打造市场化、法治化、国际化营商环境，为中外企业提供公平公正的市场秩序。"为深入贯彻落实习近平总书记重要指示批示精神，广州在其首部营商环境政策性法规《广州市优化营商环境条例》中提出优化广州营商环境应当坚持市场化、法治化、国际化、便利化的原则。从时代发展大势来看，站在数字化新纪元的开端，数字化创新带动生产方式、生活方式、治理方式变革，实现营商环境数字化治理，推动决策和服务更智能、更具预见性和规范性，营商环境改革必将朝着市场化、法治化、国际化、便利化、数字化方向前进。企业是营商环境的直接参与者和需求者，也应从"五化"角度开展评价（见图1）。

为全面、客观、准确分析企业对广州营商环境改革成效的主观感受，本报告采用问卷调查方式获取数据。2022年7月，广州市社会科学院社会研究所课题组开展"广州营商环境改革成效企业满意度调查"。此次调查涵盖全市11个区，通过分层随机抽样方法抽取企业样本，最终回收150份有效问卷。通过与《广州统计年鉴》数据比对，样本企业在区域分布上与统计数据基本相符（见图2），说明数据具有较好的代表性、科学性。

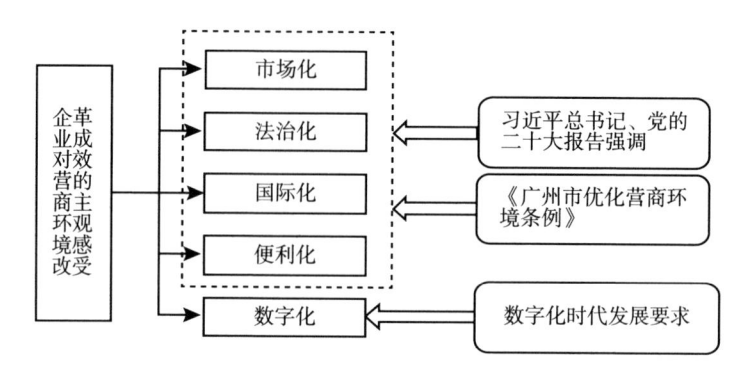

图1 企业对广州营商环境主观感受的评估框架

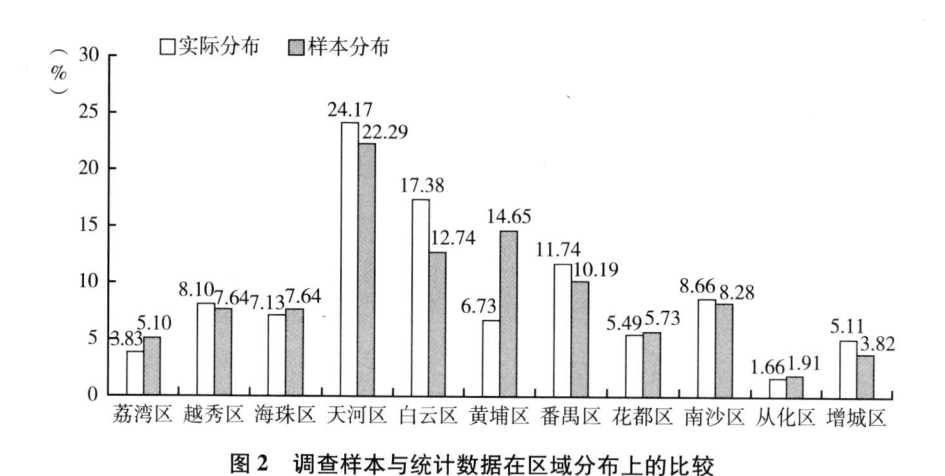

图2 调查样本与统计数据在区域分布上的比较

二 2022年企业对广州营商环境改革成效满意度的综合分析

（一）企业对广州营商环境改革总体持比较满意态度

受访企业对广州营商环境改革成效总体满意度进行评分，1分表示非常不满意，10分表示非常满意。结果显示，企业对广州营商环境改革成效总体满意度得分为7.10分，按照企业对广州营商环境改革满意度得分划分标准（见表1），处于"比较满意"水平。进一步从对比视角来看，较之2021

年，48.42%的受访企业认为广州2022年营商环境有改善。其中，42.86%的受访企业认为有些改善，5.56%的受访企业认为有很大改善；17.46%的受访企业认为2022年营商环境与2021年相比没有变化；不过，仍有34.13%的受访企业认为广州营商环境变差了（见图3）。

总体而言，2022年，广州开启营商环境5.0改革，实施40项重点改革任务、223项落实举措、76项原创性和差异化的特色举措，从客观数据来看，取得明显成效。截至2022年7月，全市实有各类市场主体309.20万户，同比增长5.75%，增速居北上广深首位。从企业主观感受来看，企业总体上持"比较满意"态度，近半数企业认为2022年营商环境较之2021年有改善。

表1 企业对广州营商环境改革满意度得分划分标准

得分范围	评价情况
1.00~3.00	非常不满意
3.01~5.00	比较不满意
5.01~6.00	一般
6.01~8.00	比较满意
8.01~10.00	非常满意

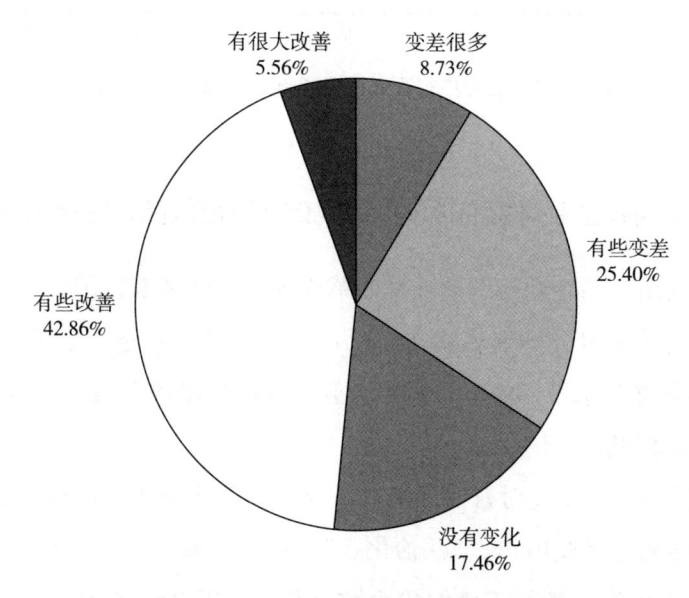

图3 受访企业认为2021~2022年广州营商环境变化情况

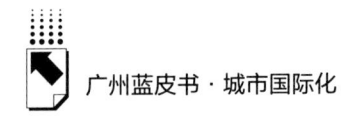

（二）企业对便利化、数字化满意度较高，市场化满意度较低

从企业对营商环境"五化"满意度情况来看，得分超过8.00分的是便利化（8.18分）、数字化（8.11分），处于"非常满意"水平。随后是法治化（7.95分）、国际化（7.38分），处于"比较满意"水平。而市场化得分为6.96分，与其余四个维度得分呈现明显差距，排名相对靠后（见图4）。整体而言，企业对广州营商环境改革的便利化、数字化认可度较高，而对市场化认可度相对较低。

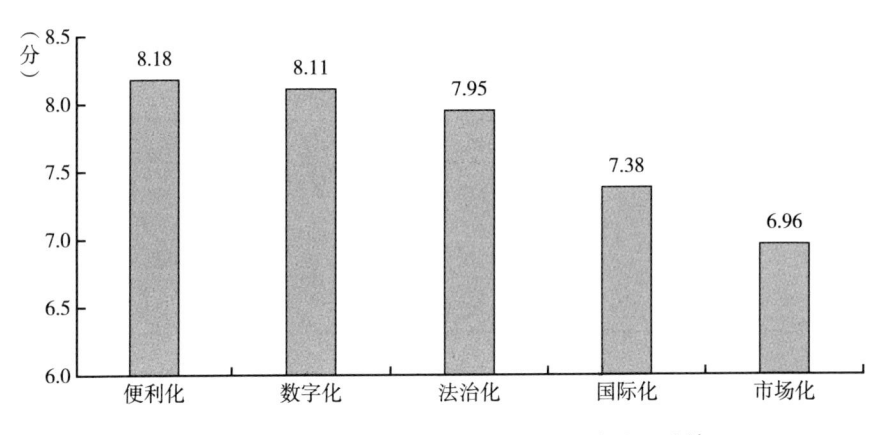

图4 受访企业对广州营商环境"五化"满意度评分情况

（三）国有企业对营商环境改革成效认可度较高，民营企业稍低

从不同所有制企业对营商环境改革成效满意度来看，国有企业、外资企业、民营企业得分分别为7.23分、7.19分、7.11分（见图5），均处于"比较满意"水平。其中，国有企业对营商环境改革成效认可度较高，而民营企业较低。

从不同所有制企业对营商环境"五化"满意度来看，国有企业排名前三位的是便利化（8.10分）、法治化（7.90分）、数字化（7.77分），民营企业、外资企业排名前三位的均为数字化（8.22分、8.38分）、便利化

2022年企业对广州优化营商环境改革成效满意度调查报告

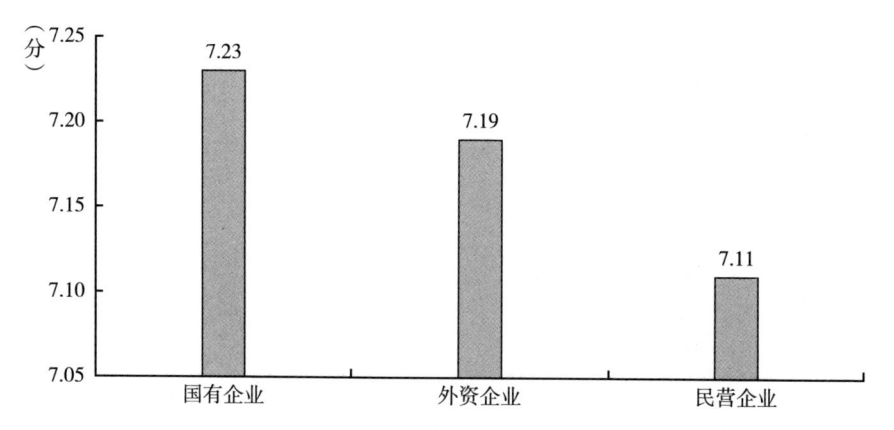

图5 不同所有制企业对广州营商环境满意度评分情况

(8.16分、8.24分)、法治化(7.94分、8.00分),而国际化、市场化在不同所有制企业的评分中均排名第四、第五。这说明,国有企业对便利化的感受较好,民营企业、外资企业对数字化的认可度较高。由于数字化是便利化的手段之一,不同所有制企业对广州营商环境改革便利化方向更为满意,而对市场化认可度较低。

(四)大型、中型企业满意度较高,小微企业满意度较低

在不同规模企业对广州营商环境改革成效总体满意度中,大型企业、中型企业、小微企业得分分别为7.32分、7.16分、6.54分(见图6),均处于"比较满意"水平。但是,大型企业、中型企业得分均超过7.00分,而小微企业满意度得分低于7.00分,明显低于大型企业、中型企业。广州营商环境改革中,小微企业获得感不足,满意度较低。

从不同规模企业对营商环境"五化"满意度评价来看,大型企业较为满意的是法治化(8.23分),中型企业、小微企业则是便利化(8.33分)、数字化(7.71分)。不同规模企业对市场化满意度均较低,大型企业、中型企业、小微企业得分分别为7.45分、7.02分、6.04分。整体来说,大型企业更认可营商环境法治化方向,中型企业、小微企业则更满意便利化方向。不同规模企业都对市场化方向获得感较低,尤其是小微企业。

201

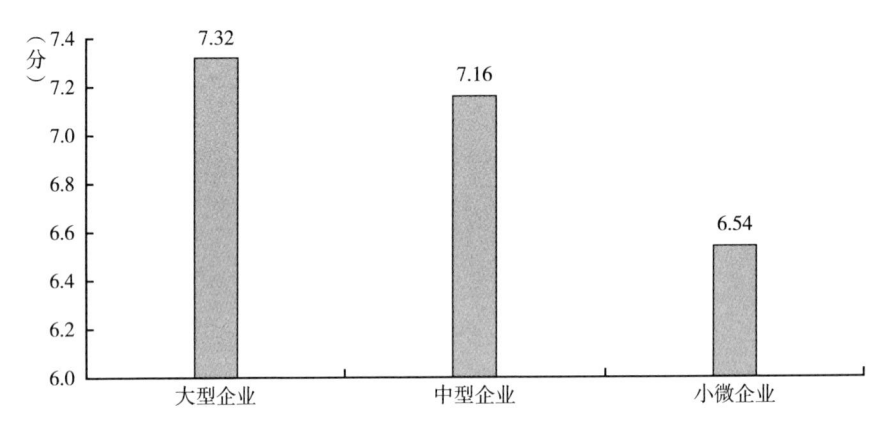

图 6 不同规模企业对广州营商环境满意度评分情况

（五）企业对营商环境政策知晓度较高，认为改革举措有帮助

2018年以来，广州将优化营商环境作为全面深化改革"头号工程"[1]，先后实施了营商环境1.0至5.0改革，在减流程、减成本、减材料、减时间、优服务上着力突破，打造营商环境改革"广州样本"。调查显示，73.25%的受访企业知晓广州优化营商环境政策。其中，72.61%的受访企业表示知道这些政策，0.64%的受访企业表示非常熟悉这些政策，而26.75%的受访企业表示对这些政策非常不熟悉（见图7）。可见，企业对广州营商环境相关政策知晓度较高，但政策熟悉度则需要进一步提升。

询问企业对营商环境改革举措作用的感受，91.37%的受访企业认为对企业发展有帮助，其中，76.26%的受访企业认为有一定帮助，15.11%的受访企业认为帮助很大，仅有8.63%的受访企业认为没什么帮助（见图8）。

综上所述，2018年至今广州营商环境改革迭代升级，出台了一系列改革举措，企业对这些相关政策知晓度较高，九成以上的受访企业认为营商环境改革举措对企业发展有帮助。

---

[1] 《广州缘何成为营商环境"优等生"》，《南方日报》2022年5月10日。

2022年企业对广州优化营商环境改革成效满意度调查报告

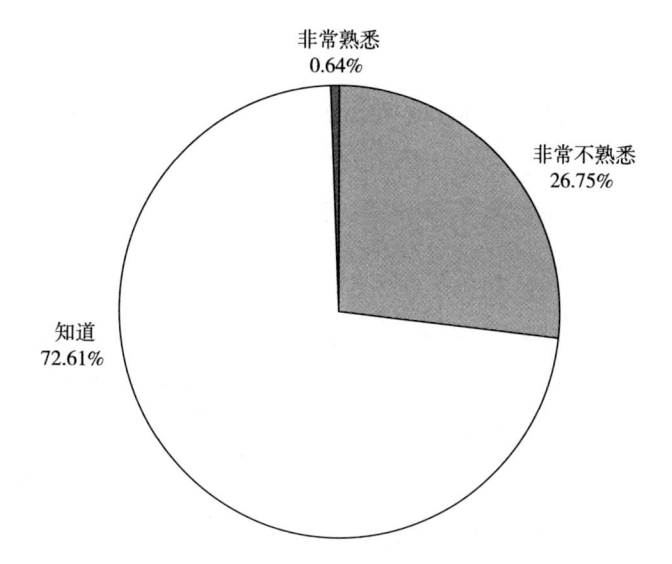

图7　受访企业对广州营商环境相关政策知晓度情况

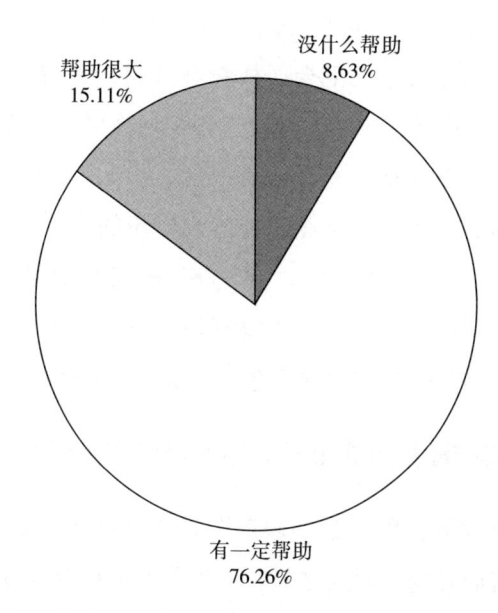

图8　受访企业对广州营商环境改革举措作用的感受

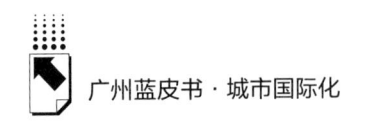

三 2022年企业认可的广州营商环境改革亮点

（一）坚持以企业需求为导向，打造便利化政务服务

2022年，广州立足企业办事体验，以更大力度推动提升营商环境的便利度。首先，在减少流程手续环节上发力。以纳税为例，广州推出企业所得税年度汇算清缴"速退易"智能退税服务，在全国范围内率先实现企业所得税汇算清缴多缴退税"智能快速办"，企业在完成企业所得税年度汇算清缴后就可以及时取得退税款。跨境贸易领域也有特色做法，推进报关单"日清"机制和"两步申报"机制，实现24小时全天候智能通关，不断推进"单一窗口"建设模式，借助数字信息技术，打造智能物流服务系统，简化通关手续，合理减少通关成本。其次，在缩短业务办理时间上发力。开办企业的流程手续最快可在0.5天内办结，纳税人申领发票最快仅需100秒，港澳案件授权流程从登录平台、核验身份到签署授权委托书仅需5分钟，简易低风险项目审批改革后，建设工程规划许可证与建筑工程施工许可证审批最快可在一天内完成。

那么，企业感受如何？在企业选择落户广州的原因中，47.13%的受访企业考虑的是广州"交通区位佳"，45.88%的受访企业则是考虑到广州"政务服务便利"，而其他因素占比均没有超过30%（见图9）。这充分说明了广州营商环境便利化改革方向回应企业期盼，企业认可度较高。

（二）数字科技赋能涉企业务，纵深推进数字化改革

数字化发展浪潮下，以"数字政府"建设为抓手，数字科技赋能营商环境是全面优化营商环境的时代之需。广州着力从打造全方位互动型、便捷型和智慧型政府入手，建成全国首个以区块链技术为支撑的"信任广州"数字化平台，基于平台上各类电子营业执照、行政许可证数据信息，企业办理业务可以授权调用数据信息给业务审批部门，实现商事登记全程电子化，

2022年企业对广州优化营商环境改革成效满意度调查报告

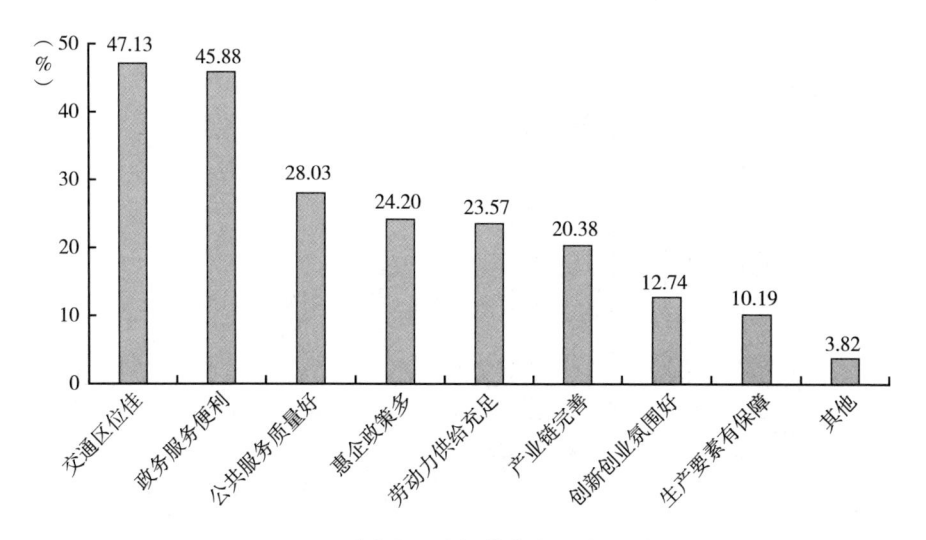

图中数据：
- 交通区位佳 47.13
- 政务服务便利 45.88
- 公共服务质量好 28.03
- 惠企政策多 24.20
- 劳动力供给充足 23.57
- 产业链完善 20.38
- 创新创业氛围好 12.74
- 生产要素有保障 10.19
- 其他 3.82

图9 受访企业选择落户广州的原因

大幅提升办事效率。广州打造"政务智慧小屋"，推出"全程免费代办"云服务，应用区块链与云计算技术打造政务区块链平台，推进"互联网+监管"社会信用体系建设，基本实现政务数据共享。另外，在开办企业领域，广州致力于实现开办企业便捷智能，企业名称登记、信息变更、预约银行开户等事项实现数字化、可视化全程导办服务。全面推行标准化智能审批，应用企业名称、企业住所、经营范围"三个自主申报"，以及"人工智能+机器人"智能无人审批，实现"网购式"智慧开办企业[1]。

关于企业如何看待广州数字赋能营商环境改革成效，调查结果显示，在企业最满意的营商环境改革事项中，涉企业务电子化改革居首位，50.96%的受访企业感到满意（见图10），反映出企业对广州营商环境数字化改革的认可。

（三）创新法治服务举措，助推法治化营商环境建设

习近平总书记多次强调，法治是最好的营商环境。在营商环境法治化

---

[1] 《广州市人民政府关于印发广州市建设国家营商环境创新试点城市实施方案的通知》，2022年2月20日。

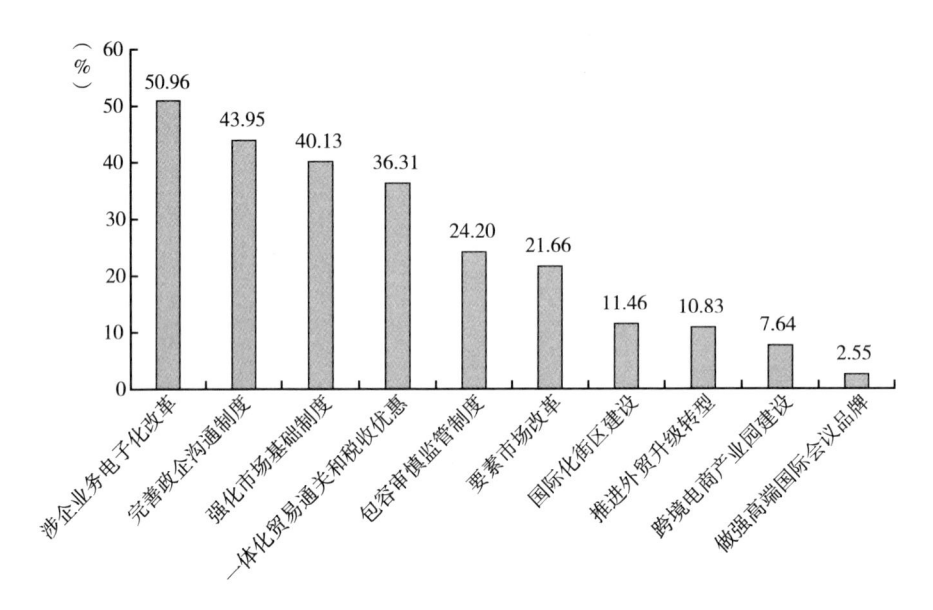

图10 受访企业对广州营商环境改革举措最满意事项

建设方面,广州聚焦制度建设,出台《广州市优化营商环境条例》,将实践证明有效、市场主体认可的改革经验上升为制度性成果,并整合全市法治资源,成立优化营商环境法治联合体,合力破解优化营商环境的制度瓶颈。首创市场轻微违法"双免"模式,率先在全国推出市场轻微违法经营行为免处罚免强制模式,出台《广州市市场监管领域轻微违法经营行为免处罚免强制清单(2021年版)》,涉及计量、标准、广告等7个领域,包括免处罚事项51项、免强制事项9项,对相应的裁量情节进行明确,构建法治化营商环境监管执法纠错容错机制。特别的是,成立广州市政企沟通服务中心作为政企沟通的实体平台,探索建立以"一会""四日"活动为主的政企沟通新路径,通过市领导与民营企业家恳谈会、"恳谈日、读懂日、伙伴日、惠企日"等常态化活动进一步畅顺政企沟通。从企业感受来看,77.06%的受访企业认为相较于2021年,广州2022年法治化营商环境变好了(见图11),广州营商环境法治化改革让企业在法律的保护下更有安全感。

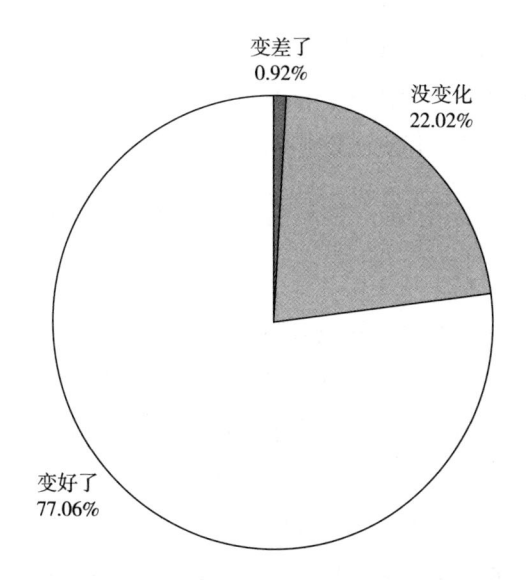

变差了 0.92%
没变化 22.02%
变好了 77.06%

图11 受访企业对广州法治化营商环境的评价

（四）深化规则衔接机制对接，增强核心引擎功能

改革开放是我国始终坚持的基本国策之一。优化营商环境是深化改革开放和提升国际竞争力的重要内容。在不同制度背景下，做好规则衔接机制对接是优化营商环境的重要一步。广州作为粤港澳大湾区核心引擎之一，紧紧扭住粤港澳大湾区建设这个"纲"，瞄准打造国际营商规则衔接高地的目标，以"小切口"实现"大突破"。重要进展之一是打造国际商事仲裁"广州模式"，率先制定全球首个互联网仲裁"广州标准"，2021年发布第二版，有针对性地破解了互联网仲裁中身份识别和电子送达两大难点，为进一步在全球推行"广州标准"夯实基础，是对建设国际统一的互联网仲裁规则的创新探索。该举措获联合国国际贸易法委员会专门推介，凸显了广州在制定国际仲裁规则方面的作用与地位。与此同时，以《广州南沙深化面向世界的粤港澳全面合作总体方案》和南沙自贸片区建设为契机，依托南沙区深化面向世界的粤港澳全面合作，全力打造国际规则衔接机制对接高地，深化"放管服"改革，有序推进金融市场互联互通，提升公共服务和社会管理相互衔

接水平，累计形成789项自贸区制度创新成果，无证明自贸区、全球质量溯源等近30项实践经验向全国推广[①]。企业充分肯定广州营商环境国际化改革成绩，在对广州国际化营商环境评分中给出7.38分，处于"比较满意"水平。

（五）夯实市场经济基础性制度，保障市场公平竞争

营商环境改革重在市场建设，旨在激发各类市场主体活力。2022年，广州在营商环境市场化改革中，从完善制度体系、保护公平竞争、维护市场经济秩序三个方面提升完善。一是进一步落实公平竞争审查制度。加大对平台经济垄断和不正当竞争行为的监管力度，严打网络传销违法活动，规范发展直播电商等新业态新模式，加强电商规范经营监管，着力构建网络市场协同共治机制。[②] 二是创新事中事后监管机制。深入推进"双随机、一公开"监管全覆盖、部门联合抽查常态化，实现"进一次门，查多项事""一年最多查一次"，减轻企业负担，持续打造市场监管"最佳实践"。构建"信用风险判定分类→风险监测预警→风险研判处置→信用监管约束"的全链条闭环式智慧型监管新机制，推进信用风险分类结果与"双随机、一公开"监管深度融合，推动社会信用体系建设向上提升、向纵深突破、向全领域推进。三是加强知识产权保护工作。中国（广州）知识产权保护中心通过国家验收，借此契机，广州面向高端装备制造和新材料产业开展集快速审查、快速确权、快速维权于一体的知识产权快速协同保护工作，打造知识产权保护高地。目前，62.7%的受访企业反映广州不存在"重国有、轻民营""重大企业、轻小企业""重外资、轻本地"的现象，体现出现阶段广州市场环境较为公平，有利于企业发展。

四 2022年企业期待广州营商环境改革的重点

（一）企业期待进一步提升营商环境便利化水平

前文指出，受访企业对广州营商环境改革便利化认可度较高，但也存在

---

① 《以"绣花功夫"推动现代化国际化营商环境出新出彩》，《中国经济导报》2022年7月7日。
② 《广州去年新登记市场主体全省最多》，《南方日报》2022年1月14日。

有待进一步优化的地方。受访企业反映，在办理涉企业务时仍有"审批材料多，手续烦琐""最新政策获取不够便利，公开不够及时"的现象，占比分别为41.40%、40.76%；而"缺乏投诉和反馈平台""没有咨询人员或服务态度差"的问题占比分别为25.48%、21.02%（见图12）。随着广州"数字政府"建设的稳步推进，涉企业务数字化硬件设施有明显改善，而在软环境上仍有待进一步优化，企业期待解决涉企业务办理手续烦琐、获取政策信息不便等难题，同时，进一步优化办事流程和平台，整合优化营商环境事项，加强宣导，提高政府服务精细化、精准化、便利化水平。

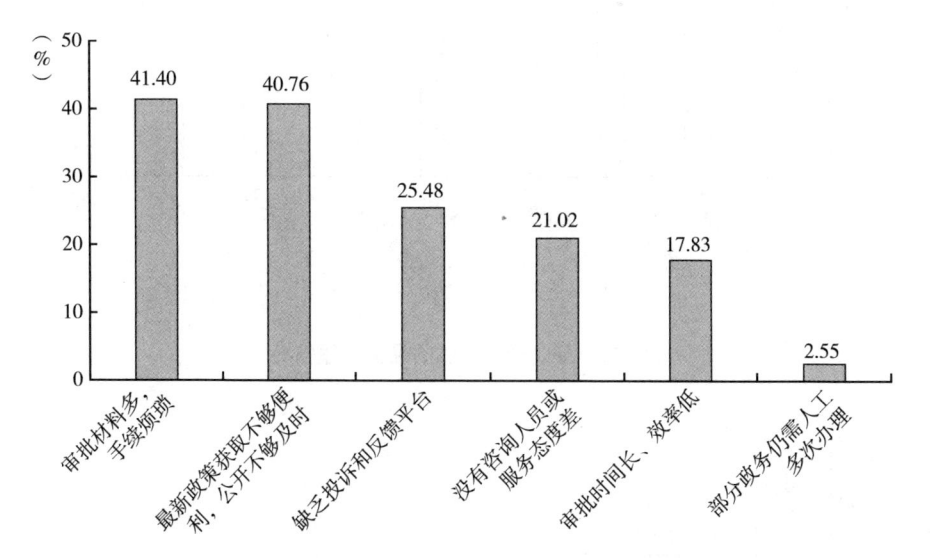

图12 受访企业认为办理涉企业务的不便之处

（二）企业期待进一步降低生产要素成本

由于受访企业对营商环境市场化改革维度满意度相对较低，在市场化改革中掌握企业集中诉求与难点很有必要。受访企业面临的三大难题是"用工成本高""商品销售难""融资贵融资难"，占比分别为55.41%、38.22%、30.57%。其他企业难题占比均没有超过25%（见图13）。新冠疫情对企业经营造成了一定影响，用工成本高与商品销售难是2022年企业面临的挑战，同时，融资难融资贵依然制约着企业发展。融资难融资贵表现在办理手续烦琐、抵押物以不动产为主，占比分别为47.13%、32.48%，其余表现占比均未超过30%（见图14）。企业期盼进一步降低企业生产要素成本，精准帮扶市场主体加快恢复发展，提振企业信心。

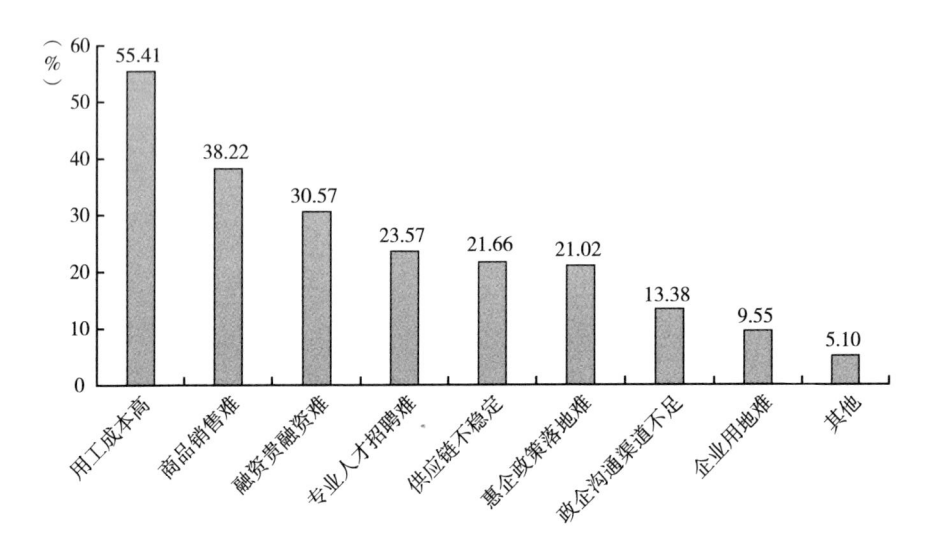

图13 受访企业面临的最大难题情况

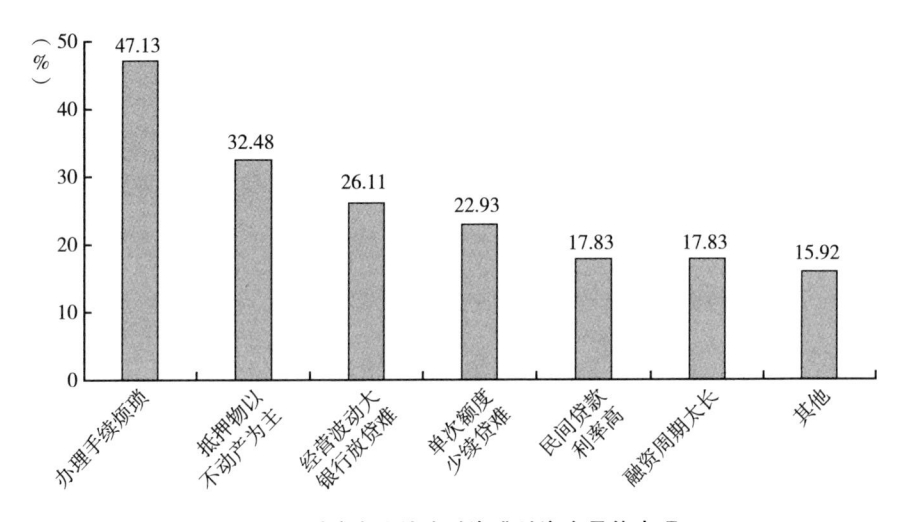

图14 受访企业认为融资难融资贵具体表现

（三）企业期待进一步加强国际规则对接

国际化是营商环境改革的目标之一。随着我国更高水平对外开放的持续推进，越来越多的企业走出国门，成为国际经贸往来中的排头兵。但是2022年在形势严峻的国际经贸环境、中美经贸摩擦的形势下，涉外企业面临着复杂多变的国际经贸法律规则与标准的挑战。调查显示，受访企业开拓海外市场中遇到的首要困难是对海外法律和社会不了解（39.62%），其次是海外市场需求低迷（35.85%），排名第三、第四的是缺少海外经营人才（24.53%）和缺乏海外商务信息（22.36%）（见图15）。企业期盼进一步强化国际规则对接，高质量助力企业"走出去"。

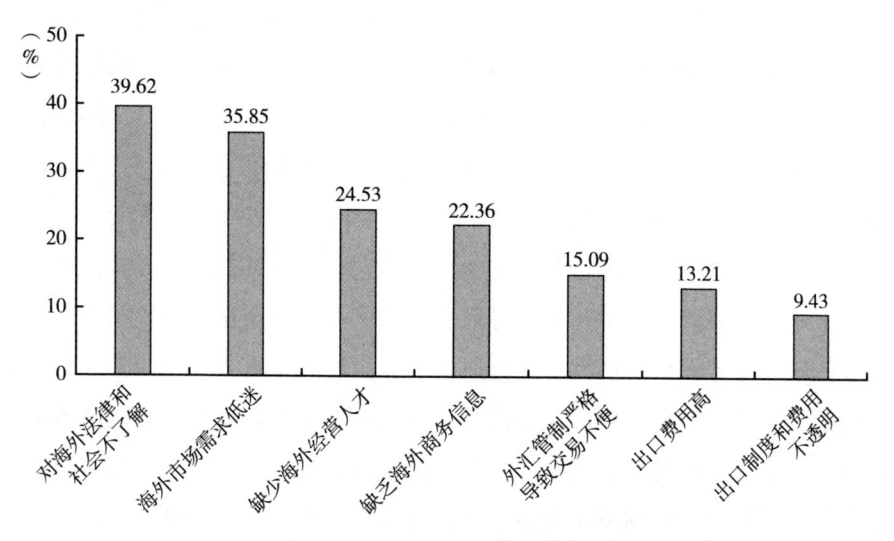

图15 受访企业反映开拓海外市场过程中面临的难题

五 聚焦企业诉求持续优化营商环境的对策建议

营商环境改革依然是"十四五"时期的重点任务之一。党的二十大报告为营商环境改革指明了方向，要求"营造市场化、法治化、国际化一流营商环境"。针对企业集中诉求和期待，本报告基于"技术赋能—制度创新—规则对接"的关系框架提出如下对策建议。

（一）数字赋能政务服务，提高涉企办事质效

从技术赋能助力便利化改革来看，优化以企业需求为导向的涉企服务模式，推进涉企业务流程和方式的系统性重塑，提高涉企业务办理效率，为企业提供"五星级"服务体验。一是应用大数据等技术，提升企业需求识别能力，精确预测企业需求，推出个性化、差异化数字政务服务。建立健全企业需求表达机制，定期与企业开展数字政务服务评价、意见获取、监督约束等交流。二是匹配企业所需，以系统性思维，整合零散的涉企业务，推进链条式业务管理，借助O2O模式，畅通线上线下政务服务无缝衔接，进一步缩减企业办理业务流程、时间、材料和降低制度性交易成本，全面提升涉企业务的服务效能。三是推动政府部门内部流程扁平化、横向部门之间流程协同化、纵向部门上下流程贯通化，通过建立定格协调推进机制、并联办理工作机制、"横向一体化"组织体系、协同监督推进落实机制等举措，压缩政府部门内部事务、部门间合作事务、上下部门行政审批的耗费时长。四是按照涉企业务流程设置简单明了的导航和板块，开展涉企业务板块培训，提高数字化政务服务平台易用性。强化不同业务板块间数据共享共用功能，减少资料重复上传，提高平台使用便捷性，满足企业所需。五是建立健全数字化政务服务平台互动机制，为企业提供意见反馈、投诉等渠道，及时、高效地与企业线上互动，明确意见投诉的办理时效，提升为企业解难题的能力。

（二）建设全国统一大市场，促进要素自由流动

从制度创新助力市场化改革来看，广州应把握建设全国统一大市场的战略机遇，充分发挥市场配置资源的决定性作用，畅通要素流动渠道，保障不同企业平等获取生产要素，推动要素配置依据市场规则、市场价格、市场竞争实现效益最大化和效率最优化。一是加快统一市场基础制度规则，加强市场监管领域制度供给。聚焦市场准入、公平竞争、信用监管和知识产权保护

等领域，加快完善与高水平社会主义市场经济体制相适应的制度和政策体系，为企业提供稳定、公开、透明、可预期的制度环境。二是降低市场主体制度性交易成本。进一步深化经营主体准入准营退出制度改革，不断完善各项涉企业务便利化举措，持续释放改革效能，更好发挥市场化营商环境改革对于稳定市场预期的作用。三是推进市场监管公平统一。健全公平竞争审查制度，提升公平竞争审查的程序和内容的标准化和规范化程度，提高其可操作性和可行性，切实增强市场监管的稳定性和可预期性。

（三）完善涉外规则对接，提升对外开放水平

推动规则对接助力国际化改革，要从以下四个方面着力。一是加强合作机制建设，搭建企业"走出去"公共服务平台，为企业对外投资贸易建设营销网络、提供境内外重要资讯和业务指引；建立健全企业对外贸易服务联盟机制，凝聚商务、税务、央行、海关等多部门合力，常态化为广州外贸企业提供个性化一站式服务；搭建与外国领事机构联络平台，加强对外推介广州企业，推动企业抱团"走出去"；加快打造国际法律支撑体系，建设完善的法律保护、运营、信息服务平台。二是加强对企业培训和政策宣传，通过组织专题培训、举办"关企面对面"活动，围绕对外贸易以及跨境产业链、供应链等重点领域，面向企业大力开展宣介培训，提高广州企业对国外经济社会法律以及贸易规则等方面的熟悉程度和运用能力。三是加强市场规则和国际标准对接，强化对外贸易重点热点领域的标准研制与实施推广，规范化接轨国际标准，最大限度发挥标准化在推动贸易增长、促进贸易便利化等方面的重要作用；加快推进内外贸产品的同线同标同质，促进内外贸一体化发展；针对重点领域开展多双边互认合作，提升广州企业的参与度，使之从国际合作互认中获得更多实惠；针对广州产品出口的目标市场，加强推介强制性产品认证宣传工作。四是加强对接RCEP、CPTPP商贸规则新变化，建立RCEP、CPTPP国别商品税率对比清单，深化企业对出口重点国别关税减让的理解掌握；提升信息技术、汽车、生物医药与健康等广州新兴支柱产业、高新技术产品出口占比；支持

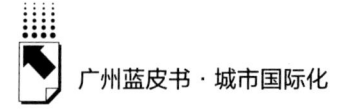

企业在日本、东盟国家等注册境外商标、获取专项认证，通过设立产品直销中心等方式，深耕境外市场。

参考文献

林丽鹏、罗珊珊：《以更优营商环境助力高质量发展》，《人民日报》2022年5月9日，第1版。

王艺霖：《在习近平法治思想指引下营造公平有序的经济发展法治环境》，《中国纪检监察》2021年第8期。

刘帷韬、揭昊：《广州历次营商环境改革的经验总结与进一步优化方向》，《商业经济》2022年第10期。

王春晓：《广州积极探索全链条创新发展路径》，《国际人才交流》2023年第1期。

刘戒骄、刘冰冰：《构建高水平社会主义市场经济体制的逻辑与核心制度》，《财经问题研究》2023年第1期。

金竹：《地方财政部门公平竞争审查实务问题探讨》，《北京社会科学》2020年第2期。

B.11 广州海外人才引进政策评价及完善

——立足粤港澳大湾区高水平人才高地建设视角

陈雪玉*

摘　要： 当前海外人才引进竞争激烈，而广州海外引才政策在对经济社会发展发挥重要作用的同时，对粤港澳大湾区高水平人才高地建设提出的新要求，存在政策扶持不充分不平衡、统筹实施不够有力、宣介整体效应不强、创新性灵活性不够等问题。广州应当立足创新所向、战略所盼、政策所能、改革所求、产业所需，从增强海外引才政策韧性、提升来穗海外人才实惠、强化海外引才政策传播、推进海外引才政策创新等方面着力完善。

关键词： 海外人才　人才引进政策　粤港澳大湾区　高水平人才高地

一　海外人才引进竞争激烈

2013年10月，习近平总书记在欧美同学会成立100周年庆祝大会上发表重要讲话，确立了"支持留学、鼓励回国、来去自由、发挥作用"的新时代留学工作方针，深刻指出新时代留学人员工作的关键着力点，为评价海外引才工作成效特别是归国留学人员发挥作用提供了科学指引和根本遵循。2016年3月，中央印发《关于深化人才发展体制机制改革的意见》，强调

---

* 陈雪玉，广州工程技术职业学院财经管理学院讲师，研究方向为城市人才战略与人才资源开发。

"扩大人才开放。树立全球视野和战略眼光，充分开发利用国内国际人才资源，主动参与国际人才竞争，完善更加开放、更加灵活的人才培养、吸引和使用机制，不唯地域引进人才，不求所有开发人才，不拘一格用好人才，确保人才引得进、留得住、流得动、用得好"，为全国各地创新优化海外引才政策进一步指明了方向、提供了路径。2021年9月，习近平总书记在中央人才工作会议上强调深入实施新时代人才强国战略，加快建设世界重要人才中心和创新高地，可以在北京、上海、粤港澳大湾区建设高水平人才高地。2022年10月，习近平总书记在党的二十大报告中强调："加快建设世界重要人才中心和创新高地，促进人才区域合理布局和协调发展，着力形成人才国际竞争的比较优势。"

在中央鼓励性政策的大力推动下，我国海外人才特别是留学归国人员数量不断攀升。1978~2019年，各类出国留学人员超650万人，其中回国留学人员420余万人。[①] 党的十八大以来，我国各类出国留学人员中超过八成完成学业后选择回国发展，[②] 留学人员归国发展趋势更加显著。据全球化智库发布的《全球人才流动趋势与发展报告（2022）》，世界主要国家人才竞争力指数旗鼓相当，人才中心正向亚洲扩散，其中中国人才竞争力指数排在第8位，人才环境指标排名第2，仅次于美国。

伴随大批留学人才归国发展，国内各大城市间海外人才引进呈现激烈竞争态势。上海重点引进国际金融、航运、战略性新兴产业、高新技术产业化、文化创意等22个方向的海外人才，首创留学人员申办企业"一门式、一条龙"服务，实施"上海市居住证"B证制度以推动柔性引进海外人才，资助新近回国来沪工作和创业的海外留学人员及团队，最高提供政府资助50万元，鼓励留学人员在浦东创业，可提供"浦东新区创业资金"无息贷款15万元等。北京对在国外取得硕士及以上学位的来京工作人员进行引进奖励，由政

[①]《2019年度出国留学人员情况统计》，教育部网站，http：//www.moe.gov.cn/jyb_xwfb/gzdt_gzdt/s5987/202012/t20201214_505447.html。

[②]《教育部举行"教育这十年""1+1"系列发布会（第十三场）》，国务院新闻办公室网站，http：//www.scio.gov.cn/xwfbh/gbwxwfbh/xwfbh/jyb/Document/1730731/17307 31.htm。

府提供企业开办费10万元、短期周转性住所和落户待遇。深圳对在国外取得本科及以上学历的留学归国人员均提供一定生活补贴，其中本科1.5万元、硕士2.5万元、博士3万元；为其提供未成年子女入托、入中小学就读免费、优先申请，到各公立医院就诊便利，申请租用政府安居房和留学生公寓等待遇。杭州对来杭工作的全球本科及以上学历应届毕业生以及毕业5年内的归国留学人员、外国人才发放生活补贴，其中本科1万元、硕士3万元、博士10万元；对国外硕士及以上学位或中级及以上专业技术职务任职资格的留学人员，带高新技术成果、项目来杭实施转化或从事高新技术项目研究开发的，提供最高10万元的一次性创业资助资金。据海外人才招聘平台Lockin发布的《2021中国海外人才职业发展分析报告》，上海、北京、深圳、杭州、广州分列归国海外毕业生期待进入的前五位城市。其中，上海作为近几年最受归国海外毕业生欢迎的发展城市，来沪工作和创业的留学人员达22万余人，2021年支持率达70%，远高于北京（42%）、深圳（36%）、杭州（31%）和广州（19%），各城市在海外人才引进方面存在激烈的竞争。

二 广州海外人才引进政策实施情况

近年来，广州明确"着力建设具有全球影响力高水平人才强市，打造粤港澳大湾区高水平人才高地重要战略支点"，对进一步做好海外人才引进工作、提升城市全球人才竞争力提出了更高要求。作为改革开放前沿地，广州一直高度重视海外人才引进工作，将其作为建设人才强市、科技创新强市、先进制造业强市、现代服务业强市的重要抓手和有力支撑，在政策上持续改革、先行探索、强化实施，取得了阶段性成效，为经济社会发展提供了强大的智力支持和创新动力。

（一）率先出台并不断优化留学人才专项支持政策

1999年，广州首开全国先河，制定实施《广州市鼓励留学人员来穗工作规定》（以下简称《规定》），之后将其完善提升为地方性规章并以市政府令形式重新颁布，并于 2015 年、2019 年先后进行了三次修订，[①] 进一步巩固其作为引进归国留学人才的主体政策文件的地位和作用。其间，广州围绕《规定》不断拓展内涵，细化具体举措，2001 年设立来穗留学人员创新创业项目专项启动资金，2011 年推出全国首个地方政府资助的公派留学项目"菁英计划"，着力推动"高精尖缺"人才引进培养工作，涌现出一批优秀的青年科学家。

（二）紧贴产业需求完善海外高层次人才引进政策

围绕大力发展新一代信息技术、人工智能、生物科技、新能源、新材料等战略性新兴产业，2016 年出台"1+4"产业领军人才政策（《中共广州市委广州市人民政府关于加快集聚产业领军人才的意见》及《羊城创新创业领军人才支持计划实施办法》《广州市产业领军人才奖励制度》《广州市人才绿卡制度》《广州市领导干部联系高层次人才工作制度》4 个配套文件），随后于 2017 年、2018 年、2019 年连续制定实施高层次人才认定、服务保障和培养资助"三个方案"和"红棉计划""广聚英才计划"，加之用好 1999 年以来连续举办 24 届中国海外人才交流大会（以下简称"海交会"）的平台红利，累计吸引来自 140 多个国家和地区的海外高层次人才超 5 万人，引进外籍高端人才 3234 人，向全国输送相关优质项目超 5 万个，为推进产业科技创新提供了具有突破性、支撑性、带动性的人才保障。

（三）推动构建个性化、特色化、品质化的服务保障政策体系

一方面，大力支持各区结合实际探索创新，推进建设黄埔、天河、南沙、海珠等归国留学人员引进示范区，出台黄埔区"美玉 10 条""国际人才自由港 10 条"、天河区"1+41 人才服务舰队"、南沙"港澳青创 30 条"以及海珠区"海创季"等奖补、扶持和保障政策。另一方面，坚持每年开展专项调研，形成一批储备政策措施，根据国家和省人才工作改革创新

---

① 2015 年修订两次，2019 年修订一次。

总体规划和进度安排，适时启动政策先行先试，特别是在科技、教育、卫生、金融、企业等领域推行行业性试验举措，以搭建专门平台、创设特有载体来进行政策容错创新，努力为全国海外引才工作提供经验做法。这包括：提供归国留学人员"一站式""一条龙"公共服务，实行业务全流程网上办、入户当日办、档案托管即刻办；整合南方人才市场下属企业，组建广州人才集团，打造海外引才及后续服务专业化、产业化综合服务平台；构建华南地区规模最大的科技企业孵化器集群，持续建设粤港澳人才合作示范区（广州南沙）、南沙国际化人才特区和中新广州知识城国际人才自由港（以下简称"两区一港"）、黄埔"海归小镇"、增城"侨梦苑"等创新创业载体，集聚孵化器和众创空间超700家，推动吸引留学归国人员逾8万人，反映出广州已成为海外人才来华集聚发展的高地、创新创业的热土、施展才华的福地。

尽管广州海外引才政策为城市发展做出了重要贡献，但是与建设具有全球影响力的高水平人才强市、打造粤港澳大湾区高水平人才高地重要战略支点等新的更高定位相比，与先进城市海外引才政策发展现状和海外人才来华创新创业需求相比，仍然存在较大提升空间，需进一步完善相关举措并加以改进。

三 粤港澳大湾区高水平人才高地建设对广州海外引才政策的新要求

建设粤港澳大湾区高水平人才高地，对广州海外引才工作的更高要求是全方位的。应当深刻把握这些新要求，充分领会加强和创新广州海外引才工作的重要性和紧迫性，进一步凝聚起全面推进海外引才工作的政治自觉、思想共识和行动合力。

（一）创新所向

广州推动共建湾区高水平人才高地，是坚持面向世界科技前沿、面向经济主战场、面向国家重大需求、面向人民生命健康"四个面向"，推动实现高水平科技自立自强的具体行动，应引领带动湾区高水平人才高地、国际科技创新中

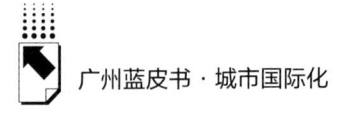

心和综合性国家科学中心协同共建，加快建成世界重要人才中心和创新高地的中心节点和战略链接，促进形成雁阵格局，为2035年我国跻身创新型国家、建成人才强国做出广州贡献。因此，应当聚焦科技创新国际前沿，加强全球高精尖缺创新人才引进工作，打造一批一流科技领军人才和创新团队。

（二）战略所盼

广州推动共建湾区高水平人才高地，应对照新时代人才强国战略发展目标，聚焦科技创新主力军队伍建设成效、顶尖科学家集聚水平、创新人才自主培养能力、战略科技力量层次结构和比较优势等关键指标，积极争取并充分运用国家优质资源，重点引进建设一批国家实验室和新型研发机构，持续提供国际一流创新平台，增强对世界优秀人才的吸引力。因此，应当突出广州实验室和粤港澳大湾区国家技术创新中心引领作用，发挥国家级重大科技基础设施、国家新兴显示技术创新中心、省实验室和高水平创新研究院等重大创新平台集聚效应，有针对性地开展海外引才工作，促进建设一支体现国家意志、服务国家需求、代表国家水平的科技创新人才"王牌军"。

（三）政策所能

广州推动共建湾区高水平人才高地，应围绕建立适应高质量发展的人才制度体系，充分发挥"两区一港"探索引领作用，开展人才发展体制机制综合改革试点，围绕增强基础前沿研究原创导向、社会公益性研究需求导向、应用技术开发和成果转化评价市场导向，创新人才评价、激励和服务机制，为建立完善既有中国特色又有国际竞争比较优势的人才发展环境提供"广州样本"。因此，应当提升海外引才政策弹性，加强与国家、省重大人才工程衔接，整合人才、项目、资金政策机制，建立人才成长发展全周期激励的人才工程体系，吸引集聚更多国际一流战略科技人才和青年科技人才。

（四）改革所求

广州推动共建湾区高水平人才高地，应凸显湾区协同创新发展战略，积极争取国家政策层面倾斜支持,深化南沙与港澳人才全面合作,率先推动与港澳在人才改革发展领域规则、平台、机制、信息方面衔接对接,加强对湾区其他城市经济社会发展的人才服务支撑,努力实现湾区全球引才育才用才的效益最大化。因此,广州应牢牢把握贯彻落实《广州南沙深化面向世界的粤港澳全面合作总体方案》(以下简称《南沙方案》)重大历史机遇,支持南沙实施更大力度的国际高端人才引进政策,制定面向港澳人才的特殊支持措施,积极融入全球人才"大循环"。

(五)产业所需

广州推动共建湾区高水平人才高地,应紧密结合先进制造业强市、现代服务业强市、文化强市建设,围绕打造自主可控、具有国际竞争力的高端高质产业集群,突出科学发现、技术发明、产业发展、人才支撑、生态优先全链条创新发展路径,激发企业创新创业创造活力,为探索引领新时代老城市高质量发展之路筑牢底盘底座、提升能级量级。广州应紧紧围绕产业链布局创新链、创新链带动人才链,提高城市对海外人才的吸引力,增强产业链、创新链、人才链的匹配程度,为先进制造业立市、战略性新兴产业强市、现代服务业兴市提供更加持久、坚实的人才支撑。

四 关于完善广州海外引才政策的建议

(一)增强海外引才政策韧性

一是加强相关立法建设。结合广州实际,运用地方立法权,将深入学习贯彻中央人才工作会议精神、推进共建粤港澳大湾区高水平人才高地、促进提升海外引才工作相关要求转化为制度规定,特别是将《规定》上升为地方性法规,对其实施情况持续开展立法后评估和执法情况检查,增强海外引才政策的权威性、稳定性、连续性。

二是强化政策法规衔接。由人社、科技、教育、司法等相关部门以及各区建立健全海外引才政策动态清理、升级、整合机制，根据人才工作法律法规要求，统一整理全市现行的海外引才政策并将其共性部分纳入法规，分门别类构建全市海外引才政策数据库，从根本上解决当前政出多门、缺乏衔接等突出问题。

三是细化政策统筹实施。坚持党委领导、政府负责、市场参与、社会协同，建立市区两级协调机制，分解落实海外引才相关职能部门工作责任、年度目标，定期开展情况通报，负责做好督查考核，推动政策实施评价标准从侧重人才引进数量向注重引进人才的能力水平、发挥的效益以及留才效果转变，从长效机制层面消除政策执行"中梗阻"，最大限度发挥海外引才政策的整体效益。

（二）提升来穗海外人才实惠

一是建设海外人才服务驿站。针对海外人才来穗创新创业对政策认知不深、办事程序不熟、政府信任不足等实际，由市政数局牵头制定海外人才服务清单，依托"穗好办"政务服务体系，搭建"一站式"线上线下一体化服务平台，实行现场答复、首问负责、承诺办理，为解决海外人才入户、教育、租（购）房、医疗、出入境等需求集成提供优质政务服务。

二是调整政策资助补贴对象。目前国内城市海外引才资助补贴范围各有不同，考虑到近年来出国留学和回国人才数量快速上升以及财政支出压力等因素，可将来穗创新创业的世界排名前100高校的本科、硕士毕业生纳入安家费或住房补贴发放范围，保障归国留学人员在申请就业创业补贴上享受与国内高校毕业生同等待遇，扩大"菁英计划"对支持定向培养战略性新兴产业青年归国留学人才的覆盖面，每年对优秀的归国留学人员初创企业及时给予资助，加大金融机构"人才贷""人才投""人才险"产品开发投放力度。

三是实行"一事一议""特事特办"。对于经组织国内外顶尖专家综合评价后，认定为有助于解决重点领域关键技术、核心部件难题的海外优秀人才、紧缺技术创新团队，开通绿色通道，充分倾斜资源，落实"人才管家"全程服务机制，全面做好服务保障。

（三）强化海外引才政策传播

一是联合发布同步实施。构建海外引才"政策包"同步集中发布平台，倒逼建立政策动议部门联审、风险评估、集体讨论机制，促进同步审查、同步配套、同步衔接、同步实施，让海外引才目标群体以最简单、最直接、最有效的方式了解政策、掌握政策、运用政策，使政策宣传亮点具有坚实、明确、具体的实践支撑，增强政策的公信力、执行力和实效性。

二是创新咨询服务方式。探索推出海外引才组合式、模块化、清单化政策咨询服务，运用大数据、人工智能等现代信息技术，深入研究海外人才规律性特点，打造场景化、智能化、立足人才视角的线上咨询服务流程和政策个性化定制"套餐"，提高政策的透明度、统一性和可预期性。

三是拓宽沟通交流渠道。注重形成海外人才群落效应，加强与欧美同学会、新侨联谊会、国外高校留学学生学者联合会的常态化联系，建立完善政策信息定向推送、实时咨询解答、反馈供需数据的机制，及时调整海外引才政策方向和重点，预判目标群体的成长发展需求，对重点引才领域长期跟进、持续沟通、加强储备，为开展政策宣传、汇聚海外人才厚植工作基础。

（四）推进海外引才政策创新

一是充分利用《南沙方案》开展先行先试。积极向国家和省申请海外引才改革创新授权，联动推进"两区一港"、增城"侨梦苑"等海外引才重大载体建设，争取国际人才在入境、停居留等方面享有更多便利，建立并动态调整境外职业资格证书认可清单，放开金融、建筑、规划、设计等领域境外人才在穗从业限制，争取国家有关部门在穗设立国际人才职业资格评价鉴定中心，为国际人才来华创新创业提供标准化、一站式服务。

二是深化市场化创新。高质量建设广州国家级人力资源服务产业园、广州市留学人才创业园，探索推行上门"送政策、送服务、送融资、送补贴"市场化运作，完善人才寻访国际化、专业化猎头服务，促进重点产业、重点企事业单位与海外引进人才精准匹配，特别是拓宽高层次海外人才来穗创新创业渠道。

三是优化双向互动引智机制。深入研究国际经贸形势特点，针对战略性新兴产业海外人才入境创新创业所面临的现实制约，利用粤港澳大湾区软硬件联通的便利条件，支持科技企业、产业园区探索在港澳设立分支机构等形式，以引智作为柔性引才的主要内容，更好促进高水平科技自立自强。

四是推进境外人才数据开发。利用广东数据交易所落户广州建设的重大契机，发挥广州数据行业国内领先优势，加快建立面向粤港澳大湾区提供服务的区域性人才大数据中心，加强与国家信息中心的战略合作，构建本地海外人才数据库，开发相关数据模型、监测体系和智库产品，加强对本市引进海外人才的趋势分析和咨询研究。

五是加强海外引才政策平台建设。积极推动"海交会"转型升级，在更高层次上打造"广州留学英才招聘会""海归羊城·新锐广州""粤港澳大湾区（广州）'海归 YOUNG 城'创新创业大赛"等品牌，突出发挥广州战略创新平台体系的集聚效应，加强海外引才情况跟踪反馈，推进更多国际前沿创新成果在穗转化落地，有效吸引全球顶尖科研机构、科技创新企业、顶尖高校来穗设立分支机构特别是研究单位，推动建设广州医科大学、广州大学等"双一流"、高水平大学，促进一批独角兽企业发展壮大，最大限度挖掘海外人才"蓄水池"。

参考文献

《深入实施新时代人才强国战略　加快建设世界重要人才中心和创新高地》，《人民日报》2021年9月29日，第1版。

陈雪玉:《粤港澳大湾区人才体制机制创新研究》,《探求》2019 年第 6 期。

申明浩、李垠慧、杨永聪:《借鉴国际湾区成功经验 打造粤港澳大湾区全球人才高地》,《科技与金融》2019 年第 12 期。

李楠、刘晓琪、时芸婷:《粤港澳大湾区人才高地建设中的问题及对策建议》,《广东经济》2021 年第 4 期。

李世兰:《广州打造粤港澳大湾区人才高地的思考》,《探求》2021 年第 6 期。

交往与传播篇
International Exchanges and Communication

B.12
推进中医药文化国际传播
有效提升广州城市形象

翟慧霞 付云清[*]

摘　要： 特色文化是城市形象传播的重要内容。作为中华优秀传统文化的重要组成部分和典型代表，中医药文化在广州城市形象传播中具有重要价值。借助丰富的中医药文化资源，做好国际传播工作，广州可以打造"人文之城""健康之城"的城市新名片，进一步提升国际知名度和美誉度。未来可通过加强顶层设计和协同协作、创设并丰富广州中医药文化传播的平台、加大中医药文化国际传播与城市传播复合型人才的培养力度、丰富广州城市形象传播的形式、加强海外受众分析提升传播的精准化水平、提炼并传播广州城市形象的中医药文化符号等，更好地将中医药文化元素纳入广州城市形象建设传播体系，依托中医药文化国际传播平台

---

[*] 翟慧霞，中国对外书刊出版发行中心（国际传播发展中心）战略研究部主任，研究员，研究方向为城市形象、国际传播、公共外交；付云清，中国对外书刊出版发行中心（国际传播发展中心）战略研究部研究专员，研究方向为城市形象、国际关系。

提升广州城市形象的传播力和影响力。

关键词： 中医药文化　城市形象　国际传播　广州

城市形象是国家形象的重要组成部分。党的二十大报告提出，加快构建中国话语和中国叙事体系，讲好中国故事、传播好中国声音，展现可信、可爱、可敬的中国形象。加强国际传播能力建设，全面提升国际传播效能，形成同我国综合国力和国际地位相匹配的国际话语权。推动城市特色文化的国际传播，有助于提升城市在国内外发展竞争中的话语权和吸引力，从而更好地展现一国的国家形象。广州是一座国际化大都市，传统中医药文化底蕴深厚，挖掘中医药特色文化潜力、打造具有全球竞争力的城市形象，是提升广州城市竞争力和国际话语权，塑造可信、可爱、可敬的广州城市形象的重要内容。

一　中医药文化国际传播对于提升广州城市形象具有重要意义

随着《粤港澳大湾区发展规划纲要》的逐步实施，广州迎来了历史性的发展机遇。城市文化是城市软实力的载体和核心要素。独特的城市文化，引领塑造独特的城市形象，并进一步提升城市的全球影响力和知名度。做好中医药文化的国际传播，有助于进一步提高国际社会对广州的认知度和认可度。

（一）以中医药文化为代表的特色文化国际传播是提升广州城市形象的重要路径

特色文化是城市形象塑造的重要组成部分。党的二十大报告指出，要坚守中华文化立场，提炼展示中华文明的精神标识，推动中华文化更好走向世界。特色文化内涵赋予了城市丰富的个性和鲜明的气质，是城市发展的基础

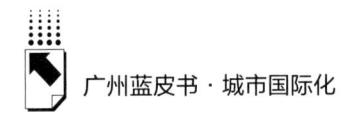

底蕴。不同城市通过推广传播自身的特色文化，达到塑造自身城市形象、提升城市国际影响力的目的。广州市在中医药文化资源上的特色与优势，为中医药文化国际传播提供良好基础，进而推动广州城市形象愈加多元与特色鲜明。

（二）中医药文化国际传播有利于增强广州与其他国际城市之间的人文交流，展现广州"人文之城"的深厚底蕴

中医药文化是打开中华文明宝库的钥匙，是广州重要的历史文化资源。中医药的哲学体系、思维模式、价值观念与中华优秀传统文化一脉相承。中医药在历史发展进程中，形成了独特的生命观、健康观、疾病观、防治观，蕴含了中华民族深邃的哲学思想。以整体观念、辨证施治、大医精诚等为核心要素的中医药文化具有深厚的人文精神价值。依托广州市深厚的中医药文化资源，加强广州与其他国际城市之间的人文交流，既能满足海外民众对中医药、中医药文化的热切需求，又可以加深国际社会对当代中国和广州的理解感知，可以让国际社会认识广州在中华文化方面的深厚内涵，扩大广州在人文领域的城市影响力和传播力，塑造传统而现代的广州城市文化新形象。

（三）中医药文化国际传播有利于打造广州国际"健康之城"的品牌

品牌是一种识别标志、文化象征、价值观、经济价值、竞争力，是品质优异的核心体现。城市品牌指通过分析、提炼与整合出城市具有的独特历史文化特性、产业优势等差异性的要素。《广州市国民经济和社会发展第十四个五年规划和2035年远景目标纲要》中提到，广州市将发挥岭南中医药特色，加强中医药等传统文化传承保护，加强与澳门在中医药等领域的合作，加强建设中医药特色服务出口基地，打造中医药强市。近年来，广州通过举办"读懂中国"国际会议（广州）人文之城专题研讨会等系列活动，进一步面向国际社会推广广州城市文化，提升广州城市形象。推动中医药文化国际传播可以有效满足广州"健康之城"的城市形象定位需求，提升广州城市品牌的全球效应。

二 借助中医药文化国际传播提升广州城市形象面临的有利机遇

新形势下，广州通过中医药文化国际传播提升自身城市形象，具备宏观政策环境支持、中医药相关资源丰富和全球对卫生健康的关注度不断提高等有利条件，同时面临一系列风险挑战。

（一）中医药文化国际传播顶层设计与政策环境不断完善

国家、广东省和广州市层面，已经出台了大量推动中医药文化国际传播，并以此塑造提升城市形象的政策文件（见表1）。广州市政府高度重视发掘中医药特色文化资源，相关部门也通过举办各类中医药文化国际交流活动，提升中医药文化的国际影响力，打造中医药特色文化城市形象。"一带一路"倡议、粤港澳大湾区战略的深度实施，以及中国提出的全球"三大倡议"、《区域全面经济伙伴关系协定》（RCEP）正式生效等，这些国内外重大机遇和制度支持为广州市推广中医药文化、提升城市形象提供有利的外部环境。

表1 2019~2022年有关推动中医药文化国际传播的政策文件

时间	发布机构	文件标题	文件有关内容
2019年10月	中共中央、国务院	《中共中央 国务院关于促进中医药传承创新发展的意见》	推动中医药开放发展，将中医药纳入构建人类命运共同体和"一带一路"国际合作重要内容，实施中医药国际合作专项
2019年12月	粤港澳三地政府主管部门（广东省中医药局、香港特别行政区政府食物及卫生局、澳门特别行政区政府卫生局等）	《粤港澳大湾区中医药合作备忘录》	该备忘录达成6点共识：一要建立粤港澳三地政府主管部门定期协商机制；二要推动粤港澳大湾区优质中医药资源整合共享；三要加强中医药科研创新合作；四要强化中医药人才培养和诊疗合作；五要推进中医药健康领域拓展合作；六要丰富中医药文化交流，打造粤港澳中医药文化传承传播中心，支持在香港、澳门建设中医药文化基地

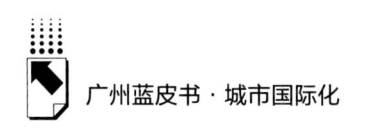

续表

时间	发布机构	文件标题	文件有关内容
2020年10月	国家中医药管理局、粤港澳大湾区建设领导小组办公室、广东省人民政府	《粤港澳大湾区中医药高地建设方案（2020—2025年）》	加快形成中医药高地建设新格局，为深入推进中医药高质量发展、助力粤港澳大湾区建设作出积极贡献
2021年5月	广东省中医药局	《2021年广东省中医药文化传播推进行动方案》	推动广东中医药文化品牌深入人心，辐射力、影响力持续扩大
2021年6月	国家中医药管理局、中央宣传部、教育部、国家卫生健康委、国家广电总局	《中医药文化传播行动实施方案（2021—2025年）》	加大中医药文化保护传承和传播推广力度，推动中医药文化贯穿国民教育，融入生产生活
2021年12月	国家中医药管理局、推进"一带一路"建设工作领导小组办公室	《推进中医药高质量融入共建"一带一路"发展规划（2021—2025年）》	全面提升中医药参与共建"一带一路"质量与水平，助力构建人类卫生健康共同体
2022年1月	广东省中医药局	《广东省中医药发展"十四五"规划》	不断提升中医药文化传播和知识普及的覆盖面和影响力
2022年3月	国务院	《"十四五"中医药发展规划》	进一步促进中医药文化海外传播和技术推广
2022年8月	中共中央、国务院	《"十四五"文化发展规划》	加强中华优秀传统文化研究阐释，挖掘、传承和弘扬中医药文化

资料来源：相关部门网站。

（二）广州市中医药诊疗资源丰富、文化资源底蕴深厚、产业发达

在中医药文化资源优势方面，广州市中医药产业发达，中医药企业众多、规模优势明显，中医院、中医院校和科研机构名列前茅，中医药博物馆等文化机构众多。广州中医药诊疗资源基础雄厚，具有1000多家中医医疗机构、近40家中医院、16个国家区域中医（专科）诊疗中心、15个中医

国家临床重点专科、60个国家中医药管理局中医重点专科和21个全国综合医院中医药工作示范单位。广州中医药文化资源丰富、底蕴深厚，岭南医学传统历史悠久、独树一帜，拥有陈李济、中一、敬修堂、采芝林、王老吉、星群、奇星、潘高寿、明兴、光华、何济公、健民连锁12个中医药中华老字号，还有广东省中医药博物馆、广州神农草堂中医药博物馆、陈李济药厂、国医小镇等一系列具有中医药文化、中医药特色、中医药成就的文化景点。此外，广州中医药产业发达、技术先进，拥有50多家中医药科研机构、86家中医药制药企业、近700家社会办中医医疗机构，其中广药集团是全国最大的制药工业企业，也是全国最大的中成药生产基地。

（三）广州具有较好的中医药文化国际传播基础和技术优势

中医药文化在国际社会的传播基础深厚，已经传播到196个国家和地区，其中作为中医重要代表的中国针灸技术已经率先登上国际舞台，传播到200多个国家和地区，成为世界上应用最为广泛的传统医学诊疗方式。广州市毗邻港澳，广州市乃至粤语区的海外华侨人数众多，具有认同中医药文化的广泛基础，有利于广州"中医药之都"形象的传播推广。2019年12月，粤港澳三地政府主管部门签署《粤港澳大湾区中医药合作备忘录》，达成6点共识，签约14个中医药传承创新发展项目，为广州中医药文化在港澳传播打下了坚实的基础。此外，广州市居民有吃早茶、煲养生汤等生活习惯，在生活方式上与中医文化深度契合。在国际传播技术资源方面，随着国际传播移动化、社交化、视频化趋势不断增强，新媒体技术对于做好中医药文化国际传播，提升广州城市形象具有重要价值。广州市数字技术实力雄厚，高科技公司众多，借助新媒体技术将中医药文化元素纳入广州城市形象建设，利用人工智能、大数据、云计算等，以云展馆、短视频、纪录片等方式更好地增强国际社会对广州特色城市形象的了解。

（四）中医药在国际层面的认知度和认可度进一步提高

我国中医药对外交流合作不断深入，特别是在共建"一带一路"中成为高质量发展的新亮点。中医药成为中国与东盟、欧盟、非盟、拉共体以及上海合作组织、金砖国家、中国—中东欧国家合作、中国—葡语国家经贸合作论坛等地区和机制合作的重要领域。当前，中医药文化已传播至196个国家和地区，中国与40余个外国政府、地区主管机构和国际组织签订了专门的中医药合作协议，开展了30个较高质量的中医药海外中心建设工作。世界卫生组织的数据显示，有113个成员国认可针灸等中医药诊疗方式，29个成员国为中医药的规范使用制定了有关法律法规，还有20个成员国已经将针灸等中医药诊疗方式纳入医疗保障体系。世界针灸学会联合会与世界卫生组织、上海合作组织等开展密切合作，通过举办文化展览、义诊等国际文化交流活动，让国际公众更好地了解中医药文化。2018年，藏医药浴法被列入《联合国教科文组织人类非物质文化遗产代表作名录》，2022年世界卫生组织首次将包括中医药在内的传统医学章节纳入正式生效的《国际疾病分类第十一次修订本》（ICD—11）。

随着世界逐渐进入老龄化社会，人们对健康养生的关注度日益提高，健康和卫生成为国际社会的重要议题，健康传播也逐渐成为国际传播的重要内容。中医药是世界上保存发展最好的民族传统医药之一，是我国重要的卫生资源与医疗保健力量，也是中国医疗卫生事业的特色与优势。推动中医药文化走向世界，既有利于中华文化的传承创新，又有利于广州塑造"中医药之都"的城市形象，因此开展中医药文化国际传播具有重要意义。

三 依托中医药文化国际传播提升广州城市形象的建议

依托中医药文化国际传播塑造提升广州城市形象是一项系统工程，需要多方面共同努力。通过建立健全相关机制、加强统筹协调，加大中医药文化国际传播人才培养力度，提炼并传播广州城市形象的中医药文化符号，创新中医药文化国际传播方式方法，等等，共同促进广州城市形象的提升。

（一）加强广州市中医药文化传播在城市形象建设中的顶层设计与协同协作

要想依托中医药文化国际传播平台更好地让世界了解广州，既需要政府部门投入力量，也需要企业、社会组织和公民个体的努力。不断完善广州城市形象建设和中医药文化国际传播工作协同协作机制，丰富广州特色的中医药文化促进城市形象建设体系。加强政府、企业和相关民间机构的协同合作，推动广州市中医药产业创新与文化传播相融合，立足粤港澳大湾区等地理区域优势，共建中医药产业基地，形成集聚效应和规模优势，以产业发展促进文化传播、以文化传播推动产业发展，从而更好地向世界展示广州市的中医药文化风采。

（二）创设并丰富广州中医药文化传播的平台，在深度了解体验中医药文化中深化对广州城市形象的认识

在国内层面，可以考虑建设具有广州岭南特色的中医药文化展览馆，开设面向留学生群体的中医药文化体验课程，普及中医药学知识，推动广州市的中医药特色文化传播。在国际层面，广州可以加强与国外友城协同合作，推动中外共建中医药文化国际传播中心，特别是支持在共建"一带一路"国家的城市建设相应机构，传播具有广州特色的中医药文化，展现传统而现代的活力广州形象。

（三）加大广州市中医药文化国际传播与城市传播复合型人才的培养力度

以提升广州城市形象为目标，培养更多通晓城市形象传播、中医药文化和跨文化知识的复合型人才。只有拥有既掌握中医药文化传播和城市形象传播专业知识，又有扎实的跨文化传播能力的人才，才能有效提高中医药文化国际传播内容的准确性，更加精准高效地提升广州城市形象美誉度。一方面，广州市中医药院校和企业众多，有较好的人才基础和资源优势，可以通

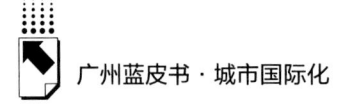

过开设中医药文化传播与城市形象建设、中医药文化外语等方面的课程或培训班，加大人才培养力度。另一方面，有关部门可以加强与海外中医药研究机构和文化传播机构的合作，联合设立广州市中医药文化国际传播基金，鼓励海外年轻人学习了解广州风格的中医药文化，体会广州深厚的文化底蕴和独特的城市品格。

（四）加强中医药文化国际传播方式的数字技术赋能，丰富广州城市形象传播的形式

广州的中医药文化国际传播要加强技术赋能，借助人工智能、大数据、"元宇宙"等，加强场景化、沉浸式传播，将中医药文化元素寓于广州城市形象宣传片等重要传播载体，制作更多喜闻乐见的中医药文化类城市形象推广作品，助力塑造广州"人文之城""健康之城"的城市形象。一是注重广州中医药文化的在地化传播，鼓励广州市教育文化机构和医药企业在海外投资建设时增加中医药文化元素。二是注重打造广州城市形象的数字化国际传播渠道，推动中医医疗服务数字化与数字文化传播融合发展。三是加强以中医药文化为主题的国际城市交流活动，以中医药文化为载体传播广州城市形象，提升广州的国际地位与中医药文化在国际社会中的传播力和影响力。

（五）加强海外受众分析，提升中医药文化传播和广州城市形象传播的精准化水平

面向国际社会精准传播广州中医药文化，提升广州城市形象的独特魅力，需要加强对海外受众的精准分析，加强不同类型、不同地区、不同国家、不同群体对中医药文化认知特点的调研分析。在此基础上，对传播内容和传播方式进行精心设计，充分把握中医药文化的广州特色。针对海外粤语区华人华侨，这类受众对广州和中医药文化抱有较多好感，因而在传播内容上可以更加温情、怀旧；针对海外"Z世代"青年群体，他们对中国的整体好感度较高，可挖掘潜力更大，因而在传播策略上可以采用更加灵活的形式和多样化的内容引起他们的注意，达到更好的传播效果。

（六）提炼并传播广州城市形象的中医药文化符号，展现广州的独特文化魅力

城市文化特色符号是城市的重要软实力，也是城市形象建构的源泉之一，对城市形象的建构具有重要影响。广州中医药文化资源丰富，岭南医药学独树一帜，提炼具有代表性的中医药文化符号对于塑造提升广州城市形象有着重要意义。中医药中华老字号拥有巨大的无形资产价值，应创新发展广州拥有的陈李济、中一、敬修堂等中医药中华老字号，省级和国家级中医药非物质文化遗产项目品牌，以及广州神农草堂中医药博物馆、陈李济药厂、国医小镇等一系列具有中医药文化特色的康养旅游景点，依托广药集团、白云山品牌等发展中医药产业与先进技术，从这些中医药资源中提炼出具有广州特色的中医药文化符号并加以传播，从而展现广州的独特文化魅力。

作为中华优秀传统文化的重要组成部分，中医药文化内涵丰富，兼具精神与物质维度内容，在广州城市形象传播中具有重要价值。借助丰富的中医药文化资源，做好中医药文化国际传播工作，广州可以进一步提升国际知名度。广州通过建立健全相关协同协作机制、加强复合型人才培养、创新国际传播方式、提炼并传播中医药文化符号等，更好地向国际社会呈现"人文之城""健康之城"的形象，增强广州城市形象的国际影响力。展望未来，充分挖掘包括中医药文化资源在内的城市特色文化资源，实现文化保护创新与文明交流互鉴，是讲好新征程上的广州故事，塑造可信、可爱、可敬的广州城市形象的应有之义。

参考文献

佘世、张鑫金、李春华：《粤港澳大湾区战略背景下提升广州国际传播力研究——基于在穗外籍人士的调查》，载尹涛主编《广州蓝皮书：广州城市国际化发展报告（2022）》，社会科学文献出版社，2022。

张宗明：《中医药文化是中华文化"走出去"的先锋》，《南京中医药大学学报》

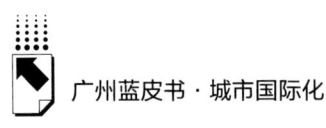

（社会科学版）2020年第2期。

郝宇青、陆迪民：《加强国际传播能力建设的路径与方向》，《人民论坛》2022年第10期。

夏康健：《加强国际传播能力建设的策略及路径分析》，《新闻战线》2021年第17期。

刘超等：《宣传片镜头下的城市符号建构与形象塑造：基于广州2013—2020年101部城市形象片的内容分析》，《城市观察》2022年第6期。

史安斌、朱泓宇：《数字华流的模式之争与系统之辩：平台世界主义视域下中国国际传播转型升级的路径与趋势》，《新闻与传播评论》2022年第5期。

B.13
短视频城市影像实践对广州媒介形象建构研究

——以抖音为例*

刘 佩 王植琳**

摘　要： 本报告从柯林斯的互动仪式链视角出发，深层次分析了广州媒介形象建构过程的四个环节，并对广州短视频样本进行内容分析，解读抖音建构的广州媒介形象。本报告通过问卷调查发现，用户所感知的广州媒介形象与抖音所建构的基本相符，并且在建构过程中产生了稳定的建构群体、正向的情感能量、共享的广州符号、维护群体的道德感四种结果，最后根据这四种结果提出应用启示。

关键词： 城市影像实践　媒介形象　互动仪式链　广州

近年来，短视频城市影像实践对城市的推广效果逐渐显现。根据《2020抖音数据报告》，抖音日活跃用户突破6亿。[1] 抖音上的内容正形成社会热点，抖音所引领的社会风尚、带动的网红经济，正在潜移默化地影响着当代人们的生活方式，也深深地影响着城市形象在移动互联网时代的传播。

---

* 本报告系2017年教育部人文社科规划基金项目"社会网络分析视角下的'一带一路'中国高铁国际形象传播"（项目编号：17YJA860010）研究成果之一。
** 刘佩，博士，广东外语外贸大学新闻与传播学院副教授，研究方向为新媒体国际传播、数据与信息可视化；王植琳，广州市白云区文化馆，研究方向为群众文化、城市传播。
[1] 《2020抖音数据报告（完整版）》，199IT，2021年1月5日，http://www.199it.com/archives/1184841.html。

本报告将以抖音平台对广州媒介形象的建构为核心内容，运用定量与定性相结合的研究方法，分析互动仪式链视角下短视频城市影像实践对广州媒介形象的建构过程。

一　互动仪式链理论下用好短视频平台建构广州媒介形象的意义

（一）互动仪式链理论的基本原理

互动仪式是指在一个动态的变化过程中参与者产生共同的关注焦点，彼此之间相互感受到对方身体微观的节奏，分享相似的情感状态。[1] 柯林斯提出的互动仪式链的构成要素包括以下四个方面：两个或两个以上的人集合在同一地点；共同明确了边界，以区分成员与局外人；人们将注意力集中在共同的对象上，并通过相互传达而让彼此知晓这个共同的关注点；人们分享共有的情绪或情感体验。[2] 这四个要素有效结合起来，就会形成一个完整的互动仪式链，产生四种结果：一是群体团结——一种作为成员身份的感觉；二是个体的情感能量——一种采取行动时自信、兴奋、满腔热忱与锐意进取的感觉；三是代表群体的符号——一种标志或其他能够作为代表的物体，如形象化图标、文字、姿势等，这种符号化的表征可以使成员感觉到自己与集体密切相关；四是道德感——一种成员维护群体的正义感，对群体符号表达尊重，防止受到背叛群体的人的伤害。[3]

（二）短视频平台为广州媒介形象建构提供在场空间

虚拟在场是广州媒介形象建构的主要场景。在《互动仪式链》的中文

---

[1] 彭璐：《互动仪式链视角下"超话"社区粉丝集体行动研究》，硕士学位论文，上海外国语大学，2020。
[2] 〔美〕兰德尔·柯林斯：《互动仪式链》，林聚任、王鹏、宋丽君译，商务印书馆，2009。
[3] 〔美〕兰德尔·柯林斯：《互动仪式链》，林聚任、王鹏、宋丽君译，商务印书馆，2009。

版序言中,柯林斯肯定了远程交流在形成一定程度的共同关注和情感连带上的可能性。随着移动互联网的不断发展和媒介形态的不断更迭,人的听觉、视觉得以延展,人们的交流与聚集突破了物理空间的限制。短视频平台为用户搭建了一个近乎真实的虚拟空间,用户的动作、声音、思想都能够同步传输,实现了与身体在场类似的效果。用户可以聚集在广州短视频中,屏幕上呈现的点赞和评论实时更新并且留存,营造出"同时在场"的感觉。短视频平台几乎实现了人与人互动的"即时同步"和"情绪在场",为广州媒介形象的建构提供了最真实的虚拟在场的场景。此外,线下活动也创造了"身体在场"的补充。身体在场是互动仪式的一部分,现场聚集能使人们彼此察觉到对方,更有利于明确共同的关注点和情感连接。以抖音为例,2020年11月,抖音与广州市政府合作,举办了"广州红 幸福城"城市形象宣传系列活动暨"抖in广州"城市美好生活节,人们相聚在广州海珠湾艺术园共同体验广州非遗文化、美食,完成广州网红地标打卡,等等,通过身体在场进行更加真实的交流和互动,促成抖音用户的群体团结,激发抖音用户的情感能量。

(三)短视频平台能够沉淀广州媒介形象建构的符号

短视频平台能够通过广州音乐渲染共同情感、通过广州景观展现城市风貌。音乐本质上就是仪式,早期宗教祭祀时的音乐便能激发人们的认同感,使其参与祭祀仪式。在短视频平台中,音乐符号是互动过程中仪式产生的重要因素,作为可以被重复使用的资源,其每一次出现都能产生强烈的感染力。广州短视频的音乐也具有构成仪式的符号特征。方言粤语是广州城市音乐的特色元素,这种具有地方特色的呈现方式极易引起用户的情感共鸣。比如@广州教育圈发布的一条广州一小学为传承粤语文化,教学生学唱粤语童谣的视频,配乐便是小学生的齐唱,获得了64.7万次点赞。一方面,经典童谣能引发曾经听过、传唱过的广州市民的回忆;另一方面,现代儿童的齐唱传递出广州对传承粤语文化的热情,引发用户的认同感。城市景观是一种具有地方性的符号,包括名胜古迹、自然风光、现代建筑、街道社区等,这些景观通过抖音的趣味性呈现，能够形成吸引用户的重要符号。在短视频平台上的热门广州短视频中，关于广州中央商务区（CBD）的航拍短视频占据一席之地。比如"@流氓兔视觉"的"航拍广州"系列，主要以珠江新城夜景、广州为拍摄对象，这些城市景观画面在与广州城市音乐的综合作用下，成为广州短视频的爆款内容，关于广州城市景观的短视频，点赞数最高的是晚霞中的珠江新城，截至2021年3月共获得65.3万次点赞。广州塔、猎德大桥、珠江新城等符号，勾勒出广州"繁华大都市"的面貌，而"骑楼""六榕寺"等符号呈现广州的岭南文化和历史感，"海珠湿地"则满足了人们对广州"花城"的期待。

（四）短视频平台热门机制能够引发用户对广州媒介形象的共同关注

共同关注是互动仪式的关键，为形成共享符号提供了基础。用户对广州短视频的共同关注也是广州媒介形象建构的关键，人们在这个网络平台上实现虚拟的身体聚集，即被广州各类短视频吸引，在此过程中，抖音的产品机制帮助用户及时注意和参与他人的共同关注，同时鼓励用户不断将自己的关注点向其他人的关注点靠拢。一是短视频平台热度榜和"猜你想搜"等功能能够聚焦关注。抖音等短视频平台设置"热榜"话题，点击进入该话题的视频页，用户可以通过不断上滑观看参与该话题的不同视频。比如在某一条带有#广州回南天#话题的视频下方出现了"社会热榜：广州回南天"的弹出提示，用户点击即可进入观看其他用户创造的大量有关"广州回南天"的视频。抖音用这种方式对用户进行议程设置，将各种话题以"热度"排名呈现，影响了用户的关注点和对该话题的参与度。"猜你想搜"模块是一种智能推送功能，如用户最近观看了一条广州城市景观的短视频并点了赞，那么"猜你想搜"很有可能会显示一些与广州有关的话题名。在抖音这些机制的引导下，用户观看和创作相似主题的短视频，使用户间产生共同关注并引发互动。二是通过话题活动和"拍同款"激发关注。重复是仪式的重要表现，话题活动和"拍同款"实际上是符号、行为的重复，是一种仪式性的重复。这种重复能引发用户共同的持续性关注。短视频平台经常举办话题活动，用户可以在主体范围内发挥创意，为话题持续制造热度。抖音推出的#花样游广州#活动就是鼓励用户在广州任意地点拍摄视频并添加话题名和定位完成打卡，打卡成功后用户可参与抽奖，参与评选的优质视频有机会获得丰厚奖品。用户为了使自己的视频作品脱颖而出，努力制作优质作品，在其中倾入感情与经历。"拍同款"是一个一键式参与视频制作的入口，用户点击后即会进入一个设置好背景音乐、剪辑点、转场、特效等的"戏台"，简化了视频制作的流程。这种一键式操作极大地鼓舞了用户参与的热情，使几乎每位用户拥有制造热门视频的机会，用户内心也收获了巨大的情感能量。

二 研究思路和研究方法

（一）研究总体逻辑

城市在发展过程中会逐渐形成特有的城市形象，随着信息技术、媒介的发展，人们对城市形象的认识维度也越来越丰富，城市媒介形象在城市形象的塑造中起着越来越重要的作用。因此，探究在短视频平台上广州媒介形象建构的过程、研究观众在观看短视频后对广州形象认知的变化，以及研究短视频这种媒介对广州媒介形象建构的特殊效果，将有利于拓宽新媒体时代对城市形象研究的视野，探寻利用新兴媒介塑造城市媒介形象的方法论。

本研究采用内容分析法，选取在抖音这一较热门的短视频平台中与广州有关的短视频样本，通过统计分析短视频的数量、主题等，勾勒出抖音建构的广州媒介形象。本研究通过问卷调查法，研究观众在观看短视频后对广州形象认知的变化，并从互动仪式链的视角，分析研究短视频平台上广州媒介形象建构的特殊效果，核心问题包括：短视频平台建构了什么样的广州媒介形象？抖音对广州媒介形象的建构效果如何？互动仪式链视角下，广州媒介形象有着怎样的建构过程，并产生了何种结果？

（二）抖音短视频城市影像建构广州媒介形象分析的研究方法

一是样本选择。抖音中与广州有关的短视频数量非常庞大，截至2021年3月，#广州#话题下的短视频播放量已经超过200亿次。抖音是一款"沉浸式"的产品，其产品设计不允许用户对短视频进行自主分类和筛选排序，因此研究者缺少对平台上的广州短视频进行类型、来源等任何方式筛选的途径，仅能够在话题页进行三种排序，分别为"综合排序"、"最新发布"和"最多点赞"。对于传统的内容分析法所提出的"在对所研究的现象已有知识的限定下，确保每个样本单位在样本搜集中都有同样的机会被代表"[①]严格要求，在实际的内容分析研究中并不容易实现，尤其是在网络传播研究中。由于城市媒介形象的建构过程实际上是城市相关信息的传播过程，因此根据拉斯维尔的"5W模式"，抖音上的广州短视频被用户接受与传播是广州媒介形象建构的重要环节，而抖音平台特殊的内容推荐机制使广州短视频的传播力与用户的点赞行为相互影响。基于上述研究对象的特殊性，本报告将采用非随机抽样中的立意抽样来提取样本，以及以抖音上#广州#话题下的"最多点赞"的排序为抽样框。由于与广州相关的短视频数量非常庞大，本报告遵循样本选取科学性的原则，将样本数量定为300条，以便更客观地反映抖音上与广州相关的短视频内容。具体抽样方法为：在抖音搜索栏搜索关键词"广州"，选择话题栏，点击#广州#话题，在话题的视频页的排序方式选择框中选择"最多点赞"，按排序取得前300条短视频样本。

二是类目建构。本研究首先对主要围绕短视频主题分析类目的量化指标进行分析，进而进一步分析广州媒介形象建构过程中的互动仪式链。短视频主题根据城市形象相关理论分为文化形象、经济形象、政府形象、社会形象、环境形象、市民形象、其他七个一级主题，在此基础上进一步细化为十三个二级主题（见表1）。

---

① 周翔：《传播学内容分析研究与应用》，重庆大学出版社，2014。

表1 抖音上与广州相关的短视频主题分类

二级主题	一级主题
历史景观	文化形象
美食民俗	
市民文化生活	
商圈和网红经济	经济形象
科技和企业形象	
市民生活品质	
政府服务工作	政府形象
公共服务与设施及相关社会事件	社会形象
特色风尚	
自然特征	环境形象
城市景观	
市民素质和风貌	市民形象
其他	其他

本报告采用百分比同意率检验方法进行信度检验。当样本总量大于500时，随机抽取10%进行信度检验；当样本总量小于500时，随机抽取20%、40%或者普查。[1] 本研究共涉及300条与广州相关的短视频样本，根据上述标准，随机选取了300条的20%，即60条与广州相关的短视频进行检验。信度的计算公式为PAo（信度率）= A（完全一致的数目）/n（总抽取的数目），一般而言，信度率为80%以上即为可接受的范围。根据公式，本研究的信度率为83.3%，信度在可以接受的范围。

（三）互动仪式链视角下的广州城市媒介形象受众反馈的研究方法

为探究抖音对广州媒介形象的建构效果，本研究通过问卷调查的方式了解抖音对广州媒介形象建构的效果、是否改变了人们对广州形象的认知，以及如何形成互动仪式的四个结果。问卷内容大体分为以下四个部分。第一部分筛选受访者并调查广州媒介形象接触渠道。第二部分调查使用抖音前后人

---

[1] 彭增军：《媒介内容分析法》，中国人民大学出版社，2012。

们对广州媒介形象的认知，第三部分调查抖音对广州媒介形象建构效果的认知及存在的问题，第二部分、第三部分主要采用李克特5级量表的形式。第四部分了解受访者基本信息。

针对抖音对广州媒介形象的建构效果，本报告在"问卷星"上制作网络版调查问卷，以使用抖音观看与广州相关的短视频的人为对象，通过简单随机抽样的方法，共回收问卷287份，有效问卷244份。信度与效度检验结果显示，Cronbach'α系数为0.995，大于0.9，KMO值为0.971（见表2），意味着变量非常适合做因子分析。

表2 问卷信度及效度

Cronbach'α	KMO值	项数	样本量
0.995	0.971	43	244份

本研究将广州媒介形象细分为文化、经济、政府、社会、环境、市民、其他七个维度，通过对比用户使用抖音观看与广州相关的短视频之前与之后的认知结果，观察广州媒介形象在除其他之外六个维度上的变化，对比分析形象认知题每一个题项的平均分变化情况，并用柱状图呈现出来，选项平均综合得分＝（Σ频数×权值）/本题填写人次。此外，本研究还将对比抖音短视频呈现的广州媒介形象和用户认知的广州媒介形象，了解抖音对广州媒介形象的建构效果。

三 抖音短视频城市影像建构的广州媒介形象分析

（一）广州媒介形象的主题分类情况

抖音中与广州相关的短视频在七个一级主题中分布较均匀，其中市民形象类短视频占比最大，政府形象类短视频占比最少（除去其他类短视频主题）。

文化形象类短视频占比中等，为16.6%。广州作为中国重要的中心城市之一、华南经济强市，其"经济形象"的建构占据城市形象建构的重要地位，经济形象类短视频在271条与广州相关的短视频中占15.9%。政府形象对城市媒介形象的塑造有重要影响，该类短视频占10.0%。社会形象是抖音用户进行内容创作的重要领域，在与广州相关的短视频中的社会形象类短视频占18.5%。环境形象主要涉及自然特征和城市景观两个部分。抖音上与广州相关的短视频对市民形象保持比较高的推广度，该类短视频占比最大，为20.3%（见表3）。

表3 抖音中与广州相关的短视频主题分布统计

单位：条，%

二级主题	数量	一级主题	数量	占比
历史景观	5	文化形象	45	16.6
美食民俗	27			
市民文化生活	13			
商圈和网红经济	24	经济形象	43	15.9
科技和企业形象	7			
市民生活品质	12			
政府服务工作	27	政府形象	27	10.0
公共服务与设施及相关社会事件	27	社会形象	50	18.5
特色风尚	23			
自然特征	7	环境形象	42	15.5
城市景观	35			
市民素质和风貌	55	市民形象	55	20.3
其他	9	其他	9	3.3
合计	271	合计	271	100

（二）文化形象

广州文化形象的内容主要涉及历史景观、美食民俗、市民文化生活三个方面，其中美食民俗占据主要地位，关于历史景观的短视频很少。

素有"美食之都"称号的广州，美食自然是城市媒介形象传播的重要内容。如"@广州吃喝玩乐团""@贪吃商城"发布的广州美食探店短视频，介绍了牛杂、西关濑粉、煲仔饭、钵仔糕、炸雪糕等多种广州美食，不仅为用户提供了实用的攻略，也给用户呈现了一场美食文化盛宴。值得一提的是一则关于"老字号龙虾河粉"的视频，其因具备悠久的历史，同时和年轻人的饮食时尚相符而饱受喜爱，收获了近50万次点赞，排在话题短视频前列。

市民文化生活在抖音上也得到较多的呈现。比如"@攸荧汉服摄影师"在2020年11月发布的汉服出行日的短视频，展示了一场在番禺万达广场举行的大规模的汉服展示交流活动；"@广州教育圈"发布的越秀区东风东路小学的学生齐唱粤语童谣，传承粤语文化的短视频；"@广州老龚"发布的广州茶楼暗语——只需要把茶壶盖打开即可坐等加水；文身师"@壹明"对镜头讲述自己经历的文身故事；等等。这些短视频多方位地展现了广州市民丰富多样的文化生活，以及良好的文化氛围。

从用户观看抖音后的数据来看，得分较高的是"美食文化丰富"和"文化氛围浓厚"（见图1）。这与对抖音上与广州相关的短视频的内容分析是一致的，说明在文化形象建构中，抖音达到了一定的建构效果。值得一提的是，用户观看抖音之后，分数增幅最大的是"文化氛围浓厚"，抖音上与广州相关的短视频，由于较多地呈现了市民文化生活，在营造文化氛围上的作用显著。

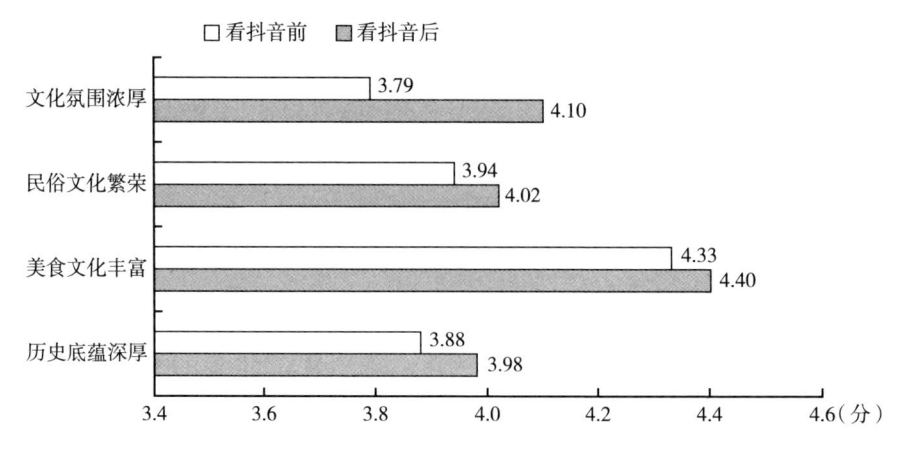

图1 用户观看广州文化形象类短视频前后的认知变化

（三）经济形象

广州经济形象的内容主要涉及商圈和网红经济，市民生活品质随后，科技和企业形象出现较少。"网红经济"是当今不可忽视的重要经济形态，通过观察广州经济形象类短视频的内容，可以窥见网红经济在广州媒介形象建构中的重要性。网红打卡地多位于广州的商圈或者创意园区，这类短视频能够展现出广州商业的繁荣，以及良好的创业氛围。例如"@Zecilo.正维路"发布的打扮时尚的男生走在广州著名购物广场"太古汇"的短视频；"@灵魂剪辑"发布的广州长隆旅游度假区一日游的Vlog短视频；"@饿魔广州"发布的粉色独栋别墅网红咖啡馆探店短视频；"@广州美食攻略"发布的短视频介绍了日韩风格拍照打卡点"智汇Park"；等等。这些短视频展示了广州的综合型商城、5A级大型游乐园、创意产业园，塑造出广州商业繁荣、具有活力的经济形象。市民生活品质也是展现一座城市形象的重要符号，"@胖圆"发布的一条Vlog短视频分享了自己虽穿着大牌，却挤着地铁去和朋友喝精致下午茶的生活，展现出一部分广州年轻人"精致穷"的生活方式；"@犀利广州"介绍了广州龙洞步行街的小吃——品种丰富，价高与价廉兼备，但与其他一线大城市相比，物价相对亲民；"@俊濠"发布自己的广漂独居生活Vlog短视频，介绍自己在城中村租房，下班制作美食的生活。这些短视频展现了广州市民丰富多彩的生活，以及各种收入水平的人群有自己舒适的生活方式。

从用户观看抖音前后的数据来看，用户观看抖音前，"经济发展迅猛"和"经济总量发达"是受访者最认可的广州经济形象，分数都超过了4.30分（见图2）。关于经济形象，用户观看抖音前的四个选项的分数都超过了4分，由此可以看出广州在人们的认知中具有良好的经济形象。但是，用户观看抖音后，除了"企业创新发展"的分数与观看之前持平，"市民收入水平高"、"经济发展迅猛"和"经济总量发达"的分数都有轻微下滑，这与抖音上呈现的广州经济形象未达到用户的预期有关。

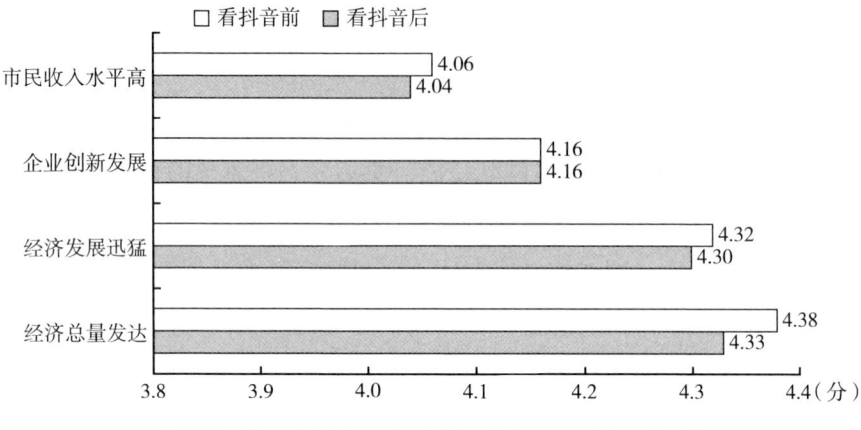

```
           □ 看抖音前   ■ 看抖音后

市民收入水平高 ┤████████████ 4.06
               ████████████ 4.04

企业创新发展   ┤████████████ 4.16
               ████████████ 4.16

经济发展迅猛   ┤████████████ 4.32
               ████████████ 4.30

经济总量发达   ┤████████████ 4.38
               ████████████ 4.33

              3.8   3.9   4.0   4.1   4.2   4.3   4.4（分）
```

图 2　用户观看广州经济形象类短视频前后的认知变化

（四）政府形象

政府形象的内容主要关于政府服务工作，如民警工作、交警执勤，以及对广州整体形象的宣传介绍，总体来说，抖音上的短视频塑造了广州的服务型政府的形象。例如"@信息时报"发布的一条短视频，报道了公安利用无人机进行登革热防控时拍到居民楼顶的可疑人形物后，民警前往查看，最后发现是人形玩偶的事情；"@广州日报大洋网"于2020年2月1日报道了广州向广大市民提供免费口罩快递到家服务；"@广州交警"发布的广州交警列队向归来的援鄂英雄致敬的短视频。这些短视频显示了广州政府在各类社会事件中发挥的服务与管理作用，赞扬了政府积极为政的形象。

在观看抖音前，"亲民"是人们最认可的广州政府形象，在观看抖音后，其分数有小幅增加，"创新"和"高效"的分数则实现了大幅增加，增幅最大的是"创新"，"高效"直接成为人们观看抖音后最认可的政府形象，可见抖音对政府形象建构产生了显著成效（见图3）。抖音上关于广州政府的短视频，让政府的日常工作得到了更多呈现、让用户了解了政府对社会和人民的付出，使其服务形象得到了肯定。

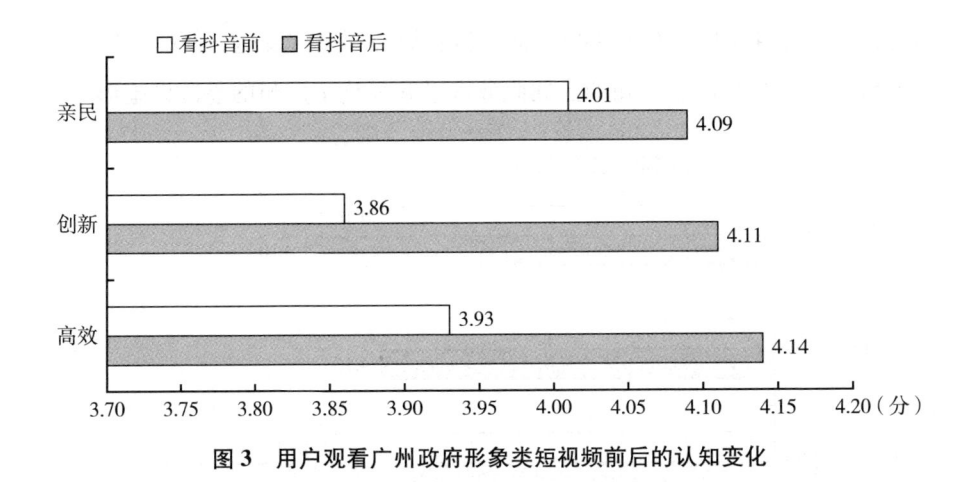

短视频城市影像实践对广州媒介形象建构研究

```
         □看抖音前  ■看抖音后
亲民 ┤                        4.01
     │                            4.09
创新 ┤              3.86
     │                              4.11
高效 ┤                  3.93
     │                                4.14
     └─┬────┬────┬────┬────┬────┬────┬────┬────┬────┬──
     3.70 3.75 3.80 3.85 3.90 3.95 4.00 4.05 4.10 4.15 4.20（分）
```

图 3　用户观看广州政府形象类短视频前后的认知变化

（五）社会形象

社会形象主要涉及两个方面，一是广州的公共服务与设施及相关社会事件，二是广州的特色风尚，主要为具有广州特色的人文社会现象。

广州的公共服务与设施及相关社会事件的短视频深刻地展现广州的社会形象，如"@隆·视觉"发布的广州南站航拍，高铁缓缓驶入壮观的广州南站站楼，周围的马路上汽车井然有序地行驶着；"@湾区直击"于2020年4月发布的广州为全城超3万名的士司机进行核酸检测的短视频，展现了广州城市交通系统发达、城市基础设施完善、公共服务水平高的社会形象。广州社会形象的另一面镜子则是特色风尚，这类短视频主要由一些优质短视频创作者采用诙谐有趣的方式呈现。"@闹腾男孩KC"发布的短视频展现了传统广州人的相亲偏好，广州各个区的地域特色，如天河区房价贵、越秀区名校多等，广州各地铁线路搭载的社会风貌呈现符号化的特征，如三号线客流量大以至于成为市民口中的"死亡三号线"、五号线经过的"珠江新城""猎德"等站是广州最富裕的地方。这些段子式短视频多用粤语呈现，生动展现了地道的广州社会风貌，有利于用户更好地认识广州社会形象，以及产生情感共鸣。

用户在观看抖音后，广州的社会形象得分较高，其中"基础设施完善"

249

得分最高，达4.28分（见图4）。通过抖音短视频呈现发达、便捷的广州城市面貌，进一步提高了广州的公共服务水平和强化了广州的基础设施形象。

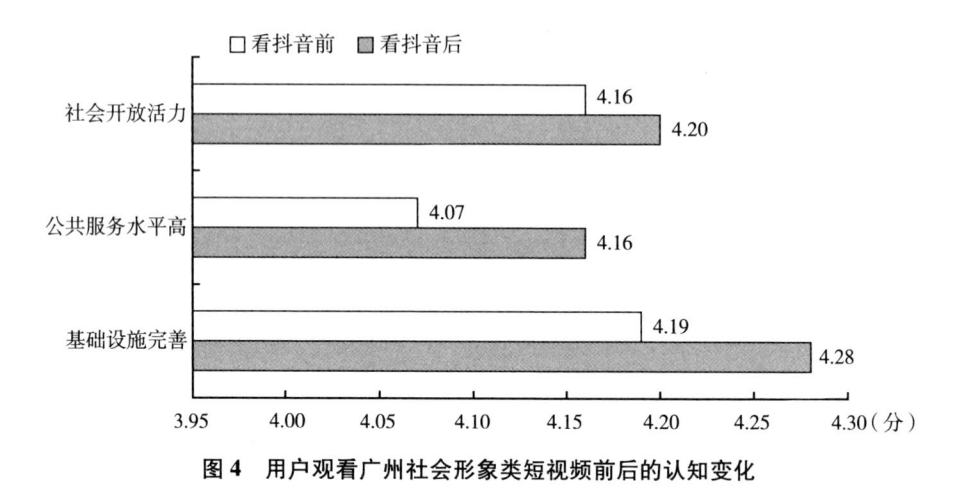

图4 用户观看广州社会形象类短视频前后的认知变化

（六）环境形象

广州的环境形象主要涉及自然特征和城市景观两个部分，其中，绝大多数短视频为呈现城市景观，与自然特征相关的内容较少。广州城市景观的特征为繁华现代化的高楼与富有烟火味的市井街道相交映。"@流氓兔视觉"发布的"航拍广州"系列，拍摄的主要是各个角度、各种天气条件下的广州珠江新城、广州塔的画面，通过航拍和延时摄影的技巧拍摄出珠江新城璀璨的夜景，搭配快节奏、充满动感的背景音乐，展现出广州的繁华、活力与高速发展的面貌。"@小宇"发布的"记录下我遇到的人间烟火"短视频则展示了广州老城区街市的样貌，营造出浓厚的生活气息，也流露出广州这座老城的历史感。环境形象类短视频向用户呈现了一座繁华现代化的大都市和富有烟火味的小市井并存的广州城。有些短视频也能展现出广州的生态环境，如"@Yangyangyang"于2018年12月发布的一条"请尊重一下广州的冬天"的短视频，画面中街上的人大多穿着短袖、裙子等夏日着装，体现出广州的亚热带气候——冬季也十分温暖甚至像夏天。"@流氓兔视觉"也曾发过广州的海珠湿地公园的航拍，画面中绿植茂盛，紫荆花开得正盛，满足了人们对"花城"的所有想象，位于市区的湿地公园也展示了广州对生态文明，以及形成人与自然和谐共处的格局的追求。

抖音对广州环境形象建构基本达到效果。从用户观看抖音后的数据来看，"现代高楼林立"以4.33分居于首位，其次是"市容整洁"，分数达4.22分（见图5），这说明人们对广州现代化高楼多、市容整洁的环境形象认可度高，且抖音对其形象起到了巩固提升的作用。这与抖音上有大量的广州市中心的航拍短视频和在各类画面中作为背景出现的城市景观有关。值得一提的是，"历史建筑遗存"的分数在用户观看抖音后增幅最大，说明抖音上的短视频对广州的呈现，加深了人们对广州传统建筑的印象，抖音让人们看到了广州古今交融的城市景观。

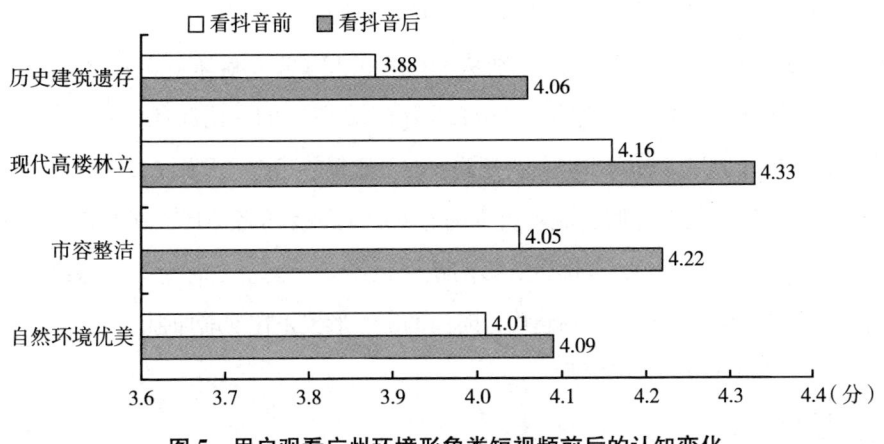

图5 用户观看广州环境形象类短视频前后的认知变化

（七）市民形象

市民形象主要涉及市民素质和风貌。市民的文明礼让、热心助人的行为能传达城市的人文之美，加强城市形象的建设，文明热心也成了广州市民形象的一个典型特征。如"@广州日报"发布的一条短视频讲述了马路上大货车起火，三位公交司机同时冲下车救火的事件；"@肥糕钵仔糕

4Season."发布的一条短视频,拍下了一位推着轮椅的妈妈等所有乘客下车后才将坐着轮椅的儿子推上公交,上车时旁边的乘客腾出位置并帮忙抬轮椅的画面。这些短视频都传递出广州市民文明礼让、热心助人的形象。广州经济发达但市民打扮低调,年轻人打扮时尚、幽默、开放、有活力的形象也得到了展现。"@威猛先生的微笑"发布的"最燃马拉松加油语"短视频中,一位市民举着一盘吃的劝路过的马拉松选手停下来吃点东西;"@魏大桐"发布的一条太古汇里检测体温的小哥用迪士尼公主般的肢体动作迎接和送走客人的短视频,展现了广州市民幽默、阳光的形象。"@Jerry(街拍)"发布的"广东房东着装"短视频中,一位穿着十分朴素低调的房东坐在街头,身边有一大堆的钥匙,展现了广州市民低调至极的特色。

关于受访者对市民形象的认知,用户观看抖音之后的数据显示,"友善"以77.8%排名第一,"冷漠"以3.7%居于末尾。对比用户观看抖音之前的数据,选择"冷漠"和"保守"的占比分别从11.1%和13.6%大幅降至3.7%和4.9%,与此同时选择"时尚"、"文明"、"开放"和"友善"的占比都有一定程度的提高,说明抖音加强了对广州市民的开放、友善形象的建构(见图6)。此外,"时尚"一项的数据相对亮眼,观看抖音前有65.4%的受访者选择,观看抖音后选择的占比上升到71.6%,且排名从第四跃居至第三。虽然"时尚"不是最典型的市民形象,但是通过抖音的建构,时尚的市民形象正在渐渐加强。

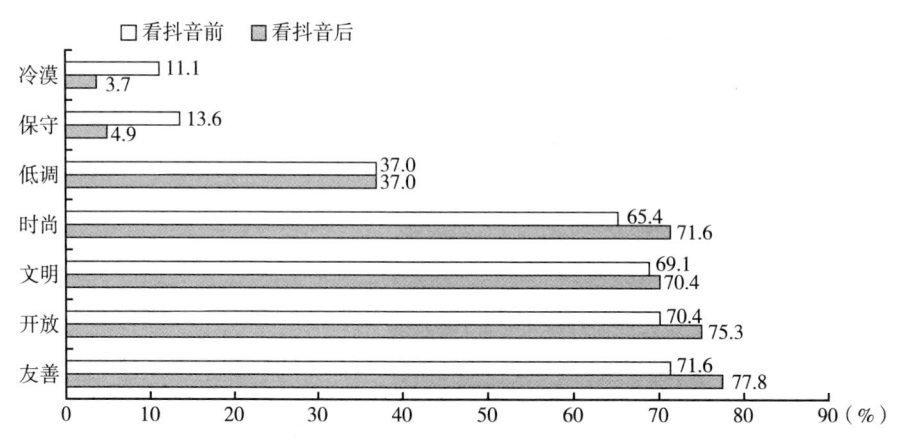

图6 用户观看广州市民形象类短视频前后的认知变化

（八）广州媒介形象定位

广州媒介形象定位能够综合体现广州的媒介形象。本报告通过研究受访者对广州媒介形象定位的排序选择的变化发现，抖音影响了用户对广州城市定位的认知。"美食之都"是用户对广州定位的典型认知，观看抖音使其分数从4.41分升至4.56分，说明抖音巩固并加强了用户对广州是美食之都的认知；其次是"经济发达的大都市"，虽然观看抖音后，其分数从3.94分跌至3.68分，但依然排名第二，说明抖音动摇了用户对广州是经济发达的大都市的固有印象；紧随其后的是"富有生活气息的城市"，分数增长最多，说明抖音对广州城市形象的呈现是富有生活气息的，并且较大程度地影响了用户的认知；"网红城市"虽然排名最后，但是通过抖音的建构，其分数有所增长（见图7）。

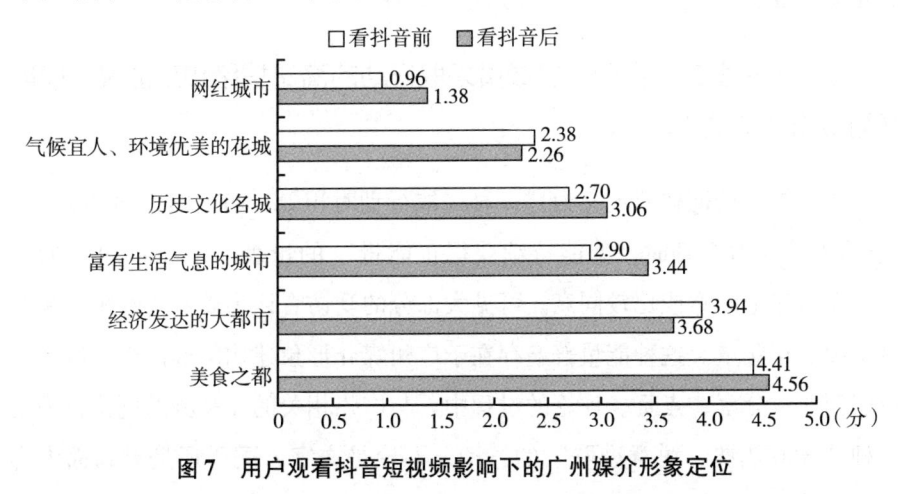

图7 用户观看抖音短视频影响下的广州媒介形象定位

四 短视频平台对广州城市媒介形象的建构结果及应用启示

（一）短视频平台促进了形象建构者的群体团结，能够成为凝聚城市形象传播主体的方式

短视频对广州媒介形象的建构是由建构者群体进行的。这个群体的成员

认同自己作为广州媒介形象建构者群体成员的身份。问卷调查量表题"您感到自己是参与广州媒介形象建构群体的一员"的结果显示，仅7.38%的受访者表示不太同意或完全不同意。由此可以得出，大部分用户感知并认同自己作为广州媒介形象建构者群体成员的身份。当用户创作的与广州相关的短视频所展现的广州符号和情怀被他人认同时，就会产生对"广州媒介形象建构者"这一身份的自我认同。当受众有自我认同感后，便会主动与群体中的其他人交流，随着交流的逐步加深，成员与其他成员产生一定的情感，形成情感能量，相互团结，更加增强了对广州主题短视频的创作欲望。政府要助推、强化建构者群体的归属感，通过组织一些线上线下的创作、采风活动，创造建构者群体集结和交流的机会，为城市形象建构凝聚更大规模的社会力量。

（二）短视频平台激发了成员采取行动的高昂情绪和正能量，能够成为城市营销的工具

情感能量被柯林斯定义为"一种采取行动时积极、向上的正面感觉"[①]。"在观看广州短视频时，您能持续获得正能量"的量表题中，66.39%的受访者表示完全同意或比较同意。可见大部分的受访者认为观看抖音短视频会有持续的正能量。这种能量普遍存在于广州媒介形象建构的群体中，以及成员们创作、分享、点赞、评论的过程中。与广州相关的短视频的创作行为是一种"满腔热忱、锐意进取"的行动，不论是文字、配乐还是对画面内容的选取等元素，都饱含着创作者对广州的喜爱与自豪感。这些内容经过点赞、评论、分享等多次互动，其中的情感交融转化为持久的情感能量。在问卷的量表题"观看了广州短视频后，您有更强的意愿前往视频中提及的地点"中，有超过70%的受访者表示同意，而在"观看了广州短视频后，您愿意通过视频中的购物链接进行消费"一题中，也有近60%的受访者表示同意。前往与广州相关的短视频中提到的地点和通过视频中的链接完成的购

---

① 〔美〕兰德尔·柯林斯：《互动仪式链》，林聚任、王鹏、宋丽君译，商务印书馆，2009。

买行为，实际上都是一种情感冲动。与被"种草"的心理类似，广州短视频中的某个地点或某个商品被创作者用高昂的情绪推荐，激发了用户对某个地点或某个商品产生体验或拥有的欲望，在这个过程中用户付出情感、产生持续的互动，从而产生了互动仪式链中的情感能量。

政府部门可以利用短视频多元主体的宣发模式，积极在抖音、小红书、哔哩哔哩等平台上寻找优质内容生产者，鼓励他们利用自身的优势，制作出具有个人魅力的优质的与广州相关的短视频，形成个人品牌，这种品牌不仅能更大程度地吸引流量，还能扮演意见领袖的角色，带动其他用户创作优质的与广州相关的短视频。同时，为平台、个人颁发荣誉奖项，将广大群众纳入城市形象外宣大本营中，形成官民共宣的发布模式。由于短视频平台传播的各个环节都存在不确定性，政府部门应该做好顶层设计，对城市短视频的主题类型、素材来源、发布节奏等进行严格把关，确保城市宣传焦点集中、有序传播。

（三）短视频中充满代表群体的符号，能够激发城市形象传播主体的归属感

在抖音的互动中，符号就是群体共同关注的焦点，群体成员通过符号聚集在一起。这些连接成员间的情感符号，具体表现为广州美食、粤语方言、广州景观、广州风俗等。

问卷中问及"您对广州短视频出现的广州相关符号有认同感"时，仅3.28%的受访者表示不同意。在"短视频中出现广州方言，会更能引起您的好感"一题中，仅7.38%的受访者表示不同意。广州符号的每一次展现，都是仪式重复的表现，只有在仪式再次出现的时候，团结感才会被重新激起，并逐渐发展出群体兴奋，使得成员更加感到自己与群体的联系是紧密的，并积极地投入广州媒介形象的建构中。因此，政府部门在短视频城市形象宣传中应当用好这些特殊的符号，如设置讨论话题和跟拍接龙，加入与广州城市相关的景点打卡、美食探店、AR 滤镜、弹幕链接等交互设置，提高广州城市文化的曝光度，提升市民群众的认同感。

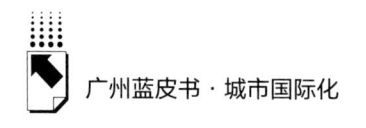

（四）短视频平台提供了成员维护群体正义感的场所，能够凝聚城市形象传播的主流声音

道德感是保护群体的正义感，除了成员自身不会主动背叛群体，当有群体外的人污蔑群体时，群体成员会维护群体。例如"@DV现场"发布的一条"广州增城桥梁断裂倒塌"的负面新闻，在评论区排名第一的评论"大家不用惊讶，使用期到了，全线更换"获得了近4000次点赞，排在评论区靠前位置的评论还有"假新闻，肯定是大货车超载""断了都这样，证明质量是过关的"。面对带有指责公共设施工程质量不过关意味的视频，成员们对视频中出现的状况的原因进行了合理的解释，肯定了工程的质量和政府的投入，并表达信任之情，成员们的行为都是尊重和维护群体符号的行为。在上述例子中，成员们通过点赞维护言论，将维护言论推上前排，防止评论区被负面评论"占领"，这些都体现了群体成员内心形成的道德感。政府部门可以积极搭建"官媒矩阵"，打通传播通道，通过运营手段，放大主流声音，倾听群众呼声，引导短视频平台上城市视频的相关舆论走向，塑造更符合群众认知的积极正面的广州城市形象。

参考文献

〔美〕欧文·戈夫曼：《日常生活中的自我呈现》，黄爱华、冯钢译，浙江人民出版社，1989。

蒋东旭、金鑫：《西部国家中心城市媒介形象研究——基于〈人民日报〉2009—2017年的内容分析》，《新闻研究导刊》2019年第13期。

杨凯：《城市形象对外传播的新思路——基于外国人对广州城市印象及媒介使用习惯调查》，《南京社会科学》2010年第7期。

王思宇、薛可：《宣传片对城市形象的传播效果分析——以上海为例》，《新闻研究导刊》2017年第1期。

刘晶：《中国新一线城市的全球媒介形象研究——基于NOW语料库的涉杭报道实证分析（2010-2017）》，《青年记者》2020年第12期。

孙玮：《我拍故我在　我们打卡故城市在——短视频：赛博城市的大众影像实践》，《国际新闻界》2020 年第 6 期。

潘曙雅、张煜祺：《虚拟在场：网络粉丝社群的互动仪式链》，《国际新闻界》2014 年第 9 期。

国际化案例篇

International Case Studies

B.14 广州国际交流合作中心落实"外事+"行动助力城市国际化转型

郭慧青 鲍雨*

摘 要： 面对当前国内外交流合作及城市竞争的新形势，广州推进城市国际化转型面临新的机遇和挑战。广州国际交流合作中心是广州市于2020年打造的综合性国际交流平台，旨在加强和深化与全球城市在经济、贸易、科技、教育、文化等各领域的密切交流与务实合作。自成立以来，广州国际交流合作中心全面落实"外事+"行动，在服务广州对外开放与友好合作中发挥重要作用。步入高质量发展新阶段，广州国际交流合作中心将积极探索网络化、品牌化、常态化、特色化、数字化发展的新思路，以更加积极的姿态、更加深度的参与、更加优秀的成果，为服务广州国际大都市建设做出更大贡献。

---

* 郭慧青，广州国际交流合作中心主任，研究方向为国际交流合作；鲍雨，广州市社会科学院城市国际化研究所助理研究员，研究方向为公共外交。

广州国际交流合作中心落实"外事+"行动 助力城市国际化转型

关键词： 国际交流合作 城市国际化 广州

2022年2月，广州市第十二次党代会明确提出推进城市国际化发展转型，高标准建设国际交往中心。2022年6月6日国务院印发的《广州南沙深化面向世界的粤港澳全面合作总体方案》（以下简称《南沙方案》）首次提出了构建国际交往新平台、共建高水平对外开放门户的任务。广州国际交流合作中心（以下简称"国合中心"），是广州市人民政府外事办公室打造的综合国际交流平台。国合中心秉承"链接国际·合作共赢"理念，旨在进一步加强和深化与全球城市在经济、贸易、科技、教育、文化等各领域的密切交流与务实合作，力争建设成为立足粤港澳大湾区，辐射全国乃至全球的国际科技成果转化中心、国际投资贸易促进中心、国际合作信息转换中心。自2020年11月正式运营以来，国合中心秉承"外事+"思路，广泛构建合作伙伴网络，为国际组织、城市代表处、境外商协会、高校与科研机构以及高端人才等对象提供丰富优质服务，在多个领域取得了丰硕的交流合作成果。针对国际新形势与城市发展的新阶段，国合中心将以落实"外事+"行动为牵引，不断提升交往平台枢纽功能，助推广州城市国际化转型，在大变局下增创国际合作和竞争新优势。

一 广州推进城市国际化转型的背景形势

当前，中国特色大国外交深入推进、国内城市对外开放竞争、粤港澳大湾区合作提速与《南沙方案》出台等背景，为广州推进城市国际化转型带来了新的形势和机遇，也对落实"外事+"行动、强化国际交流合作提出了新要求。

（一）中国特色大国外交构建新格局

世界百年未有之大变局与中华民族伟大复兴的战略全局深度联动，我国积极构建全方位、多层次、立体化的中国特色大国外交布局，充分激发地方政府在推动国际交往合作、促进地方改革发展中的角色功能。在国家总体外交框架下，包括省、市、区在内的地方外事协同发力，形成上下贯通、一体联动的对外工作体系。除了中外政府之间建立官方联系，跨国企业、非政府组织、高校、科研机构和民间友好人士等各类主体共同参与国际交往工作，以缔结友好关系、举办交流活动、促进民间往来等多元化、灵活化的途径，不断深化拓展中国特色大国外交的理论内涵、实践价值与国际影响。

（二）城市对外开放呈现竞争新态势

在我国推动高水平对外开放的进程中，城市作为国内外资源集聚、配置、流动、合作的枢纽，争相打造开放新高地，既在努力拓展辐射腹地范围，也在跨区域集聚高端要素资源，走向世界舞台，参与国际竞争。考虑到外事工作的综合性，各地需要一定的国际合作平台作为支撑载体，在促进跨国人员联系、资金项目对接、科学技术转移、文化交流对话等方面发挥桥梁中介作用。国内已有一些城市针对区域对外交流合作特点，建立了各有侧重的国际性合作中心，例如成都"中国—欧洲中心"、青岛"上合国家客厅"、宁波"中东欧之家"等，为其他城市提供了经验借鉴，也为服务高质量发展提供了创新支点。

（三）粤港澳大湾区合作迎来新机遇

粤港澳大湾区作为中国开放程度最高、经济活力最强的区域之一，是中国与世界开放融通的先锋，在国家发展大局中具有重要战略地位。《粤港澳大湾区发展规划纲要》发布4年多来，粤港澳三地合作共进，国际一流湾区和世界级城市群建设迈出坚实步伐。继横琴、前海两个合作区后，《南沙方案》是党中央、国务院从全局和战略高度对大湾区建设做出的又一重大决策部署，明确提出支持南沙打造成为立足湾区、协同港澳、面向世界的重大战略性平台。广东推动横琴、前海、南沙三大平台各展所长，将持续释放战略叠加效应和强大驱动效应，为携手港澳建成高水平对外开放门户、加快构建新发展格局做出重要贡献。

（四）广州国际交往功能肩负新使命

与其他国际化大都市相比，广州坐拥毗邻港澳的地理区位优势，开展穗港澳合作始终是对外交流合作的重点方向之一。《南沙方案》首次明确提出"构建国际交往新平台"这一重要任务，充分表明以南沙为支点，加强与港澳协同面向世界的国际交往，能够成为大湾区建设的新亮点。广州作为我国的"南大门"、对外开放的前沿阵地，应牢牢把握高质量发展首要任务，以城市国际化转型为主线，强化国际交流合作中心的枢纽功能，在为高水平建设国际交往中心城市提供独特抓手的同时，也为服务配合中国特色大国外交、推动优秀文明交流互鉴、实现中外民心相通贡献生动鲜明的地方案例。

二 广州国际交流合作中心落实"外事+"行动的主要成就

国合中心成功打造了"123456"工作体系：1个窗口，即广州国际交流合作平台；2个方向，即"引进来""走出去"；3个层面，即市政府立项、市外办指导，国合中心负责项目整体运营，入驻机构自主运营；4大领域，即科技、贸易、文教、体育；5类服务内容，即项目对接、运营支持、品牌宣传、成果转化、增值服务；6类服务对象，即国际组织、国际城市代表处、国际科研机构、境外商协会、境外知名高校、境外科技人才。运营两年多以来，国合中心坚持以"外事+"行动推进各领域交流合作工作，仅在2022年就顺利举办50场线上线下品牌交流活动和2场较大型年度活动，以主题活动与常态化沙龙相结合的方式，为全市投资贸易、科技创新、文化交流、农业对接、人才服务、机构联络等领域搭建友好交流平台，共同挖掘合作机遇。

（一）"外事+经贸"发挥招商引资作用

国合中心配合全市发展战略，承接拟来广州的境外投资者新设企业和国际机构招商引资服务工作，促进企业和机构落地发展。2021年7月26日，"一带一路商务馆展贸中心发展交流会"在穗举行，交流会以"商务馆 我们的Business House"为主题，以"共商、共建、共享Business House，形成资源共享的全球商业网，集群互助共赢式发展"为发展宗旨，邀请了格鲁吉亚驻华特命全权大使阿尔赤·卡岚第亚先生、多国领事馆、中国政府相关部门、国内外各界商业精英参与展开对话和交流。国合中心代表出席，并协助澳大利亚、苏格兰、马来西亚等国的多个跨境项目进行对接。2021年10月15日，国合中心联合俄罗斯粤商会组织"中国广东—俄罗斯"商务交流座谈会，特别邀请俄罗斯驻中国商务代表达赫诺夫斯基·阿列克谢·维塔利耶维奇一行参访中心并开展座谈，走访广州科技园区和企业，以充分联合各方资源优势，促进广州乃至粤港澳大湾区与俄罗斯之间的经贸交流合作。2021年12月15日，由广州市商务局主办，广州商务会展促进服务中心、广州市华商会展研究院、广州国际交流合作中心共同承办的"2021年广州会展国际交流活动"成功举办，主题为"推进双循环，共享新机遇"，协助邀请10余家国际机构进行资源对接。2022年2月21日，国合中心与伦敦发展促进署（London & Partner）以线上线下结合的形式联合举办"广州—伦敦经贸合作新机遇"主题分享与商务交流活动，来自广州及伦敦，关注双城之间投资商贸和科技创新发展的相关机构代表共同参与。2022年5月31日，国合中心与伦敦发展促进署联合举办"魅力广府—潮聚英伦 广州企业出海伦敦解决方案探讨"活动，特别邀请3家对拓展伦敦及英国市场有强烈意愿的广州企业进行对接交流，为出海企业提供更直接有效的解决方案。2022年7月，在莫斯科举办的"俄罗斯—广东省医疗保健交流合作暨广东省名优产品展销中心医疗保健展厅推介会"期间，国合中心与俄罗斯粤商会联合主办国内会场"广东医药企业出海俄罗斯精准对接交流会"，邀请广东省内20多家对开拓俄罗斯市场有浓厚兴趣的医疗企业参加，并助其开展业务对接。2022年9月14日，国合中心与广州市贸促会合作举办"2022 RCEP协定机遇之越南投资介绍会暨境外投资事项培训会"，吸引广东广展国际展览有限公司、广东省对外经济合作企业协会等近100多家有意向对越投资合作的企业、机构参与，为企业出海提供境外营商环境、政策、市场等信息，助力共享海外市场机遇。2023年2月27日，国合中心举办"外引内联、共赢广州"2023年广州外事服务高质量发展项目对接会，聚力打好"五外联动"组合拳，激发高质量发展创新潜力、发展动力和市场活力，努力构建对外开放新格局。

（二）"外事+科技"搭建创新发展桥梁

国合中心充分发挥"外事+科技"的创新服务模式，积极推动海外优秀科技项目与广州投资机构、产业专家对接，促进科技成果及项目转化落地。2020年11月29日，国合中心与Brinc国际创投加速器联合举办"链接世界·合作共赢"天英汇项目路演投资专场活动，这是国合中心启动后的首场活动，也是2020广州国际创新节及广州天英汇国际创新创业大赛的重要品牌系列活动。来自外国驻穗领事机构代表及科技法国创新社区、广州天河香港青年之家、IDG、雅居乐战略投资中心等机构代表共计100余位嘉宾出席。本次路演项目精心甄选来自中国、以色列、波兰、马来西亚、新加坡等国家的16支创新企业团队，涵盖人工智能、生物健康和食品科技等领域。2021年4月15日，与意大利驻广州总领事馆、意大利创新技术联盟联合主办"2021全球意大利研究日·全球可持续性"活动，邀请中意两国的专家及企业代表交流分享绿色经济与绿色科技领域的发展情况及科研成果。2021年8月27日，举办高端新材料项目路演活动，来自匈牙利和成都的两家新材料创业企业分别带来有关生物塑料和抗菌保鲜膜的自研创新项目，寻求在广州落地的机遇。2021年11月30日，举办"广州国合中心·国际人工智能项目路演"活动，来自德国、意大利、葡萄牙、印度等国家的国际人工智能项目团队以线上线下双轨并行的方式展开跨境交流，一同完成项目的路演展示，就国际人工智能应用的跨地区合作主题展开了卓有成效的对话与合作实践。2022年1月12日，举办"国合沙龙·智能时代智慧康养"主题分享活动，邀请嘉宾通过上海—美国硅谷—广州三方连线，集聚来自大健康、生物科技、计算机等相关行业及投资机构的代表，从科技研发、系统集成、康养平台三大模块详细介绍了康养产业现状、痛点以及未来发展趋势。2022年5月11日，协办广东—以色列产业研发合作计划第八轮联合产业研发项目申报政策宣讲交流会，助力中以联合研发项目实施、联合创新平台建设等国际科技合作。2022年5月15日，协办"'硅力量！'中国半导体技术发展和产业机遇科技私享会"，邀请近40名企业家、专家、学者共同探讨半导体技术和未来科技发展的新机遇。2022年9月28~29日，连续承办"科创中国"技术路演——国际新一代信息技术领域（广州）专场活动、国际生物技术与大健康领域（广州）专场活动，发布来自日本、韩国、意大利、拉脱维亚等国家的多个优秀创新项目。目前，国合中心已整理汇总305条合作线索（含80余条技术项目信息），并在搜集信息的基础上实现"多接一段""多走一程"，通过深入了解广州支柱产业结构、各区产业发展重点及技术转移服务技能，为"走出去""引进来"优质项目提供附加服务。国合中心已推动梅傲生物（原创肿瘤标志物研发及商业化平台公司）、荔泰生物（mRNA-LNP细胞疗法技术公司）在广州落地注册，支持入驻机构与相关区联合设立"牛津大学大湾区高级研究院（拟）"等，为科技发展营造全方位良好环境。

（三）"外事+文化"扮演中外交流使者

国合中心承担文化、教育、体育等领域的对外交流合作工作，每年举办高规格主题活动，推动"润物细无声"的中外民心相通。2021年1月18日，广州市党外知识分子联谊会和广州欧美同学会在国合中心举办广州"才智""海归"合唱团成立仪式暨2021年迎春会，3月15日举办"大咖有话说"活动，特别邀请著名歌剧表演艺术家、女高音歌唱家、国家一级演员万山红对合唱团进行指导，积极引导留学人员凝聚爱国报国共识。2021年9月11日，与海外高层人才艺术研究院共同主办"与创作对话——中法艺术沙龙"，邀请三位中法艺术家分享艺术风格和创作理念，为观众了解艺术创作与收藏故事搭建平台。2021年11月22日，广州市"外国专家书屋"授牌暨赠书活动在国合中心举行，经科技部国外人才研究中心批准，广州市首批外国专家书屋分别设在包括国合中心在内的5家单位，广州由此成为广东省内第一个获准建立外国专家书屋的城市，也是全国主要城市中同一批次挂牌外国专家书屋最多的城市。2021年11月25日，与入驻机构中国以色列交流中心联合主办"Sababa Salon"国际文化沙龙活动，现场分享以色列特色节日文化、美食文化，组织照片展览。2022年2月8日，国合中心举办"云上之约"中国小提琴演奏家吕思清新春音乐会，首次面向各省（市、区）相关外事部门代表、各国驻穗领事、在穗国际友人、各界侨领等进行线上直播，收看人数达1.5万人次。2022年7月21日，协办"一带一路国际艺·数作品交流展暨美术学博士成果展"，切实推动艺术与数字技术融合及艺术产业化。2022年12月12日，国合中心参与协办的"城市职教联盟2022年国际化办学研讨会"召开，会议聚焦"后疫情时代城市职业教育国际化办学"主题，推动16家联盟成员院校之间教育资源互补，为践行"世界技能组织2025战略"贡献力量。2022年下半年，国合中心联合南方财经全媒体集团、21财经客户端推出原创城市人文观察微纪录片《外眼看广东·Why Guangdong》，记录数位来自不同国家的外国友人在广东的真实生活与"湾区记忆"，共同见证城市社会发展的变迁与进步，首批采访对象包括加拿大音乐人戴伟（David Klinck）、意大利服贸企业家巴特（Umberto Naddei）、德国商会总经理贺励平（Peter Helis）、埃及跨境电商企业家奥马尔（Omar Elgendy）以及来自马来西亚的纳米医学研究员蔡佩娥（Phei Er Saw）等。中心还通过举办"以艺术为媒"西班牙陶瓷艺术品牌展览、张温帙当代艺术作品展、多语种"春日读诗"线上分享会等丰富多元的活动，以文化为媒，打造国际人文交流窗口。通过"非遗大师手把手教你学粤绣"、"走进华南植物园"、中外友人共赏昆话剧《梦影·牡丹亭》等"小而美"的体验活动，柔性开展日常文化交流，打造常态化"国际朋友圈"。

（四）"外事+农业"助力产业项目对接

中心多渠道链接国际资源，助力农业领域重点项目对接，开展务实合作，打造高质量共建"一带一路"枢纽城市样本。2022年5月30日，联合中国以色列交流中心及广州对外交流发展中心特拉维夫办公室共同举办"以色列智慧农业创新项目精准对接会",全球水力控制阀行业领跑者伯尔梅特公司(Bermad)及大岗自动化公司(Dagan)分别与广州市农业科学研究院、8家本地农业科技企业等进行互动交流,分享智慧农业解决方案。2022年6月14日,与入驻机构直通巴铁共同主办"巴基斯坦市场拓展新思路分享暨巴铁蜜芒品鉴会",现场展示今年首批进入中国的巴基斯坦Sindhri芒果、巴基斯坦奶茶及特色小吃,为促成广州与巴基斯坦两地开展优质农业项目合作带来更多红利。2022年7月3日,国合中心在黄埔区主办"美'荔'广州——广州国际友人荔枝品鉴交流暨产业对接活动",邀请来自驻穗总领事馆、国际商协会的20多位国际友人,以及来自广州荔枝重点产区、加工产业和文创产品开发等领域的代表,共同对荔枝名品及衍生产品进行品鉴交流,对荔枝产业的前沿技术及发展前景进行对接和分享。活动还精心设计了"生态参观—非遗体验—项目展示—美食品鉴"多场景活动流线,将种植技术、荔枝鲜果、健康饮品、精美文创、经典粤剧及中外民间友好历史进行有机呈现。2022年8月16日,举办"创新科技赋能广州特色农产品出海分享交流会",邀请来自中以集知(广州)科技有限公司、嗦环科技有限公司、华南农业大学园艺学院、广东省农业科学院蚕业与农产品加工研究所的多位代表分别进行技术、应用及产品分享,为与会的20多家广州农业及农产品加工企业和相关投资机构提供经验。2022年9月1日,国合中心与Brinc国际创投加速器联合妙鲜Meat fresh、广东侨界人文学会共同举办"植物肉品鉴会",为植物肉及素食餐饮行业在广州产学研用对接提供交流场景,倡导前沿健康环保理念。2023年2月24日,国合中心入驻机构株式会社C&E举办"九州日本酒·食品春日品鉴会",现场连线日本一家拥有306年历史的酒厂,带领餐饮从业者、旅游业经营者、清酒爱好者等与会嘉宾线上参观酒厂,直观了解清酒的酿造过程,深入了解日本清酒文化,以食为媒,进行中日文化友好交流。国合中心还协助华南农业大学国家大豆改良中心与老挝等国家的商协会对接研讨"广州大豆海外种植"项目,力求打好"外事+农业"的"组合拳"。

（五）"外事+人才"营造良好服务氛围

国合中心坚持"聚天下英才而用之"的原则，大力引进世界科技前沿人才，助推粤港澳大湾区建设高水平人才高地。2020年12月，国合中心代表参加"2020'链接世界·智汇南沙'人才系列活动"，活动期间共举办"2020南沙国际英才大会""全球高层次人才团队项目路演""国际英才对接交流会""南沙英才之夜"4项活动，并以线上线下结合、海内海外协同的形式面向全球传播，实现海内外精英人才"百人同行、千人同屏、万人在线"，共同见证南沙打造大湾区人才创新发展新高地。2021年9月28日，国合中心联合黄埔区侨务部门共同举办海归人才交流活动，20多家科创企业和境外商协会与中心入驻机构进行对接，多角度展现海归人才回国创新创业成就与广州人才政策扶持力度。2021年10月18日，举办企业发展人才需求调研座谈会，精准把握当前国际人才交流和服务中的难点、痛点，为促进广州吸引更多高层次海内外人才提供政策建议。2021年12月23日，"2021中国海外人才交流大会暨第23届中国留学人员广州科技交流会"在粤港澳大湾区、东京湾区、旧金山湾区和纽约湾区四大会场共同揭幕，其中湾区对话论坛广州分会场设在国合中心，在新常态背景下促进高端人才等更多创新要素的海内外联动。2022年1月14日，协办"以色列创新人才与项目对接交流会"，围绕生物医疗、人工智能、新材料、新一代信息技术领域的人才和项目进行交流展示，更好地吸引和促进国际人才来粤港澳大湾区发展。2022年8月24日，协办"广州建设国际人才高地研讨会"暨《广州城市国际化发展报告（2022）》《广州全球城市发展报告（2022）》（英文版）发布会，来自广州市天河区科技工业和信息化局、广州市社会科学院、广州大学、广东—独联体国际科技合作联盟、广州归谷科技园等机构的多位专家，围绕广州国际人才高地建设的现实路径展开深入研讨。

（六）"外事+机构"系牢长期联系纽带

国合中心与广州国际交流合作基金会、4个广州驻国外办事处、67家驻穗领馆、100多座国际友城，以及境外国际组织机构、行业商协会、知名高校等紧密联动，为广州对外交流合作打造项目库、资源库、信息库。目前已与俄罗斯、伊朗、卡塔尔、越南、以色列等30多家驻穗总领馆建立联系，并与意大利商会、格鲁吉亚商会、喀麦隆商会，以及苏格兰贸易发展局等20多家境外机构开展对接交流。截至2022年底，已吸引来自英国、美国、加拿大、日本、新西兰、以色列等国家的国际城市代表处、商会协会、NPO（非营利组织）、企业及其他入驻机构共计25家，合作机构8家，累计为41家机构提供服务支持。2022年5月18日，国合中心联合日本福冈驻广州办事处、SMARTI株式会社及株式会社C&E共同举办了广州—福冈交流推介会，活动采取线下线上相结合的方式，邀请活跃于广州和福冈两地的机构与企业，共同分享两地国际交流现状及为企业提供的创业支持。自2020年日本福冈驻广州办事处正式入驻国合中心以来，双方已携手举办多场广州与福冈两地的友好交流活动，以SMARTI株式会社为代表的多家福冈企业落地广州，有力推动了两地友好交流与务实合作的深入发展。2023年1月8日，联合国协会世界联合会（World Federation of United Nations Associations，简称"世联会"）代表团访问中国，首站即到访广州并赴国合中心开展交流，新当选的世联会首位华人主席陈肖纯也是国合中心入驻机构之一Plug and Play（中国）的联合创办人。国合中心还在每季度定期举办入驻机构交流座谈会，深挖潜在资源、探讨合作方向，并甄选10家重点项目提供机构"一对一"专人跟进，加大项目落地推进力度。积极探索国合中心越秀（试点）分中心运作，从商贸、文化等方面支持分中心建设，尝试铺开更广阔的国际交流网络。

三 广州国际交流合作中心落实"外事+"行动的未来思路

步入新发展阶段，广州建设国际大都市的战略目标对外事工作提出了更高的要求，特别是完善"外事+"格局、落实"外事+"行动仍面临不同方面的现实挑战，需要全面系统把握并加以改进。为进一步强化国合中心的枢纽功能，未来应积极探索网络化、品牌化、常态化、特色化、数字化发展的思路方向，使国合中心在推进广州国际化转型的过程中发挥更加积极的作用，为服务广州国际大都市建设及高质量发展做出更大贡献。

（一）分支机构布局网络化

以现有国合中心总部为基础，结合国际化街区试点建设工作，在条件成熟时可逐步在全市重点区域布局运营分支机构，形成分布合理、特色鲜明、联点成网的"国合中心总部—分中心"网络。以越秀分中心为试点，梳理不同分中心在不同活动及场景中的差异化功能定位，推进运营方式创新升级。例如黄埔分中心可以国际科技创新合作及人才交流为主要议题，突出与东欧独联体国家、以色列等重点产业合作对象的国别交往，培育精细化交往策略。积极把握《南沙方案》机遇，在南沙设置集聚港澳机构的分中心，吸引港澳商协会代表处等组织入驻，将南沙分中心打造成面向世界、协同港澳的前沿合作窗口。

（二）常态活动举办品牌化

以"借台唱戏"为主要思路，通过在全市重大国际活动中争取承办分论坛、策划议题、发言展示等形式，提升国合中心曝光度、显示度。持续提升"国际朋友圈""大咖有话说""国合·辰参会""国合沙龙"等固定活动的举办水平，探索整合"一圈一会一沙龙"活动体系，全面扩大影响力、辐射力。参照"'美荔'广州活动"和"空港招商活动"等，推进"医养文化"交流，不定期举办各区对外推介、重点产业领域交流、项目路演、专题会议或小型文化展示等活动，扩大品牌效应。基于"全球意大利研究日"举办经验，可选择与广州联系密切的国家或友好城市作为"关键词"，结合友城周年庆、建城纪念日等集中设计主题，开展系列配套活动，强化规模效应。

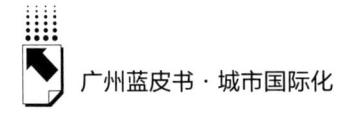

（三）主体受众参与常态化

为扩大参与受众范围，国合中心还将以项目为牵引，争取向更多领域和人群拓展。例如依托中心资源与在穗高校及中小学开展合作，举办"国合中心开放参观日"、国际理解教育课堂等体验活动，拓宽在穗青少年国际视野，树立"外事+教育"理念。结合广州地区中外友人运动会举办经验，推出常态化中外人士运动竞赛或交流项目，打响"外事+体育"品牌。发动外籍人士参与志愿服务，创新开展"捡跑团""绿肺徒步""守护珠江"等活动，擦亮"外事+环保"名片。与在穗科研机构合作开展国际交往领域决策咨询及学术研究，释放"外事+智库"价值。

（四）对外宣传效果特色化

立足已搭建的公众号、网站等渠道，积极借助本地主流媒体及海外媒体、新媒体平台等发布国合中心的发展理念、服务宗旨与最新动态，激发更多中外受众的了解意愿和关注兴趣。探索建立国合中心宣传联盟，打造深入人心的特色宣传栏目，制作多种形式的出版物和宣传品，以多种渠道提高中心知名度。通过定期或不定期举办各类对外路演推介、交流会、专题会议、展览等，邀请来自更多行业和领域的国际专业人士演讲交流、碰撞智慧，扩大媒体宣传效果。尝试引入图文直播、短视频、H5互动、VR技术等新型传播手段，增强宣传内容的吸引力。激活民间传播力量，发动外籍专家、华侨华人、留学生等友好群体出镜发声，共同担当广州国际交流合作"代言人"。

（五）国际资源信息数字化

国际交流合作的覆盖面广、数据量大、牵涉领域多，国合中心将紧紧围绕提升枢纽功能的目标，构建国际交往资源数据库。借助第三方智库和专业机构，对广州各类国际化资源进行综合梳理，增强涉外组织机构信息统计，尤其是商协会、文化科研等领域对外联络机构的数据。整理在各类活动中建立联系的外国友人数据，开展问卷调研或访谈，了解国际机构及在穗人士的需求，建立友好人脉。广泛搜集海外重点"走出去"目的地情况、投资政策与风险动态，多语种发布投资环境和产业分析数据，为有意向进驻国合中心或落户广州、有意出海的机构和个人提供信息服务。

参考文献

刘炳香：《当代中国公共外交中的地方政府》，《理论学刊》2013年第5期。

黄浩明：《社会组织在"一带一路"建设中面临的挑战与对策》，《中国社会组织》2017年第11期。

康晓丽：《中国涉外民间组织参与全球治理的战略与机制研究》，《太平洋学报》2020年第12期。

B.15
南沙高质量推动国际化人才特区建设 助力打造大湾区人才集聚新高地

广州南沙开发区人才发展局课题组[*]

摘　要： 人才是第一资源。我国高度重视人才工作，赋予粤港澳大湾区建设高水平人才高地的重要使命，赋予广州南沙加快创建国际化人才特区的重要任务。广州南沙积极构建创新链、产业链、资金链、人才链四链融合的政策体系，加速建设粤港澳人才协同发展促进机制，着力构建"1+1+3+N"科创平台体系，全力优化人才"五乐""无忧"服务，多渠道多方位吸引国际人才，在推动国际化人才特区建设上取得良好成效。作为粤港澳合作的前沿阵地和人才工作创新发展的"试验田"，南沙将紧抓发展契机，以建设全国人才管理改革试验区、粤港澳人才合作示范区和国际化人才特区为抓手，以更高要求实施更加积极、开放、有效的人才政策，以更高质量推进粤港澳人才协同发展，以更高起点推动重大平台引才育才，以更高水平优化人才全面无忧服务，协同港澳、面向世界，为大湾区高水平人才高地建设提供重要支撑。

关键词： 国际化人才特区　高水平人才高地　南沙

---

[*] 课题组组长：郑翔，南沙区委组织部副部长、南沙开发区人才发展局局长，研究方向为人才发展体制机制创新。课题组副组长：高星林，南沙开发区人才发展局副局长，研究方向为人才发展体制机制创新。课题组成员：韩枭，南沙开发区人才发展局综合处处长，研究方向为人才发展体制机制创新；罗静颖，南沙开发区人才发展局人才工作处工作人员，研究方向为人才发展体制机制创新；王宁，广州市社会科学院城市国际化研究所博士后，研究方向为人才发展。

南沙高质量推动国际化人才特区建设　助力打造大湾区人才集聚新高地

人才是第一资源，是衡量一个国家综合国力的重要指标。党的十八大以来，党中央做出"人才是实现民族振兴、赢得国际竞争主动的战略资源"的重大判断。党的二十大报告提出"深入实施人才强国战略"，把各方面优秀人才集聚到党和人民的事业中来。以国际化人才特区建设为抓手，打造高水平人才高地，有助于加快建立人才资源竞争优势，推动实施人才强国战略，为社会主义现代化提供人才支撑，为全面建成社会主义现代化强国打好人才基础。

一　国际化人才特区建设的意义

面对新一轮全球科技革命和产业变革，我国做出全方位培养、引进、使用人才的重大部署，提出深入实施新时代人才强国战略，并对粤港澳大湾区等地提出建设高水平人才高地的要求。作为人才政策创新和体制机制改革的关键环节，国际化人才特区建设对因应国际人才形势发展、实施人才强国战略和建设粤港澳大湾区高水平人才高地有着重要意义。

（一）国际化人才特区建设是因应国际人才形势发展的重要举措

国际人才竞争日趋激烈，国际人才跨境流动更加频繁，国际人才形势日益复杂。在人才价值不断凸显的知识经济时代，世界各国加大了对国际人才的引进力度，纷纷出台相关政策吸引国际人才，人才进入全球竞争和共享并存时期，智力流动成为人才价值体现和保值升值的主要方式，国际人才竞争日益激烈。交通通信技术的飞速发展，高等教育国际化、跨国公司全球化以及国际组织的全面发展，促使国际交流程度不断加深，国际人才的跨境流动更加便利，流动概率日益提升。在全球人才竞争白热化及人才跨境流动频繁化的背景下，全球人才流动呈现流动方向多极化、结构特征复杂化、影响因素多元化等趋势。我国需在新一轮全球人才竞争中更加开放、积极主动，顺应国际人才形势制定政策，理顺体制机制，推动实现人才的国内国际双循环。

国际化人才特区建设是我国因应国际人才形势发展的重要举措。随着跨国留学人数持续增长，我国学成回国人员日益增多，归国留学生的数量从21世纪初的1.22万人增加至2019年的58.03万人，年均增长率超过20%，出国留学人员和归国留学人员的比例从6.89∶1降至1.21∶1。① 随着新兴市场经济体国家人才吸引率的上涨和人才环流趋势的凸显，我国国际人才集聚态势逐年加强，来华人才规模不断扩大，2020年在华常住外籍人员数量为84.57万人，与2010年相比增加25.19万人，增幅达40%多。② 及时把握归国留学人员及外籍来华人员持续增加的趋势，进行政策创新和体制机制改革，是吸纳人才长期居留、贡献智慧资源的重要途径。此外，突破工作地点、工作单位和工作方式限制的柔性流动逐渐成为人才跨境流动的重要方式，人才的获取、使用和占有方式已发生明显改变，"不求所有，但求所用"的新型用才模式成为新的人才工作方向，亟须建设完善离岸创新创业基地、海外研发中心等新型引才用才平台。国际化人才特区作为人才政策创新和体制机制改革的"试验田"、新型引才用才模式的承载地，能够为归国留学人员、外籍人才提供优良的创新创业环境，为多元化使用国际智慧资源和创新要素提供优质的平台载体，是顺应国际人才形势变化开展人才工作的重要举措。

（二）国际化人才特区建设是实施人才强国战略的重要探索

实施人才强国战略，是党在新形势下做出的重大决策。世界新一轮科技革命孕育兴起，催生出一系列颠覆性科学技术和重大产业变革，创造出越来越多的新产品、新需求、新业态，深刻影响着世界经济格局、全球创新版图和国际战略力量对比。在这场决定未来发展的综合国力竞争中，人才是争取显著优势的核心要素和重要力量，造就和汇聚高端人才是在综合国力竞争中占据制高点、掌握主动权的重要方式。党的十八大以来，党中央做出"人

---

① 数据来源：教育部公布的历年出国留学人员、归国留学人员情况。
② 国务院人口普查办公室、国家统计局人口和就业统计司：《中国2010年人口普查资料》，http://www.stats.gov.cn/sj/pcsj/rkpc/6rp/indexch.htm；国务院第七次全国人口普查领导小组办公室编《2020年中国人口普查年鉴》，中国统计出版社，2022。

才是实现民族振兴、赢得国际竞争主动的战略资源"的重大判断。党的二十大报告提出"深入实施人才强国战略",要求着力形成人才国际竞争的比较优势,把各方面优秀人才集聚到党和人民的事业中来。

建设国际化人才特区,是实施人才强国战略的重要探索。党的十八大以来,我国在实施人才强国战略进程中取得了历史性成就,拥有了一支规模宏大、素质优良、结构不断优化、作用日益突出的人才队伍。当前,人才强国建设已经进入高质量发展的攻坚期,人才发展体制机制的深层次矛盾更加凸显,国际人才竞争的环境更加激烈与动荡。这就要求人才强国建设必须树立发展新理念、新思路,开辟发展新领域、新赛道,塑造发展新动能、新优势。作为解放思想、解放人才、解放科技生产力的重要试验区,国际化人才特区能够借鉴世界发达国家支持人才创新创业的做法,先行探索有利于人才成长和创新创业的新政策,试行有利于培养人才、引进人才和用好人才的体制机制,为政策创新和体制机制改革提供实践依据,促使人才发展重点领域和关键环节改革实现重要突破,营造具有国际竞争力的现代化人才创新生态环境,建立开放创新的人才发展体制机制,为其他地区提供可复制、可推广的经验和模式,为人才强国战略探索新理念、开辟新赛道,从而全方位增强国家的人才竞争优势。

(三)国际化人才特区建设是粤港澳大湾区建设高水平人才高地的重要抓手

国家赋予粤港澳大湾区建设高水平人才高地的重要使命。习近平在中央人才工作会议上的重要讲话指出,必须实行更加积极、更加开放、更加有效的人才引进政策,用好全球创新资源,精准引进急需紧缺人才,形成具有吸引力和国际竞争力的人才制度体系,加快建设世界重要人才中心和创新高地,并对北京、上海、粤港澳大湾区提出建设高水平人才高地的要求。建设粤港澳大湾区高水平人才高地,对粤港澳大湾区进一步提升国际竞争力、实现转型发展、创新合作发展体制机制、打造国际一流湾区和世界级城市群具有重大现实意义和深远影响。粤港澳大湾区高水平人才高地建设,既要服从国家对于粤港澳大湾区建设总体战略定位的需求,又要充分发挥"人才"

这一第一资源的作用,通过高水平人才高地的建设驱动创新发展,引领粤港澳大湾区建设的高质量发展,从而服务于国家战略需求。建设粤港澳大湾区高水平人才高地,要求创新人才培养和引进机制,优化人才发展服务和环境,促进粤港澳大湾区的人才融合发展。

国际化人才特区建设是粤港澳大湾区建设高水平人才高地的重要抓手。建设国际化人才特区,创新人才政策体系和人才联合培养机制,试行更大力度的国际高端人才引进政策,完善产学研合作培养人才模式,能够为粤港澳大湾区的人才培养、引进、交流、合作等提供新的机遇和创新思路。建设国际化人才特区,汇集国内外优质科研机构,建设大科学装置集群,能够为科技创新提供资源,为高端人才集聚粤港澳大湾区提供平台支撑。建设国际化人才特区,加强粤港澳大湾区与其他国家和地区的人才交流和合作,提升粤港澳大湾区的国际知名度和影响力,有助于吸引更多的国际化人才和项目落户。建设国际化人才特区,打造更加开放的人才环境,营造更加包容的人才生态,促进知识技术的共享和创新,"拴心留人"留才模式与"不求所有,但求所用"柔性引才模式并举,有助于高效利用智力资源。国际化人才特区建设从多方面推动粤港澳大湾区集聚人才,是粤港澳大湾区建设高水平人才高地的重要抓手。

二 南沙建设国际化人才特区的创新举措

广州南沙是粤港澳合作的前沿阵地和人才工作创新发展的"试验田"。《粤港澳大湾区发展规划纲要》(以下简称《规划纲要》)要求南沙积极探索有利于人才发展的政策和机制,加快创建国际化人才特区。为贯彻落实《规划纲要》的部署要求,广东省印发《广州南沙新区创建国际化人才特区实施方案》,要求南沙在人才领域改革创新、先行先试,引领和推动粤港澳大湾区高水平人才高地建设。南沙认真落实人才工作要求,积极构建创新链、产业链、资金链、人才链四链融合的政策体系,加速建设粤港澳人才协同发展机制,着力构建"1+1+3+N"科创平台体系,全力优化人才"无忧"

"五乐"服务，多渠道多方位吸引国际人才，在推动国际化人才特区建设上取得良好成效，成为粤港澳大湾区建设高水平人才高地的重要抓手。

（一）构建四链融合政策体系，精准高效引才

南沙积极构建创新链、产业链、资金链、人才链四链融合的政策体系，打造产才融合的人才链，精准高效引才。南沙围绕"打造立足湾区、协同港澳、面向世界的重大战略性平台"目标定位，于2022年6月制定印发《广州南沙关于推动创新链产业链资金链人才链深度融合的若干措施》，对在南沙全职工作及柔性引进的高层次人才、符合南沙区重点产业发展方向的高层次人才团队项目进行奖励；对骨干人才、高管人才，总部企业、战略性新兴产业企业等重点企业人才给予经济贡献奖励；对新引进落户的本科以上学历、中级以上职称、技师以上职业资格的人才及符合条件的港澳台侨青年给予奖励。南沙发布港澳青创"新十条"，从就业、实习、创新创业、交流交往、生活服务等方面出发，为港澳青年来南沙施展才华、融入粤港澳大湾区建设提供有力保障。2022年12月发布的《广州南沙新区（自贸片区）鼓励支持港澳青年创业就业实施办法》从五个方面着手支持港澳青年来南沙区发展。一是支持港澳青年来南沙就业。对到南沙就业执业的港澳青年给予就业奖励及薪金补贴，对引进港澳青年到南沙就业的人力资源服务业及相关组织机构、录用港澳青年的用人单位分别给予促进就业奖励和招聘录用奖励。二是支持港澳青年来南沙实习研修。南沙区安排专有资金用于港澳青年学生实习项目的补贴奖励，为港澳青年实习提供全方位后勤保障服务，对在南沙区实现技术技能提升的港澳青年给予职称提升补贴或技能培训提升补贴。三是支持港澳青年在南沙创业发展。为在南沙创业的港澳青年提供全链条补贴与奖励、企业落户绿色通道、企业创办相关流程的全方位服务，发起设立重点投向港澳青创企业的创新创业基金。四是支持港澳青年与南沙交流交往。通过活动补贴与奖励和研学交流补贴，鼓励举办南沙与港澳合作的大型活动、促进港澳青年来南沙实习就业创业活动、港澳青少年来南沙研学考察活动等多种形式的粤港澳青年交流交往活动。五是支持港澳青年来南沙安

居乐业。对符合条件的港澳青年发放"港澳青年人才卡",为其提供"一卡走南沙"全方位绿色通道服务,解决人才在居留、住房、子女教育、医疗健康等方面的后顾之忧;打造线上线下互通的港澳青年服务驿站,建立首席服务官制度,为港澳青年创新创业基地提供全周期服务,为入驻基地的港澳青创企业提供全方位政企服务,为来南沙游学、实习、就业的港澳青年提供全流程管家式服务。

(二)创新粤港澳人才协同发展机制,联合吸引人才

南沙探索以"政府推动—民间先行—项目化实施"的形式,创新粤港澳人才协同发展机制,联合吸引人才。南沙积极展开与香港劳工及福利局、香港入境事务处、澳门人才发展委员会、澳门政策研究和区域发展局等港澳人才主管部门的交流对接,就携手推动粤港澳人才协同发展、建立常态化沟通协调机制达成初步共识,在建立政府沟通渠道上实现新突破。南沙大力开拓与港澳人才民间组织的合作共赢局面,于2023年1月与香港优才及专才协会、澳门专才发展学会签订合作框架协议,将开展三地互设人才协作办公室、人才政策宣传解读、国际青年人才访学实习、人才协同发展专题研究、粤港澳人才交流活动、大湾区三地人才培训班及联合进修培训、大湾区联合招才引智、推动粤港澳人才评价标准衔接、共建粤港澳人才协同专家咨询委员会第一批共9个人才合作项目。合作项目之一的"粤港澳人才协作办公室"在香港、澳门、南沙挂牌成立,为合作三方提供人才政策宣传、人才交流活动、全球人才联合引进等多样化人才服务,打造海外人才来南沙工作中转地。南沙推进成立全国首个粤港澳院士专家创新创业联盟,助力粤港澳三地主要高校科研院所及广东院士联合会等22个单位共同搭建大湾区院士专家重大科技成果转移转化合作平台,促进粤港澳院士专家及政产学研之间的参访交流。南沙扎实推进人才往来及执业便利化相关举措,在全市率先实施人才往来港澳商务签注备案"绿色通道"等便利化措施,已为香港科技大学(广州)8批次73名教职工办理;研究上报15条涉及人才出入境和停居留方面的向上争取事项,目前已获批三级联审联批等6项诉求;在13个

专业领域实现对港澳专业人才认可，成功备案 55 家香港工程建设咨询企业和 253 名香港专业人士，在全国率先试点聘任 7 名港澳籍劳动人事争议仲裁员，为 16 名港澳工程人才（包含 3 名教授级高工）颁发内地职称。南沙为落实抓细人才协同合作项目，摸清港澳关键需求，长期委托国务院发展研究中心公共管理与人力资源研究所开展"深调研"，务实推动人才工作高质量发展。

（三）布局科创平台体系，批量引才育才

南沙着力构建"1+1+3+N"科创平台体系，培育创新创业生态，批量引才育才。"1+1+3+N"科创平台体系架构为：南沙科学城与中科院明珠科学园（第一个"1"），南方海洋科学与工程广东省实验室（广州）（第二个"1"），3 个重大科技基础设施（"3"），以多个高端创新平台为支撑的新兴产业（"N"）。南沙有序布局科创平台体系，批量引进国际人才及团队。南沙科学城 16 家重点科研机构已集聚科创人才 3600 人，位于南沙科学城的香港科技大学（广州）于 2022 年正式招生，已聘用 161 名学术教师，按规划在 2027 年之前招聘全职终身制教师 400 人；南方海洋科学与工程广东省实验室（广州）是南沙与中科院、广州市政府携手共建的国家海洋科学核心研究基地与关键技术平台，已汇聚 16 个院士团队的 55 个海洋领域高层次科研队伍；粤港澳大湾区精准医学研究院（广州）将于"十四五"末正式建成并入驻南沙，面向精准医学前沿尖端研究和重大成果应用转化，吸引国内外顶尖科学家及团队落户大湾区，计划引进全职专业人才 500 人，其中海内外高层次人才 50 人。南沙创新建立"四链融合"的博士后联合培养体系，加快博士后科研流动站、科研工作站以及博士后创新实践基地等载体建设，建立全国首个粤港澳大湾区博士后科技创新公共研究中心，鼓励国际高端人才进入南沙，2022 年新增 2 家博士工作站、1 家博士后创新实践基地，2023 年新增 4 家博士后创新实践基地，拟入选广东省博士工作站单位 3 家，全区目前各类博士、博士后科研平台共 28 个（不包括拟入选单位）。

（四）优化人才全面无忧服务，打造营智环境

南沙创新性提出"营智环境"概念，首创"1+3"营智环境体系，全面提供人才服务，为人才构建宜居宜业的生态格局。南沙区在全国率先提出"营智环境"概念，首创科学、系统的"1"套理论加"3"级评价指标的"1+3"营智环境评价体系，从6个一级指标、18个二级指标、44个三级指标出发，测度人才引进、培育、发展、平台、保障等多方面的营智环境建设情况，以期通过全域、全方位的营智环境建设，构建人才创新发展的最优生态格局。南沙全力打造粤港澳大湾区移民与出入境服务标杆，设立全省首个移民事务服务中心——广州移民事务服务中心南沙分中心，整合涉及28个部门的441个服务事项，提供精细化、简约化、一体化的出入境服务及政策咨询、法律援助、语言文化等社会融入服务，搭建"内容全面、服务个性"的综合服务体系。南沙在香港科技大学（广州）设立定点人才服务站，专人驻点，为学校师生提供涉外业务咨询、签证办理、人才政策咨询及兑现等服务，打造"有温度"的人才服务标杆；动态提升大湾区国际人才一站式服务窗口功能，为人才办理涉及28个部门逾450种事项，多维度服务保障人才创新创业，累计办理事项20余万件。南沙全面启动港澳青年"五乐"服务中心，与港澳社团、高校、专业机构等签订合作协议，在科技创新、创业就业、教育研学、文化娱乐等领域广泛链接粤港澳三地资源，为港澳青年提供"乐游、乐学、乐业、乐创、乐居"全方位综合服务。南沙推动实施"人才5个无忧服务"（人才安居无忧、子女入学无忧、配偶就业无忧、父母养老无忧、家庭医疗无忧），持续开展人才共有产权住房配售、人才公寓配租工作，与市交通运输部门共同研究相关境外人才申请中小客车指标优惠待遇的政策落地机制；扎实推进国际化社区、港式社区设计规划，开办全国第一所非营利性质的港人子弟学校，竣工中山大学附属第一（南沙）医院等一批优质医疗资源。

（五）多方位探索人才引进策略，集聚海内外人才

南沙多方位探索人才引进策略，多渠道集聚海内外人才，多方式使用人

才智力资源。南沙紧抓获批设立国家海外人才离岸创新创业基地的契机，深入探索对海外人才"不求所有，但求所用；不求所在，但求所为"的柔性引才新模式，依托以华南技术转移中心为核心的离岸孵化空间和产业园区，通过实施离岸基地政策改革创新工程、大科学装置海外人才共享工程、海外站点渠道拓展铺设工程、离岸基地孵化空间建设工程、离岸基地线上平台建设工程等七大工程，为离岸或来广州南沙开展创新创业活动的项目团队及人才提供政策支持、科研设施、来往便利、优质环境等支撑保障，推动科技成果在南沙离岸孵化，助力南沙充分对接海外人才创新资源。南沙全力推动中国广州人力资源服务产业园（南沙园区）建设，欢迎人才寻访、培训、测评、咨询、大数据分析等新兴人力资源行业进驻，支持拥有核心产业、成长性好、竞争力强、知名度高的人力资源机构及相关联企业进驻，鼓励国际知名人力资源服务机构、港澳人力资源机构或拥有港澳资源的相关联企业进驻，推动人力资源业务、产品、模式创新，构建人力资源行业全链条，打造粤港澳人力资源服务产业集聚区。南沙通过"'智汇南沙 青创未来'——粤港澳大湾区（南沙）面向世界高层次人才线上对接会"，诚邀世界人才关注广州、关注南沙，为多对重点企事业单位与高层次人才搭建桥梁；持续开展"寻访揽才高校行"线上推介会以及直播带岗活动，助力南沙区事业单位；集成电路、生物医药、人工智能等战略性新兴产业领域的企业，以广州中国科学院先进技术研究所、香港科技大学霍英东研究院、广州工业智能研究院为代表的新型研发机构招贤纳才；南沙将直播手段引入传统人才招聘，打造企业与求职者全新的交互平台，持续推广"现场招聘+现场直播荐岗+网络招聘会"的招聘新模式，聚焦重点用工企业、中小微企业的用工问题。

三 南沙推进人才工作建设国际人才高地核心区的未来展望

继国家赋予粤港澳大湾区建设高水平人才高地的重要使命之后，2022年，国务院印发《广州南沙深化面向世界的粤港澳全面合作总体方案》（以下简称《南沙方案》），要求加快推动广州南沙深化粤港澳全面合作，打造成为立足湾区、协同港澳、面向世界的重大战略性平台。建设粤港澳大湾区高水平人才高地和《南沙方案》发布两大历史机遇造就了南沙人才工作的"黄金发展期"。接下来，南沙将紧抓发展契机，以建设全国人才管理改革试验区、粤港澳人才合作示范区和国际化人才特区为抓手，坚持党管人才，实施更加积极、开放、有效的人才政策，深入推进粤港澳人才协同发展，高水平推动重大平台引才育才，继续优化人才服务，为南沙发展提供坚强的人才保障和智力支撑。

（一）以更高质量完善人才政策，工作机制再突破

人才政策是人才工作高质量发展的制度保障。南沙将实施更加积极、更加开放、更加有效的人才政策，加快完善包括1个核心政策（国际化人才特区10条）、3项支撑性措施（人才评价、人才服务、人才培养）、N个领域专项（金融、集成电路、生物医药、航运）在内的"1+3+N"人才政策体系，形成对各类人才的精准化、差异化支持保障，引导人才向重点发展产业集聚，引导重点人才群体向南沙集聚。提高政策稳定性，稳定人才预期，争取在原有政策基础上有所突破，加大人才支持力度；推动人才评价方式改革，创新建立政府评定、专家举荐、自主评审等相结合的人才多元评价机制，激励各方面人才脱颖而出，建设规模宏大、结构合理、素质优良的人才队伍。

（二）以更高水平推动港澳协同，三地合作再深入

南沙未来将继续深入推动港澳人才协同发展，合力引进海内外人才。实施面向港澳人才的特殊支持措施，完善"惠港惠澳政策一站式服务平台"。深入推进港澳人才职称评价和职业资格认可，加快建立境外职业资格认可清单。对在南沙工作的港澳居民，免征其个人所得税税负超过港澳税负的部分，继续实施骨干人才奖励政策，营造与港澳接轨的税负环境。加速推进科研设备、数据、样本等创新要素粤港澳三地跨境自由流动，完善与港澳科技协同创新常态化对接机制，推动三地科研机构联合组织实施一批科技创新项

目，推进南沙重大科技基础设施向港澳人才开放共享，引导科技成果在南沙转化。以香港科技大学（广州）为切入点，探索在更大范围上对特定人才群体开放跨境访问国际互联网权限。用好国务院发展研究中心课题成果，以更大力度推动建立粤港澳人才协同发展促进机制机构，推动粤港澳人才协作办公室实体化运作，搭建与港澳的常态化合作机制，在首个三方人才协同合作项目"粤港澳大湾区卓越工程师研修班"成功实施的基础上，组织实施面向全球联合招才引智、港澳青年人才访学实习、大湾区三地人才联合进修培训等系列先期项目，夯实人才协同工作基础，创造更多项目合作机会，引入港澳专业咨询服务力量参与南沙开发与建设，促进标准衔接、规则对接和机制衔接。

（三）以更高标准建设平台载体，引才育才再升级

南沙未来将继续升级平台载体，利用平台载体高效引才育才。瞄准国际著名科研机构、知名高校、跨国企业和全球战略科技人才团队，通过建立研发基地、布局分支机构、成立实验室等方式，"机构化、成建制"批量引进国际化人才。充分发挥香港科技大学（广州）、广州海洋地质调查局等重大创新平台作用，面向全球延揽一批高层次复合型人才、一流科技领军人才和创新团队。围绕产业链布局人才链，推动区内龙头企业建立研究院、工程技术中心，提升产业高端人才承载力。加快博士、博士后科研平台建设，依托重大科创平台搭建一批博士后科研工作站和创新实践基地，支持区内具有独立招收博士后资格的科研工作站扩大招收规模，探索博士后招收培养新模式，全面提高人才自主培养质量。

（四）以更高要求拓展人才服务，营智环境再优化

南沙将持续优化人才服务生态，全力建设人才"五乐""无忧"环境。进一步提升国际高端人才出入境和"停居留"便利度，争取在南沙设立口岸签证机构，开展口岸签证业务。保障产业人才落户需求，推动差异化落户政策尽快落地。完善人才住房政策，建立健全"共有产权房+人才公寓+保

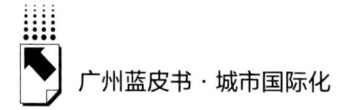

障性租赁住房+住房补贴"人才安居保障体系。推动区内三甲公立医院开通国际医疗保险结算服务，满足国际人才对便利医疗服务的需求。持续推动优质国际化教育资源落地，满足国际人才子女多元化教育需要。拓展"大湾区国际人才一站式服务窗口"服务功能，完善"大湾区（广东）国际人才驿站"服务机制，落实好"上管老、下管小、全家无忧"人才服务保障举措，加强知识产权服务体系、投融资金融服务生态建设，系统打造近悦远来的国际一流"营智环境"。

参考文献

刘洋：《人才体制机制创新：以人才管理改革试验区为例》，《行政管理改革》2017年第10期。

苗月霞：《我国地方政府"人才特区"建设研究》，《中国行政管理》2012年第10期。

任才举：《把人才特区建设成海内外人才特殊集聚区》，《中国人才》2011年第15期。

宋鸿、张培利：《城市人才吸引力的影响因素及提升对策》，《湖北社会科学》2010年第2期。

Abstract

Blue Book of Guangzhou: Annual Report on City Internationalization of Guangzhou (2023) is edited by the Institute of International Studies of the Guangzhou Academy of Social Sciences. The report objectively evaluates the status quo of Guangzhou's urban internationalization, and takes Guangzhou as a sample to build an academic exchange platform for the study of Chinese urban internationalization.

The year 2022 is an extremely important year in the history of the CPC and the state. The 20th National Congress of the CPC has drawn up a grand blueprint to achieve the great rejuvenation of the Chinese nation through a Chinese path to modernization. The year 2022 is a special year to Guangzhou as well. *Master Plan of Guangzhou Nansha on Deepening Comprehensive Cooperation between Guangdong, Hong Kong and Macao with Global Perspective* issued by the State Council, leads Guangzhou to a new height in its international development. The research shows that, in 2022, the economie development of Guangzhou went forward under pressure, further laid a solid foundation for high-quality development, set a new record in terms of total foreign trade value, advanced two-way investment and mutually-beneficial cooperation, improved its comprehensive three-dimensional transportation network, accelerated the construction of international exchange carriers, steadily implemented the "Hundred-city +" plan of sister cities, had active exchanges in the multilateral network of international cities, spread the city story widely, and had colorful cultural and people-to-people exchanges. With the world changes accelerating its evolution, Guangzhou shall take high-quality development as the lead and explore the city path of Chinese modernization.

This book consists of six chapters: general report, special reports, city evaluation, international economics and trade, international exchanges and communication, and international case studies. In addition, the preface of "Top Ten Concerns about Internationalization of Chinese Cities" is set to sort out and summarize the major events of the internationalization of Chinese cities in 2022, so as to grasp the dynamics of the internationalization practice of Chinese cities worth focusing on.

The general report sums up the present situation of Guangzhou's internationalization in 2022, including Guangzhou's overall economic development, foreign trade, FDI and ODI economic cooperation, transportation hubs, high-end international conference activities, international partners, exchanges with international organizations, international communication capacity, cultural exchange activities etc.. The report analyzes Guangzhou's performance in global city research ranking to estimate its strengths among global cities, and deeply analyzes international and domestic development in 2023, and proposes suggestions on promoting the internationalization of Guangzhou focusing on high-standard and institutional opening up to achieve high-quality development.

The special reports puts forward the strategic feasibility and development path of Guangzhou building the Chinese modernization pilot zone. And it also puts forward the path and countermeasures to help Guangzhou to follow the path of Chinese modernization, from the aspects of high-level opening up, and telling the Guangzhou story of Chinese path to modernization.

The city evaluation chapter concentrates on the analysis of Global City evaluations and rankings in 2022, and conducts a thematic analysis on the status of urban development based on the ranking of Guangzhou in "City of Opportunity 2022" and the physical examination results of Guangzhou, provides a reference for Chinese cities to correctly evaluate the status of development and make sound development decisions.

The international economics and trade chapter discusses the improvement of Guangzhou's opening-up level and the promotion of high-quality development from the topics of enhancing the core engine function of the Greater Bay Area, the effect of the business environment reform, and the evaluation of the policy of introducing overseas talent.

The international exchanges and communication chapter includes the research results of the city image of Guangzhou in the international communication of traditional Chinese medicine culture and the emerging communication channels such as short videos.

The international case studies chapter focuses on the construction of Guangzhou's international exchange and cooperation platform. Two innovative case studies, Guangzhou International Exchange and Cooperation Center and International Talents Special Zone in Nansha District, are selected to provide insights for services into the development of international exchange and cooperation in the city.

Keywords: City Internationalization; Chinese Path to Modernization; Guangzhou; Global City

Contents

I General Report

B.1 Analysis on the Development Status of Guangzhou's Internationalization in 2022 and Prospects for 2023
Research Group of Guangzhou Academy of Social Sciences / 001

Abstract: In 2022, Guangzhou fully implemented the requirements of epidemic prevention, economic stability and safe development. The economy pushed ahead under pressure, which further laid a solid foundation for high-quality development. The total value of foreign trade set a new record, with new business forms playing a key supporting role. The foreign investment was stabilized through multiple measures, which optimized industries with concentrated resources. The outward investment made steady progress and two-way mutually beneficial cooperation continued to advance. The development of international comprehensive transport hub accelerated and the comprehensive three-dimensional transport network improved. The forming of international exchanges carrier accelerated, and various high-end resources gathered. The "Hundred-city+" plan of sister cities has been implemented steadily, with good exchanges and improved quality and efficiency. Guangzhou led the multilateral exchange of international cities, and extended advanced governance experience. The city story was widely spread, creating a window for the world to understand China. Cultural and people-to-people exchanges were diverse, and technology empowered new forms and concepts. Guangzhou had a stable performance in major global city evaluations. The ranking showed that Guangzhou's advantages in scientific and technological innovation remain stable. Digital economy plus cross-border e-commerce has gradually become a new advantage of international business center, and comfortable environment attracted more talents to Guangzhou. With profound changes in the global order, international cooperation is leading the way. Chinese modernization is making solid progress, and opening up is taking place at a higher level. Hence, Guangzhou should strengthen the driving force of high-quality development with a higher level of institutional opening-up, carry forward momentum with the "five external linkages", support it with a stronger international comprehensive hub function, enrich its vitality with a wider range of international exchanges, promote it with deeper cultural exchanges and communication at the city level, and constantly explore the urban path of Chinese modernization.

Keywords: City Internationalization; Global City; Guangzhou

Ⅱ Special Reports

B.2 Study on the Construction of Chinese Modernization

Pilot Zone in Guangzhou *Dong Xiaolin* / 056

Abstract: The 20th National Congress of the Communist Party of China proposed the great goal of building a Chinese path to modernization. As a national central city and the core engine of Guangdong-Hong Kong-Macao Greater Bay Area, Guangzhou should take the lead and build the pilot zone in the construction of the Chinese path to modernization. Guangzhou has a good foundation for development, but there are also some weaknesses. In drawing up the target system and implementation plan for building a pilot area for Chinese modernization, Guangzhou should follow its overall design formulated at the 20th National Congress of the CPC, reflecting the development orientation and mission of Guangzhou as a national central city. Guangzhou should take effective measures in promoting industrial upgrading, enhancing the vitality of urban innovation, building a smart city, promoting urban renewal, building a learning megacity, enhancing cultural soft power, and expanding opening-up cooperation. It should pay attention to developing strengths and complementing weaknesses, and promote development systematically. Guangzhou should take the lead in achieving high-quality development, and create the Guangzhou experience of the Chinese path to modernization pilot zone, so as to better serve the new development pattern of the interplay of domestic and international economic flows, and serve the blueprint of building China into a socialist modernization power with Chinese characteristics.

Keywords: Chinese Path to Modernization; Pilot Zone; High-quality Development Guangzhou

B.3 Research on Guangzhou's Promotion of High-level Opening up under the Background of Chinese Modernization

Wu Qing, Xu Wanjun / 074

Abstract: High-level opening up is an important principle in building a modernized economy. Improving the layout of opening up is an inherent requirement for advancing high level opening-up. Cities are the pioneers of Chinese modernization. National central city is an important strategic arrangement for the improvement of the layout of opening up, and plays an important hub function in the process of implementing high-level opening up. As the forefront of China's reform and opening up, Guangzhou has accumulated a lot of experience in institutional opening up, and has solid foundation and huge space in developing a Chinese modernization pilot zone. Under the new international and domestic situation, Guangzhou should follow the guidance of the 20th National Congress of the CPC, take building a Chinese modernization pilot zone as the goal, and play a leading role while advancing its economic development pattern to step forward to a higher level.

Contents

Keywords: Chinese Path to Modernization; High-level Opening Up; Pilot Zone; Guangzhou

**B.4 Improve Capacity for International Communication,
Tell Guangzhou's Success Story on Chinese Modernization**

Hu Hongyuan / 089

Abstract: The Chinese modernization has defined the content, theme and substance of the Chinese stories, and has pointed out the direction for international communication throughout the country. To tell Chinese stories well, we should start from the structure of the scientific connotation of Chinese modernization, clarify the communication theme and discourse level, and find out the historical orientation of Chinese modernization in human civilization, so as to better integrate Chinese stories into the context of global development. Cities have comprehensive advantages in undertaking international communication tasks and become an important hub to tell good stories about China. As a national central city, Guangzhou should give full play to its strong hub capacity for global resource allocation and comprehensive carrying capacity for national strategies, and comprehensively strengthen the construction of international communication capacity from the perspective of city image, context, channels and audience. Guangzhou should highlight the innovation of urban governance to tell the story of a mega city with a huge population, Stress high-quality urban development to tell the story of common prosperity, underline the construction of a cultural Greater Bay Area to tell the story of coordinated and comprehensive development of material and spiritual civilization, emphasize the image of a world flower city to tell the story of ecological civilization underpinned by harmonious coexistence between human and nature, and promote the image of an international exchange center to tell the story of China's peaceful development, so as to form all-round support for China's international communication.

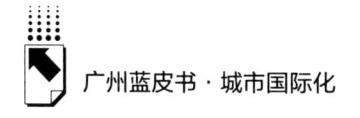

Keywords: Chinese Path to Modernization; International Communication; Chinese Stories; Guangzhou

Ⅲ City Evaluation

B.5 Analysis of the Global City Rankings in 2022

Hu Hongyuan, Lai Liwen / 104

Abstract: In 2022, the world recovered torturously from the COVID-19 pandemic. The trend of recovery and a series of grave challenges continue to affect the world situation. The combination of these factors has brought great pressure to global urban development, but new development opportunities have also emerged. Global Cities Index of A. T. Kearney, Global Power City Index of MMF, Global Financial Centers Index and Global Innovation Cluster Ranking of WIPO have respectively updated and released research reports. The basic data reflects the fundamentals of global urban centers and indirectly reflects the profound changes shaping the global environment. The recovery of global urban development is progressing through twists and turns. European cities have become the frontrunners in this round of competition, while Chinese cities have gained strong driving force from stable performance of scientific and technological innovation.

Keywords: Global City; City Ranking; City Evaluation

B.6 Trend and Strategy of Guangzhou's City Global Connectivity: Comparative Analysis Based on GaWC Global City Rankings

Zou Xiaohua, Qin Jian, Ben Derudder and Wang Qinjuan / 129

Abstract: Under the background of globalization and information technology, global connection plays an important role in the competitiveness and upgrading of cities. Through the analysis of the global branch network of high-end producer services, it is found that Guangzhou ranks 33rd among the world's major cities in terms of its global urban connectivity in 2022, one place higher than that in 2020, and it has steadily entered the ranks of first-tier global cities from a marginal global city. Due to the impact of COVID-19, the degree of globalization of Guangzhou's external relations has slightly decreased, and the transfer to the Asia-Pacific region is obvious, and it relies more on China and the Guangdong-Hong Kong-Macao Greater Bay Area. The contribution of different industries to Guangzhou's global connectedness is different. The financial connection is strong, while the legal and management consulting connection is weak. In the future, Guangzhou should give full play to its advantages as an international transportation hub and comprehensive gateway city, accelerate the opening up of high-end producer services and international investment attraction, better integrate into the global production and service network, and realize the continuous improvement of global connectivity.

Keywords: Global City; City Network; Connectedness; High-end Producer Services

B.7 Analysis and Suggestions of Guangzhou's Ranking in "Chinese Cities of Opportunity 2022"

Research Group of Guangzhou Municipal People's Government Research Office / 146

Abstract: "Chinese Cities of Opportunity 2022", jointly published by PwC China and the China Development Research Foundation (CDRF), examines the development process and opportunities of the 47 selected Chinese cities from a global perspective. The report focuses on high-quality development, involving economic growth, society and people's livelihood, urban infrastructure, natural environment, population, city governance and influence. It is comprehensive in dimensions and detailed in content. By comparing Guangzhou's score and ranking with that of Beijing, Shanghai, Shenzhen and other cities horizontally and vertically, this report analyzes Guangzhou's development advantages and challenges, summarizes the urban characteristics and future growth potential, and then proposes further strategic planning and suggestions for enhancing its international and domestic competitiveness. Guangzhou needs to attach great importance to the construction of "city of opportunities" and "city of vitality", stay confident and maintain strategic determination, consolidate advantages, advance strengths, improve weaknesses, and promote the high-quality development of the city in a fast and steady manner.

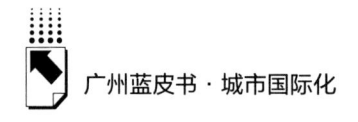

Keywords: City of Opportunity; City Vitality; Urban Competitiveness; Guangzhou

B.8 Practice and Enlightenment of Constantly Promoting High-Quality Urban Development by Urban Physical Examination

Huang Chengjun, Cheng Shengya and Wang Hao / 161

Abstract: This report expounds the importance of carrying out the urban physical examination in China in the new era by the research of internationally influential urban evaluation methods. Based on the urban physical examination in Guangzhou in 2022, this report combines the advanced experience of other sample cities such as Beijing, Shanghai, Chongqing, Chengdu, and Changsha in indicator system design, social satisfaction survey, information platform construction, urban renewal linkage, etc.. And it proposes countermeasures and suggestions such as adding a Guangzhou feature city indicator, promoting integration of urban physical examination and urban renewal, and optimizing social satisfaction survey, to further improve Guangzhou's urban physical examination in the future, with a view to promote the high-quality development of the city, so as to provide a more solid guarantee for the realization of "Old City, New

Vitality" and the "Four Aspects of Improvement and Brilliance".

Keywords: City Physical Examination; Old City New Vitality; High Quality Development

Ⅳ International Economics and Trade

B.9 Strategic Requirements and Innovative Measures Guangzhou Needs to Enhance the Core Engine Functions of the Guangdong-Hong Kong-Macao Greater Bay Area

Bai Guoqiang / 175

Abstract: This report summarizes the strategic requirements that Guangzhou needs to respond to and realize to enhance the core engine functions of the Guangdong-Hong Kong-Macao Greater Bay Area (the GBA), and analyzes the progress of core engine function construction of Guangzhou. Based on the idea of "benchmarking & reinforcing weak links", "strengthening mechanism & enhancing vitality", it also plans to build a new space to enhance the core engine function of Guangzhou in the GBA from the aspects of high-quality urban space, networking of portal function nodes, high-end economic entities, functional hubs of business centers, and convergence of education, science, technology and culture, then further proposes innovative measures and mechanisms for building a modern international business environment as a place of origin, setting up the GBA strategic cooperation functional zone, and building a cluster area of international innovation factors. The author thinks that Guangzhou can focus on introducing high-end elements with higher efficiency and stronger competitiveness, focus on core and high-end links with high added value and high income, make up for the defects of existing structure, enhance the function of industry driving, and consolidate and strengthen the hub function of the city. The author also make use of the particularity and difference of the city itself to create more reform items with revolutionary significance.

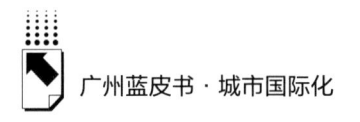

Keywords: Core Engine Functions; Urban Governance; Guangdong-Hong Kong-Macao Greater Bay Area

B.10 Survey Report of Enterprise Satisfaction with the Effect of Guangzhou's Reform to Optimize the Business Environment in 2022

Zhu Minjing, Jian Rong / 196

Abstract: In 2022, Guangzhou launched business environment reform 5.0, focusing more on the concerns of enterprises. Therefore, based on the idea of market evaluation as the first standard, this report adopts questionnaire survey to study and evaluate enterprises' views on the market-oriented and law-based international business environment in Guangzhou as well as its convenience and digital development. The results show that the surveyed enterprises are "relatively satisfied". Compared with 2021, nearly 50% of the surveyed enterprises believe that the business environment is improved in 2022. They show high satisfaction with facilitation and digitalization, but low satisfaction with marketization. And the satisfaction of small and micro businesses are yet to be improved. The enterprises recognized Guangzhou's practice in facilitation of government services, business-related digital empowerment services, innovative legal service measures, as well as its efforts in deepening the connection mechanism of rules, and consolidating the basic system of market economy. At the same time, they propose to further improve the facilitation level of business related to enterprises, reduce the cost of business, and strengthen the coordination of international economic and trade rules. In order to continuously optimize the business environment, Guangzhou should digitally empower government services, improve the quality and efficiency of enterprise-related affairs, build a unified national market, promote the free flow of factors, improve the alignment with international rules and regulations, and enhance the level of opening up.

Keywords: Business Environment; Reform Effectiveness; Satisfaction; Enterprise Survey

B.11 Evaluation and Improvement of Guangzhou's Overseas Talent Introduction Policy in Constructing High-Level Talent Highland of Guangdong-Hong Kong-Macao Greater Bay Area

Chen Xueyu / 215

Abstract: At present, the competition for introducing overseas talent introduction is fierce. Guangzhou's policy of introducing overseas talents has major impacts on its economic and social development. According to the new requirements for the development of high-level talent highland in the Guangdong-Hong Kong-Macao Greater Bay Area, there are some problems such as insufficient and unbalanced policy support, ineffective coordinated implementation, weak overall publicity effect, and insufficient innovation and flexibility. Guangzhou should focus on innovation, strategy, policy, reform and industry needs, and improve the implementation of overseas talent attraction policy in terms of strengthening its resilience, improving its benefits, and promoting its dissemination and innovation.

Keywords: Overseas Talents; Talent Introduction Policy; Guangdong-Hong Kong-Macao Greater Bay Area; High-Level Talent Highland

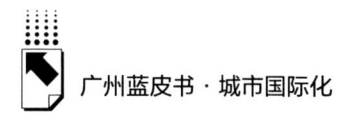

V International Exchanges and Communication

B.12 Promoting the International Communication of TCM Culture and Improving the Global Image of Guangzhou

Zhai Huixia, Fu Yunqing / 226

Abstract: Distinctive culture is an essential part of city image communication. As an essential part and a typical representative of excellent traditional Chinese culture, traditional Chinese medicine (TCM) culture is of great value in the communication of Guangzhou city image. Based on its rich TCM cultural resources to push international communication, Guangzhou can build a new city brand as a "city of humanity" and a "city of health", and further enhance its international visibility and reputation. This report argues that, in the future, the communication and influence of Guangzhou's image can be improved by incorporating TCM elements into the image-building of Guangzhou in the following ways: strengthening top-level design and policy coordination; creating and diversifying platforms for the communication of TCM culture in Guangzhou; enhancing the cultivation of talent for international communication of TCM culture; conducting more in-depth and targeted analysis of overseas audiences; creating TCM cultural symbols in the city image of Guangzhou; and innovating methods of international communication of TCM culture.

Keywords: TCM Culture; City Image; International Communication; Guangzhou

B.13 Study on Construction of Media Image of Guangzhou by
Short Video Urban Image Practice: A Case study of Tiktok

Liu Pei, Wang Zhilin / 237

Abstract: From the perspective of Collins' interactive ritual chain, this report deeply analyzes the four links in the construction process of Guangzhou media image, analyzes the content of short video samples in Guangzhou, and interprets the media image of Guangzhou constructed by Tiktok. Through the questionnaire survey, it is found that the media image of Guangzhou perceived by users is basically consistent with that constructed by Tiktok. And this construction process produces four results: stable group construction, positive emotional energy, shared Guangzhou symbols, and maintenance of group moral sense. According to these four results, the application suggestions are proposed in this report.

Keywords: Urban Imaging Practice; Media Image; Interactive Ritual Chain; Guangzhou

Ⅵ International Case Studies

B.14 Guangzhou International Cooperation Center Implementing the "Foreign Affairs Plus" Action, Helping City Internationalization Transformation

Guo Huiqing, Bao Yu / 258

Abstract: Against the new situation of domestic and international cooperation and urban competition, Guangzhou is facing new opportunities and challenges in promoting urban internationalization transformation. Guangzhou International Cooperation Center is a comprehensive international exchange platform established in 2020, aiming to strengthen and deepen the close exchanges and practical cooperation with global cities in various fields such as economy, trade, science and technology, education and culture. Since its establishment, Guangzhou International Cooperation

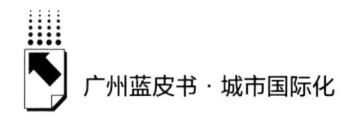

Center has fully implemented the "Foreign Affairs Plus" action and played an important role in serving Guangzhou's opening up and friendly cooperation. Entering a new stage of high-quality development, Guangzhou International Cooperation Center will actively explore new ideas of networking, branding, normalization, specialty and digital development, and make greater contributions to serve Guangzhou's development as an international metropolis with a more active attitude, more in-depth participation and more excellent results.

Keywords: International Exchange and Cooperation; Urban Internationalization; Guangzhou

B.15 Nansha Promotes the Construction of International Talent Special Zone with High Quality to Help Build New Highland for Talent Gathering in the Greater Bay Area

Research Group of Talent Development Bureau of Nansha Development Zone, Guangzhou / 272

Abstract: Talent is the first resource for development. China attaches great importance to talent introduction work, and entrusts the Guangdong-Hong Kong-Macao Greater Bay Area with the important mission of building a high level talents highland, and Nansha with the important task of accelerating the establishment of a special zone for international talents. Nansha actively builds a policy system integrating innovation chain, industrial chain, capital chain and talent chain, accelerates the construction of a mechanism for the coordinated development of talents in Guangdong, Hong Kong and Macao, strives to build a "1+1+3+N" science and technology innovation platform system, steps up efforts to optimize the "hassle-free" and "five joys" services for talents, and attracts international talents through multiple channels and directions. Good results have been achieved in promoting the construction of the special zone for international talents. As the frontier of the GBA cooperation and the "experimental field" for the innovation and development of talent work, Nansha will seize the development opportunities, start with the construction of the national talent management reform pilot zone, the GBA talent cooperation demonstration zone and the international talent special zone, implement a more active, open and effective talent policy with higher standards, and promote the coordinated development of talents in the GBA with higher quality, improve major platforms to attract and cultivate talents from a higher starting point, optimize comprehensive hassle-free services for talents at a higher level, collaborate with Hong Kong and Macao with a global perspective, and to provide important support for the development of a high-level talent hub in the GBA.

Keywords: Special Zone for International Talents; High-Level Talent Highland; Nansha

社会科学文献出版社

皮 书

智库成果出版与传播平台

❖ 皮书定义 ❖

皮书是对中国与世界发展状况和热点问题进行年度监测,以专业的角度、专家的视野和实证研究方法,针对某一领域或区域现状与发展态势展开分析和预测,具备前沿性、原创性、实证性、连续性、时效性等特点的公开出版物,由一系列权威研究报告组成。

❖ 皮书作者 ❖

皮书系列报告作者以国内外一流研究机构、知名高校等重点智库的研究人员为主,多为相关领域一流专家学者,他们的观点代表了当下学界对中国与世界的现实和未来最高水平的解读与分析。截至2022年底,皮书研创机构逾千家,报告作者累计超过10万人。

❖ 皮书荣誉 ❖

皮书作为中国社会科学院基础理论研究与应用对策研究融合发展的代表性成果,不仅是哲学社会科学工作者服务中国特色社会主义现代化建设的重要成果,更是助力中国特色新型智库建设、构建中国特色哲学社会科学"三大体系"的重要平台。皮书系列先后被列入"十二五""十三五"" 十四五"时期国家重点出版物出版专项规划项目;2013~2023年,重点皮书列入中国社会科学院国家哲学社会科学创新工程项目。

皮书网

（网址：www.pishu.cn）

发布皮书研创资讯，传播皮书精彩内容
引领皮书出版潮流，打造皮书服务平台

栏目设置

◆ 关于皮书
何谓皮书、皮书分类、皮书大事记、
皮书荣誉、皮书出版第一人、皮书编辑部

◆ 最新资讯
通知公告、新闻动态、媒体聚焦、
网站专题、视频直播、下载专区

◆ 皮书研创
皮书规范、皮书选题、皮书出版、
皮书研究、研创团队

◆ 皮书评奖评价
指标体系、皮书评价、皮书评奖

◆ 皮书研究院理事会
理事会章程、理事单位、个人理事、高级
研究员、理事会秘书处、入会指南

所获荣誉

◆ 2008年、2011年、2014年，皮书网均在全国新闻出版业网站荣誉评选中获得"最具商业价值网站"称号；

◆ 2012年，获得"出版业网站百强"称号。

网库合一

2014年，皮书网与皮书数据库端口合一，实现资源共享，搭建智库成果融合创新平台。

皮书网　　"皮书说"微信公众号　　皮书微博

权威报告·连续出版·独家资源

皮书数据库
ANNUAL REPORT(YEARBOOK) DATABASE

分析解读当下中国发展变迁的高端智库平台

所获荣誉
- 2020年,入选全国新闻出版深度融合发展创新案例
- 2019年,入选国家新闻出版署数字出版精品遴选推荐计划
- 2016年,入选"十三五"国家重点电子出版物出版规划骨干工程
- 2013年,荣获"中国出版政府奖·网络出版物奖"提名奖
- 连续多年荣获中国数字出版博览会"数字出版·优秀品牌"奖

成为用户

登录网址www.pishu.com.cn访问皮书数据库网站或下载皮书数据库APP,通过手机号码验证或邮箱验证即可成为皮书数据库用户。

用户福利
- 已注册用户购书后可免费获赠100元皮书数据库充值卡。刮开充值卡涂层获取充值密码,登录并进入"会员中心"—"在线充值"—"充值卡充值",充值成功即可购买和查看数据库内容。
- 用户福利最终解释权归社会科学文献出版社所有。

卡号：176618366124

数据库服务热线：400-008-6695
数据库服务QQ：2475522410
数据库服务邮箱：database@ssap.cn
图书销售热线：010-59367070/7028
图书服务QQ：1265056568
图书服务邮箱：duzhe@ssap.cn

S 基本子库
SUB DATABASE

中国社会发展数据库（下设12个专题子库）

紧扣人口、政治、外交、法律、教育、医疗卫生、资源环境等12个社会发展领域的前沿和热点，全面整合专业著作、智库报告、学术资讯、调研数据等类型资源，帮助用户追踪中国社会发展动态、研究社会发展战略与政策、了解社会热点问题、分析社会发展趋势。

中国经济发展数据库（下设12专题子库）

内容涵盖宏观经济、产业经济、工业经济、农业经济、财政金融、房地产经济、城市经济、商业贸易等12个重点经济领域，为把握经济运行态势、洞察经济发展规律、研判经济发展趋势、进行经济调控决策提供参考和依据。

中国行业发展数据库（下设17个专题子库）

以中国国民经济行业分类为依据，覆盖金融业、旅游业、交通运输业、能源矿产业、制造业等100多个行业，跟踪分析国民经济相关行业市场运行状况和政策导向，汇集行业发展前沿资讯，为投资、从业及各种经济决策提供理论支撑和实践指导。

中国区域发展数据库（下设4个专题子库）

对中国特定区域内的经济、社会、文化等领域现状与发展情况进行深度分析和预测，涉及省级行政区、城市群、城市、农村等不同维度，研究层级至县及县以下行政区，为学者研究地方经济社会宏观态势、经验模式、发展案例提供支撑，为地方政府决策提供参考。

中国文化传媒数据库（下设18个专题子库）

内容覆盖文化产业、新闻传播、电影娱乐、文学艺术、群众文化、图书情报等18个重点研究领域，聚焦文化传媒领域发展前沿、热点话题、行业实践，服务用户的教学科研、文化投资、企业规划等需要。

世界经济与国际关系数据库（下设6个专题子库）

整合世界经济、国际政治、世界文化与科技、全球性问题、国际组织与国际法、区域研究6大领域研究成果，对世界经济形势、国际形势进行连续性深度分析，对年度热点问题进行专题解读，为研判全球发展趋势提供事实和数据支持。

法律声明

"皮书系列"（含蓝皮书、绿皮书、黄皮书）之品牌由社会科学文献出版社最早使用并持续至今，现已被中国图书行业所熟知。"皮书系列"的相关商标已在国家商标管理部门商标局注册，包括但不限于LOGO（ ）、皮书、Pishu、经济蓝皮书、社会蓝皮书等。"皮书系列"图书的注册商标专用权及封面设计、版式设计的著作权均为社会科学文献出版社所有。未经社会科学文献出版社书面授权许可，任何使用与"皮书系列"图书注册商标、封面设计、版式设计相同或者近似的文字、图形或其组合的行为均系侵权行为。

经作者授权，本书的专有出版权及信息网络传播权等为社会科学文献出版社享有。未经社会科学文献出版社书面授权许可，任何就本书内容的复制、发行或以数字形式进行网络传播的行为均系侵权行为。

社会科学文献出版社将通过法律途径追究上述侵权行为的法律责任，维护自身合法权益。

欢迎社会各界人士对侵犯社会科学文献出版社上述权利的侵权行为进行举报。电话：010-59367121，电子邮箱：fawubu@ssap.cn。

社会科学文献出版社